Informatik-Fachberichte 171

Herausgegeben von W. Brauer
im Auftrag der Gesellschaft für Informatik (GI)

H. Lutterbach (Hrsg.)

Non-Standard Datenbanken für Anwendungen der Graphischen Datenverarbeitung

GI-Fachgespräch
Dortmund, 21./22. März 1988

Proceedings

Springer-Verlag
Berlin Heidelberg New York
London Paris Tokyo

Herausgeber

H. Lutterbach
mbp Software & Systems GmbH
Semerteichstraße 47–49, 4600 Dortmund 1

CR Subject Classifications (1987): H.2.1-2, H.2.4, H.2.8

ISBN-13: 978-3-540-19175-9   e-ISBN-13: 978-3-642-73608-7
DOI: 10.1007/978-3-642-73608-7

2145/3140 – 543210

Vorwort

Das Fachgespräch "Non-Standard Datenbanken für Anwendungen der graphischen Datenverarbeitung" ist vom Fachausschuß 4.1 der Gesellschaft für Informatik initiiert worden.

Viele der Anforderungen an moderne Graphik-Systeme erfordern Datenstrukturen, die sich aufgrund ihrer Komplexität und der Leistungsanforderungen kaum noch effizient auf klassische Datenbanksysteme abbilden lassen. Die intensiven Forschungsarbeiten für diesen Anwendungsbereich gewinnen zunehmend Bedeutung für die Anwender und Entwickler graphischer Systeme.

Ziel des Fachgespräches ist es insbesondere, dem Erfahrungsaustausch zwischen der Forschung und den Anwendern neuer Datenbanktechnologien zu dienen und über den Entwickungsstand zu berichten.

Ich möchte an dieser Stelle allen denjenigen danken, die zum Zustandekommen dieses Fachgespräches beigetragen haben. Insbesondere gilt mein Dank für seine intensive organisatorische Unterstützung Herrn Winfried Risken.

Dortmund, im März 1988   Herbert Lutterbach

Programmkomitee

H. Lutterbach, Dortmund (Vorsitz)

Dr. Dadam, Heidelberg

Dr. Eigner, Karlsruhe

Prof. Dr. Encarnacao, Darmstadt

Dr. Fischer, München

Prof. Dr. Krause, Berlin

Prof. Dr. Lockemann, Karlsruhe

Prof. Dr. Neuhold, Darmstadt

Prof. Dr. Pöppl, München

Prof. Dr. Radig, München

Prof. Dr. Schlageter, Hagen

Förderer

Fa. mbp Software & Systems GmbH, Dortmund

Inhaltsverzeichnis

<u>**Anforderungen und Probleme der Modellierung von NON-STANDARD DBMS**</u>

<u>**aus der Sicht der CAD-Anwendung**</u>

Dr.-Ing. Martin Eigner, Karlsruhe

1.   Einleitung

Die Konstruktion und Fertigungsplanung befaßt sich mit
technischen Objekten, die vom Menschen zunächst erdacht, geplant und
später in der Fertigung auch hergestellt werden.
Um eine Verständigung über diese Objekte, die nach jeweils einer
Konstruktionsphase durch einen dem jeweiligen Konkretisierungsgrad der
Lösungsfindung angepaßten Informationsbestand repräsentiert werden, zu
ermöglichen, werden sie auf einem allgemein zugänglichen Medium
beschrieben und festgehalten. Da es sich bei diesen Darstellungen um
Abbildungen eines Originals handelt, spricht man auch von **technischen
Modellen.**
Es ist üblich, von einem technischen Objekt verschiedene
nicht notwendigerweise funktional zusammenhängende Modelle anzu-
fertigen, die durch folgende Darstellungsformen repräsentiert werden:
- verbal (z.B.: Stücklisten)
- real (z.B.: maßstäbliche Verkleinerungen im Anlagenbau)
- mathematisch (z.B.: Fahrzeugersatzsysteme)
  und vor allem
- graphisch (z.B.: Diagramme, technische Zeichnungen).
Gerade der technischen Zeichnung kommt als Kommunika-
tionshilfsmittel im Konstruktions- und Fertigungsplanungsprozeß eine
besondere Rolle zu. Nicht ohne Grund wird sie auch als Sprache des
Ingenieurs bezeichnet.
Keine dieser Darstellungsformen ist aber in der Lage,
das technische Objekt mit all seinen dreidimensionalen geometrischen,
konstruktiven, technologischen, funktionalen und organisatorischen
Informationsmengen eindeutig zu beschreiben.
Der Übergang von bisherigen Konstruktionsverfahren zu
CAD bedeutet, daß von diesen technischen Objekten **rechnerinterne
Modelle** bzw. **rechnerinterne Darstellungen** erzeugt werden. Voraussetzung
dafür war, daß der Computer als erstes Informationsmedium die Fähigkeit
besitzt, technische Objekte vollständig mit minimaler Redundanz und
unter Beibehaltung des funktionalen Zusammenhangs aufzunehmen. Um diese
Fähigkeiten auszunutzen, müssen zukünftige für CAD-geeignete Datenbanksysteme eine Reihe von Anforderungen erfüllen, die im folgenden
erläutert werden.

2. Modellierung als Grundlage technischer Anwendungssysteme

Die Konstruktion und Fertigungsplanung sind informationsverarbeitende Prozesse. Daraus folgt, daß Grundlage einer Systemplanung für technische Anwendungssysteme die Informationsmodellierung in diesen Produktionsphasen sein muß. Die Informationsmodellierung ist die Vorbereitungsphase für eine EDV-Systemrealisierung. Ihre Ergebnisse sind sowohl ein abstraktes Datenbankmodell, formalisierte zur Programmierung vorbereitete Algorithmen, zum Beispiel in Form von Struktogrammen und Entscheidungslogiken, zum Beispiel in Form von Entscheidungstabellen oder Verfahren der Künstlichen Intelligenz **(Bild 1)**.

Beim TOP-DOWN Ansatz ist die Ebene des Endbenutzers Aus-gangspunkt der Systemplanung. Hier lassen sich die tech- nischen Objekte sowie darauf angewandte Operationen und Entscheidungen feststellen (---> technische Realität). Es wird auf dieser Ebene bewußt der Begriff Modell vermieden, weil kein allgemein gültiges Abbildungskonzept für die technischen Objekte existiert. Teils liegen graphische, verbale oder tabellarische Darstellungsformen, teils aber auch nur gedankliche Repräsentationen im Kopf des Konstrukteurs vor. Es handelt sich also um den nicht im Sinne einer EDV - orientierten Bearbeitung formalisierten Status-Quo der Konstruktion und Fertigungsplanung. Dieser wird im allgemeinen eingeschränkt durch die spezielle Sicht eines Anwenders oder einer Anwendergruppe, z.B. nur für ein bestimmtes Produktspektrum bzw. nur für eine bestimmte Konstruktionsphase oder Konstruktionsart. Die Forderung nach Allgemeingültigkeit des technischen Anwendungssystems bedeutet in dieser Planungsphase die Betrachtung mehrerer Anwendersichten. Sollen Informationen über technische Objekte mit Hilfe der EDV verarbeitet werden, so müssen zuerst die Anforderungen des Anwenders in einer sogenannten **"formalisierten Anwendersicht"** beschrieben werden. Das bedeutet, daß der Anwender den gewünschten Elementevorrat und die darauf vereinbarten Operationen und Entscheidungen definiert.

Der Elementevorrat setzt sich zum Beispiel aus konstruktiven Elementen wie Einzelteil oder Baugruppe zusammen. Dabei sind für den Anwender weder die hinter den Operationen und Entscheidungen stehenden Algorithmen und Logiken noch die weitere Aufgliederung seiner Informationselemente von Interesse.

Auf dieser Grundlage setzt die eigentliche durch die Anforderungen der Anwender vorbestimmte Planungsphase des Anwendungssystems an. Eine Operationsanalyse ergibt die für die Realisierung des Anwendermodells notwendigen Algorithmen und Logiken, während die Informationsanalyse die gesamte Informationsmenge des Anwendungsgebiets im Sinne der Anforderungen abstrahiert, gliedert, benennt und klassifiziert. Die Analysen sind wegen der starken Interdependenzen nicht getrennt voneinander vorzunehmen. Das Ergebnis dieses Prozesses ist das **Systemplanungsmodell**, das die Eigenschaften eines Anwendungssystems durch die Definition von:

- Algorithmen
- Entscheidungslogiken
  sowie
- Informationselementen und Beziehungen

vollständig festlegt.

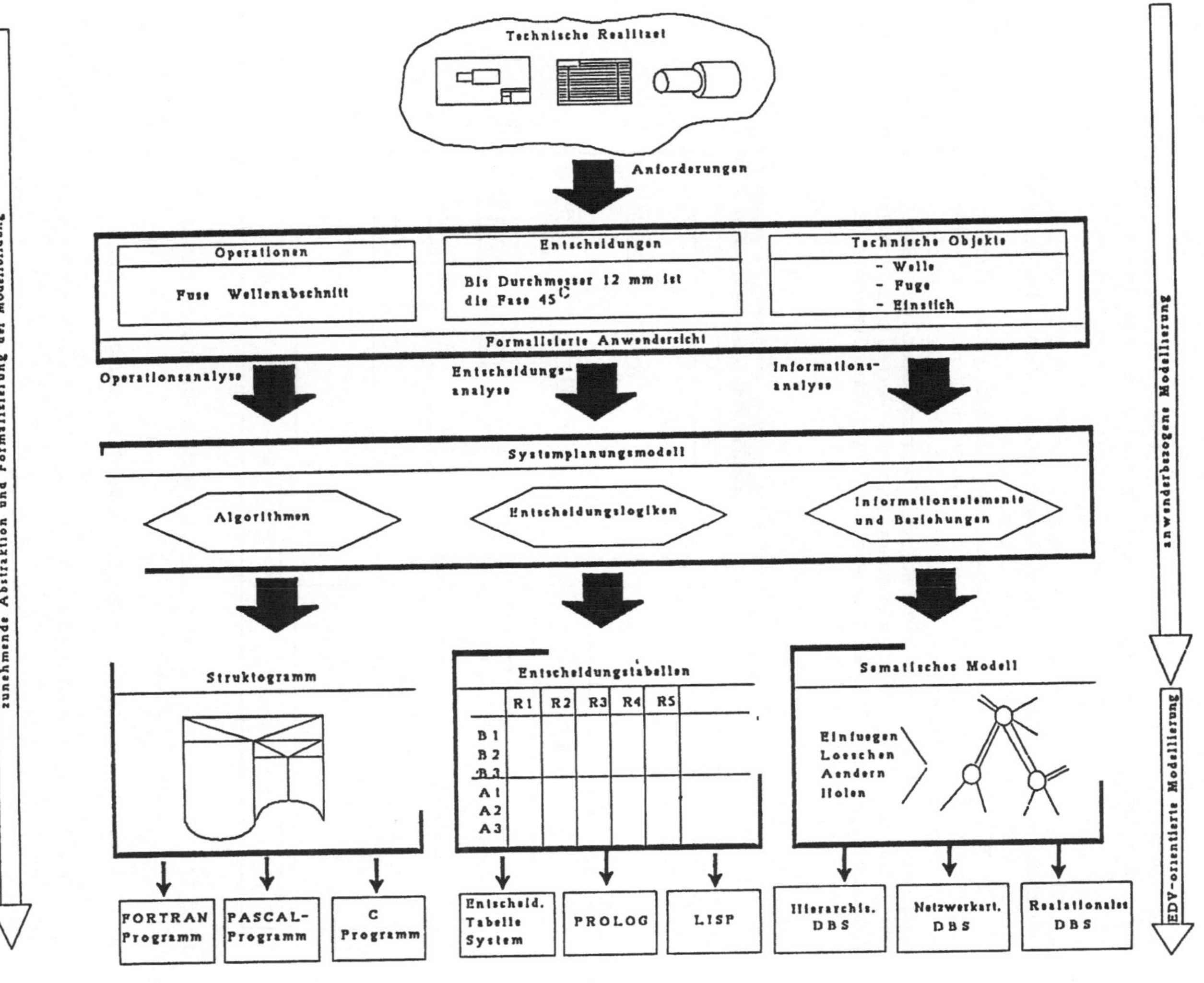

Bild 1: Abbildung von realen Modellen mit EDV-Systemen

4

Der letzte Schritt der anwenderbezogenen Informationsmodellierung ist die Abbildung der Algorithmen auf **Strukturprogramme**
sowie der Entscheidungslogiken auf Entscheidungstabellen oder KI-
Systemen einerseits und der Informationselemente und der Datenbankoperationen auf das **semantische Modell** als Bindeglied zwischen Anwender
und Datenbank andererseits. Man kann diese Ebene als Schnittstelle
zwischen einem analysierten und formal beschriebenen Modell und der
Implementierung dieses Modells betrachten.

In **Bild 2** ist die Übertragung eines Ausschnittes der
formalisierten Anwendersicht auf das Datenbankmodell skizziert. Es wird
die zunehmende Komplexität der Information bei gleichzeitiger Reduzierung der Operationen auf die Datenbankaufrufe deutlich. Eine Analyse
von Rotationsteilen ergab ein quantitatives Verhältnis von Informationselementen auf der Anwenderebene zu Informationselementen im Datenbankmodell von ca. 1 : 20.

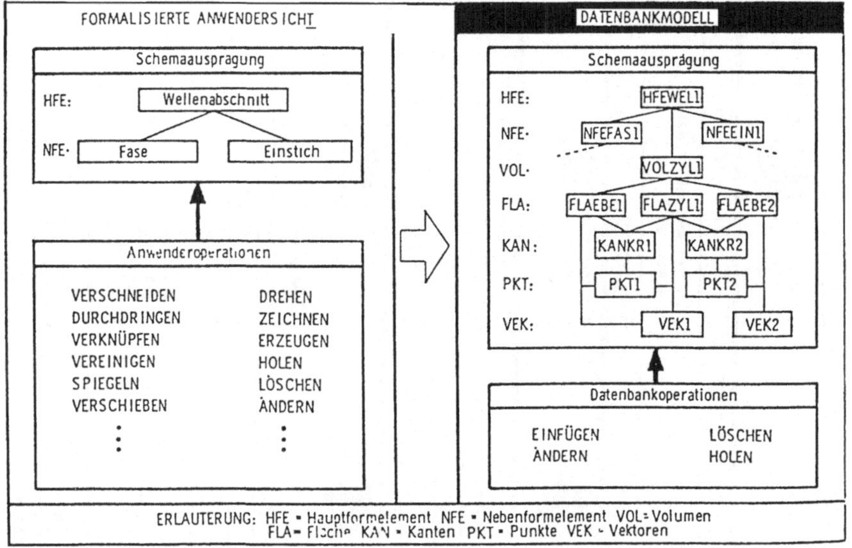

Bild 2:   Transformation der formalisierten Anwendersicht auf das
Datenbankmodell

3.   Informationsanalyse im technischen Anwendungsbereich

Die Informationsanalyse auf der Grundlage der Betrachtung der technischen Realität ist Bestandteil dieses Abschnitts.
Darunter soll im folgenden eine Abstraktion, Gliederung, Klassifizierung und Benennung der für ein technisches Anwendungssystem relevanten
Informationsmengen verstanden werden.

Eine erste Gliederungsmöglichkeit ergibt sich aus den
verschiedenen Konstruktionsphasen und der Fertigungsplanungsphase mit
jeweils spezifischem Informationsbedarf.

Ein anderer Ansatzpunkt zur Gliederung des Informationsbestands
einer Konstruktionsphase bzw. einer Aktivitätsstufe ergibt sich durch
die Unterscheidung von Basisinformationen (—> statische Informations-
bestände) und erzeugten Informationen (—> dynamische Informationsbe-
stände). Erstere sind in Verbindung mit den Eingangsinformationen die
Voraussetzung für die Entwicklung eines Konstruktionsobjekts, letztere
stellen Zwischen- oder Endergebnisse einzelner Konstruktionsphasen bzw.
Aktivitätsstufen dar.

FOCKEN [FOC-75] unterscheidet innerhalb eines CAD-Informations-
systems
- unternehmensunabhängige Informationsmengen (Werkstoffkenn-
werte, physikalische Effekte, allgemeine Normen usw.) und
- unternehmensabhängige Informationsmengen (Zeichnungen,
Stücklisten, Werksnormen usw.)

Die Aufbereitung unternehmensunabhängiger Informationen
fällt vorwiegend in den Arbeitsbereich von Normenausschüssen, In-
dustrieverbänden und Hochschulinstituten.
Eine weitere Einteilung von Informationen des CAD -
Bereichs wird von MEWES [MEW-72] vorgeschlagen, die wie folgt lautet:
- funktionsorientierte Informationen (z.B. Berechnungsver-
fahren, konstruktive Lösungen)
- fertigungsorientierte Informationen (z.B. Maschinenauswahl,
Fertigungsverfahren)
- gebrauchsorientierte Informationen (z.B. Marktinfor-
mationen, ergonomische Erkenntnisse)
- kostenorientierte Informationen (z.B. Preise von Zukauf-
teilen, Maschinenstundensätze)
und
- organisatorische Informationen (z.B. Terminplanung, Kapa-
zitäten)
Standen bis jetzt die logischen Funktionen der Informationen
im Vordergrund, so ergibt sich eine weitere Gliederungsmöglichkeit,
wenn man die für die Speicherung relevanten Parameter betrachtet. Dazu
gehören:
- informatorische oder operationelle Informationen
- alphanumerische oder graphische Informationen
- Quantität der Information
- Komplexität der Information
- formatierte oder unformatierte Information
- Änderungshäufigkeit der Information.
Alphanumerische Informationen bestehen aus Daten, die eine Untermenge
der natürlichen und reellen Zahlen sowie aller Buchstaben inklusive
Sonderzeichen bilden.
Graphische Informationen setzen sich aus graphischen
Elementen wie Linie, Kreis, Spline usw. zusammen.
Die Quantität der Information definiert das bereitzu-
stellende Speichervolumen, während die Komplexität der Information eine
Aussage über die Strukturierung und Verknüpfung der Informationsele-
mente trifft.
Formatierte Information bedeutet, daß ein Datenelement
aus einer fest definierten Zuordnung eines Wertes zu einer bestimmten
Speicherstelle besteht. Die Zuordnung wird durch Datenbankbeschrei-
bungen realisiert. Unformatierte Informationen sind umgangssprachliche
Aussagen, bei denen ein Format im Sinne eines vordefinierten Schemas
nicht erkennbar ist. Patente, Arbeitsvorschriften und Gesetzestexte
sind Beispiele für diese Informationsgruppe.
Die Änderungshäufigkeit der Information gibt Aufschluß
über die Stabilität der Daten und ermöglicht somit, eine Aussage über
die Anlage vordefinierter Zugriffspfade zu treffen.
Aus den genannten Parametern der Informationsanalyse
lassen sich Aussagen über den Schwierigkeitsgrad der späteren Abbildung
auf Datenbankmodelle gewinnen **(Bild 3)**.

INFORMATIONS-PARAMETER	SCHWIERIGKEITSGRAD DER MODELLBILDUNG →	
	informationell	operationell
	alphanumerisch	graphisch
	niedr. Komplexität	hohe Komplexität
	formatiert	unformatiert
	wenig Änderungen	häufige Änderungen

Bild 3: Schwierigkeitsgrad der Modellbildung in Abhängigkeit von Informationsparametern

In **Bild 4** wird ein Überblick über den Informationsbedarf in CAD- Systemen gegeben. Eine Einteilung nach den wichtigsten Informationsparametern wurde durchgeführt.

		FUNKTIONSFINDUNG	PRINZIPERARBEITUNG	GESTALTUNG UND DETAILIERUNG	FERTIGUNGSPLANUNG
OPERATIONELL / FORMATIERT	GRAPHISCH	- physikalische Funktionsstruktur - konstruktive Funktionsstruktur (Prinzipskizze) - Berechnungsdiagramme - Schaltpläne	- logische Funktionsstruktur - Gesamtfunktion - Teilfunktion - Blockschaltbild - Signalflußplan	- rechnerinterne Lösungsmodelle (z.B.: Werkstückmodell) - Einzelteilzeichnungen - Zusammenstellungszeichnungen - Projektionen, Schnitte und Explosionszeichnungen - FE-Darstellungen - Angebotszeichnungen - Versandskizze	
OPERATIONELL / FORMATIERT	ALPHANUMERISCH		- Berechnungsergebnisse (alphanum. Ausgabe)	- Berechnungsergebnisse (alphanum. Ausgabe) - Transportunterlagen	- Teilestamm - Erzeugnisstruktur - Arbeitspläne - Stücklisten - Teileverwendungslisten - Maschinenauswahl - NC - Steuerlochstreifen
INFORMATIONELL / FORMATIERT	GRAPHISCH	- funktionale Problemlösungen	- physikalische Problemlösungen - konstruktive Problemlösungen	- Gestaltvariantenkatalog - Wiederholteilekatalog - gestaltungstechnischer Lösungskatalog	- Layoutplan der Fertigungseinrichtung - Vorrichtungskonstruktionen
INFORMATIONELL / FORMATIERT	ALPHANUMERISCH	- Kompatibilitatsbedingungen von Funktionselementen	- pysikalischer Funktionskatalog - Funktionsträgerkatalog	- Zukaufteilekatalog (Preise, Lieferanten) - Bearbeitungsverfahren - Fertigungsvorschriften - DIN - Normen - Werksnormen - Fertigungskosten - Passungen, Toleranzen - Werkstoffe	- Maschinenkapazitäten - Halbzeugekatalog - Maschinenstundensätze - Fertigungsmittelkataloge - Fertigungshilfsmittelkataloge - Zeitrichtwertkataloge
INFORMATIONELL / UNFORMATIERT	ALPHANUMERISCH	- Fachliteratur - Marktinformationen - Gesetze - Umweltschutzvorschriften - Forschungsergebnisse	- Lizenzen - Patente - Berechnungsverfahren - Fachliteratur	- Marktinformationen - ergonomische Erkenntnisse - Gesetzestexte - Zeichnungsvorschriften	

Bild 4: Für CAD - Systeme relevante Informationsmengen

Die Analyse typischer CAD - Informationen soll eine Betrachtung der komplexen Informationsmenge des Werkstückmodells
abschließen. Das Werkstückmodell ist das Resultat aller vorausgegan-
genen Konstruktionsphasen. Die Ableitung sämtlicher Fertigungsunter-
lagen, das sind Unterlagen, die sowohl für die Durchführung nachges-
chalteter Planungstätigkeiten als auch für die Durchführung der
Fertigung und Montage notwendig sind [EVE-75], ist möglich. Der
klassische, das Werkstückmodell bisher repräsentierende Informations-
träger der Konstruktion ist die technische Zeichnung. Als Darstel-
lungskonzept bzw. "Sprache des Ingenieurs" dient sie Mitarbeitern der
Konstruktions- und Fertigungsabteilung als Kommunikationsmittel für
technische Objekte. Aus zeichnungstechnischen Gründen werden zweidimen-
sionale Darstellungen des Werkstücks erzeugt. Die Hin- und Rück-
transformation zu bzw. von der dreidimensionalen Gestalt des technischen Objekts erfolgt im Kopf des Ingenieurs und basiert einerseits auf
einer langjährigen Ausbildung und Erfahrung in der Anwendung von
Verfahren der darstellenden Geometrie, andererseits auf bestimmten
Regeln und Normen im Zeichnungswesen.

Grundlage der Erstellung des Werkstückmodells ist eine
Sammlung aller Informationselemente, die in der bisherigen graphischen
Darstellungsform stecken (= Zeichnungsanalyse).
Bild 5 zeigt einen Überblick über die Klassen von Informationselementen
in Zeichnungen, die sowohl operationelle als auch Verweise auf
informationelle Bestandteile enthalten.

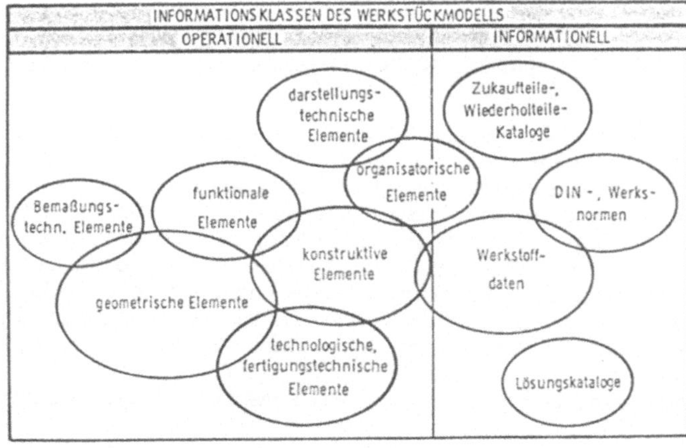

Bild 5:   Informationsmengen des Werkstückmodells

4.   Anforderungen an die Modellbildung von technischen Objekten

Im folgenden werden die Anforderungen an die operationellen Informationsmengen des CAD-Werkstückmodells beschränkt [EIG-
80]. Grundlage der Informationsanalyse waren die von CAM-I (Computer
Aided Manufacturing International) aufgestellten Anforderungen an ein
Werkstückmodell [CAM-79].

4.1 Geometrische Elemente

Geometrische Elemente sind alle Informationselemente,
die räumlich ausgedehnte Gebilde **(Bild 6)** eindeutig beschreiben
(Makrogeometrie).

GEOMETRISCHE ELEMENTE (Makrogeometrie)

- Punkte, Vektoren

- Kanten
    analytische Kanten (Linien, Kreise, Ellipsen, Parabeln)
    angenäherte Kanten (Spline, B-Spline)

- Flächen
    analytische Flächen (Ebenen, Zylinder-, Kugel-, Kegel-, Torusfläche)
    Flächen nach dem kinematischen Bildungsgesetz (Profile)
    angenäherte Flächen (Bezierflächen, B-Spline-Flächen)

- Körper

    rotationssymmetrische Körper (Zylinder, Kegel , Kugel)

    symmetrische Körper (Quader , Pyramide)

    allgemeine Körper (Körper , die durch eine beliebige
    Flächenberandung definiert sind)

Bild 6:   Zusammenstalleung geometrischer Elemente

In CAD geht man von einer hierarchischen Beziehung zwischen diesen Elementen aus, d.h. Elemente niedrigerer Stufe begrenzen die theoretisch unendliche Ausdehnung des übergeordneten Elements, z.B. die Linie wird durch zwei Punkte begrenzt. Ein geometrisches Element wird durch die Art seiner Gestalt, geometrische Attribute, die von der Gestalt abhängen und ihre Dimensionen bestimmen und im allgemeinen Fall von Angaben niedrigerer geometrischer Objekte und ihrer topologischen Zuordnung beschrieben (--> Intra-Objekt-Topologie).

Topologische Daten charakterisieren außerdem die räumliche Anordnung sowohl geometrischer als auch konstruktiver Elemente zueinander bzw. bezüglich definierter Koordinatensysteme (--> Inter-Objekt-Topologie). Ein geometrisches oder konstruktives Element selbst besitzt keine Topologie. Es ist immer im Ursprung eines gedachten oder real definierten "elementfesten" Koordinatensystems positioniert, auf das sich die topologischen Angaben untergeordneter Elemente beziehen, z.B. ist die Lage eines Einzelteils erst in Zusammenhang mit der räumlichen Anordnung in Verbindung mit anderen Einzelteilen innerhalb einer Baugruppe von Interesse. Topologische Informationen sind die zentralen strukturbildenden Informationselemente bei der Werkstück-modellierung.

Eine formale Beschreibung von geometrischen Elementen lautet wie folgt:

$$\text{Geometrische Elemente} = \{ \text{Art}; \ [\text{geometrische Attribute}]_o^n;$$
$$\text{(GE)}$$

$$[\text{topologische Attribute}]_o^n;$$

$$[\text{ref (geometr. Element)}]_o^n \}$$

(Es bedeuten: $[A]_a^b \ \hat{=} \ A$ erscheint

minimal a-mal und
maximal b-mal

ref (A) $\hat{=}$ Verweis auf Element A)

Die "Art" spezifiziert den Elementtyp, z.B. Linie.

Konkrete Beispiele sind:

GE = {Punkt; x,y,z}

GE = {Linie; [ref (Punkt)] $\frac{2}{2}$}

GE = {Rechteckfläche; Länge, Breite, [ref (Linie)] $\frac{4}{4}$}

     Diese formale Darstellung dient nicht dem Nachweis der komplexen netzwerkartigen Beziehungen der Informationselemente untereinander, sondern nur dem Nachweis des hierarchischen Aufbaus höherer Elemente aus niedrigeren. Dabei ist zu beachten, daß die beiden Basisansätze der geometrischen Modellierung
- CSG (Constructive Solid Geometrie) **(Bild 7)**
    und
- B-rep (Boundary representation) **(Bild 8)**
in ihrer Funktionalität grundsätzlich verschiedene Werkstückmodelle darstellen, [EIG-85]. Wegen der besseren Eignung der Volumenmodellierung wird im folgenden auf das B-rep-Modell Bezug genommen.

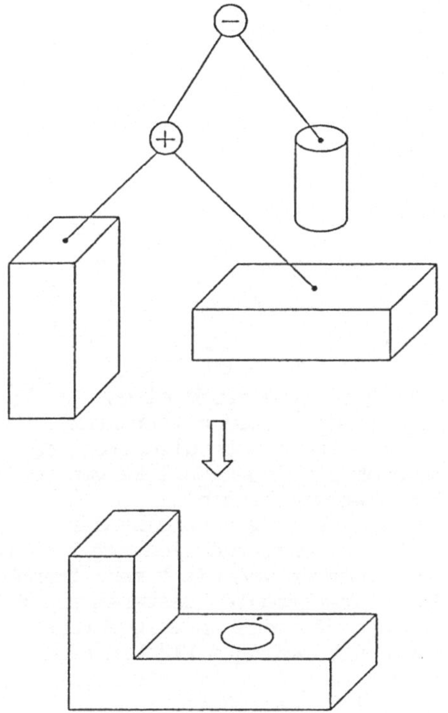

Bild 7: Vollkörpermodell

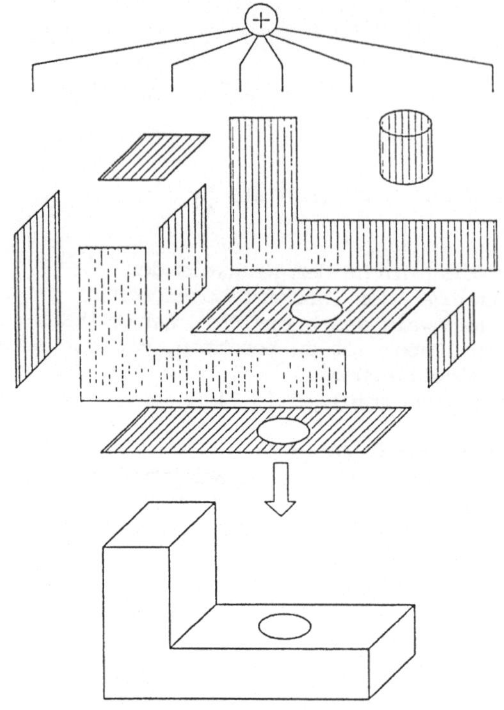

Bild 8: Flächenbegrenzungsmodell (B-rep)

4.3 Konstruktive Elemente

Konstruktive Elemente entsprechen der Gliederung eines Erzeugnisses in Baugruppen und Einzelteilen (Erzeugnisstruktur). Auf der Ebene der Einzelteile erfolgt eine weitere Untergliederung in Kollektiven von Körpern (Hauptformelemente), denen Kollektiven von Flächen (Nebenformelemente) zugewiesen werden können.

Eine **Baugruppe** ist eine Zusammenfassung von voneinander lösbaren Einzelteilen, die eine bestimmte Gesamtfunktion erfüllen (z.B. Getriebe). **Einzelteile** sind Zusammenfassungen von nicht mehr trennbaren Hauptformelementen (z.B. Welle). **Hauptformelemente** bestehen aus einem oder mehreren Volumina. Ihnen können Nebenformelemente zugeordnet werden. **Nebenformelemente** sind konstruktiv bedingte Flächen oder Flächenkombinationen, die Grundform des Hauptformelements nicht grundlegend verändern (z.B. Fase, Einstich, Längsnut). Ein Überblick über konstruktive Elemente ist **Bild 9** zu entnehmen.

KONSTRUKTIVE ELEMENTE		
EINZELTEIL	HAUPTFORM	NEBENFORM

- Ringe
- Dichtungen
- Schrauben
- Muttern
- Rohre
- Scheiben
- Sicherungen
- Bolzen
- Paß- und
  Scheibenfedern
- Keile
- Stifte
- Spannhülsen
- Federn
- Zahnräder
- Wellen
- Lagerschalen
- Riemen
- Riemenscheiben
- Kolben
- freies Einzelteil
  (durch beliebige
   Haupt- und Neben-
   formelemente
   darstellbar)
    .
    .
	- Wellenabschnitt
	- Hohlwellenabschnitt
	- Konus
	- Vierkant
	- Sechskant
	- Quader
	- Polyeder
	- Kugel
	- Kugelabschnitt
	- Hauptform aus
	  kinematischem
	  Bildungsgesetz
	- freie Hauptform
	  (durch beliebiges
	   Verknüpfen von
	   Körpern bzw.
	   Körpern mit Flächen
	   darstellbar)
	    .
	    .
	    .
		- Fase
		- Rundung
		- Bohrung
		- Sackbohrung
		- Senkung
		- Einstich
		- Freistich
		- Gewinde
		- Wellennut
		- Bohrungsnut
		- Paß- und
		  Scheibenfedernut
		- Zentrierbohrung
		- Verzahnung
		- Kerbverzahnung
		- Rändelung
		- Kordelteilung
		- freie Nebenform
		  (durch beliebige
		   Flächen darstellbar)
		    .
		    .

Bild 9: Beispiele konstruktiver Elemente

Die abstrakte Darstellung konstruktiver Elemente lautet in allgemeiner Form:

$$\text{Konstruktive Elemente} = \{\ \text{Art, [konstruktive Attribute]}_o^n;$$

$$[\text{ref (konstruktives Element),}$$
$$\text{topologische Attribute]}_o^n;$$

$$[\text{ref (geometrisches Element),}$$
$$\text{topologische Attribute]}_o^n;$$

$$[\text{ref (technologisches Element)]}_o^n;$$

$$[\text{ref (fertigungstechn. Element)]}_o^n;$$

$$[\text{ref (organisatorisches Element)]}_o^n;\}$$

4.4 Bemaßungstechnische Elemente

Bemaßungstechnische Informationen sind keine zusätz-
lichen Informationen des Werkstückmodells, da sie aus der dreidimensionalen Darstellung des Werkstücks implizit ableitbar sind. Zur
Erstellung von Zeichnungen sollten sie trotzdem angegeben werden.
Bemaßungstechnische Informationen enthalten normalerweise keine Daten,
sondern nur Verweise auf geometrische Elemente (Flächen), auf konstruktive Elemente oder auf technologische Elemente (Toleranz). Man
unterscheidet funktions- und fertigungstechnische Bemaßung.
Die allgemeine Darstellung lautet:

Bemaßungstechnische
Elemente   = { Art; [ref (geometrisches Element)] $_o^n$;

                                  [ref (konstruktives Element)] $_o^n$;

                                  [ref (technologisches Element)] $_o^n$}

4.5 Funktionale Elemente

Funktionale Elemente sind Zusammenfassungen konstruktiver oder geometrischer Elemente zum Zweck der Ausführung einer
physikalischen oder konstruktiven Funktion (z.B. Drehmoment wandeln).
Es besteht eine hierarchische Unterteilung in Funktionskomplexe und
Funktionsflächen.
    Funktionskomplexe sind Zusammenfassungen von Einzelteilen
zur Ausübung einer Funktion (Dichten, Lagern). Sie verweisen auf
Funktionsflächen. Ihre Aufgabe liegt nicht in der geometrischen
Beschreibung von Informationselementen bzw. in einer Art Makrobildung,
sondern nur in einer funktionalen Zusammenfassung bereits existierender
geometrischer oder konstruktiver Elemente, um Berechnungsalgorithmen zu
unterstützen.
    Funktionsflächen sind Flächen mit bestimmten Eigenschaften
zur Erfüllung einer Funktion (z.B. Zahnflankenflächen für Drehmoment-
übertragung, Dichtflächen). Die allgemeine Darstellung lautet:

funktionale Elemente = { Art, [funktionale Attribute] $_o^n$;

                                 [ref (funktionales Element)] $_o^n$;

                                 [ref (konstruktives Element)] $_o^n$;

                                 [ref (geometrisches Element)] $_o^n$;

                                 [ref (technologisches Element)] $_o^n$;}

4.6 Technologische Elemente

Außer den Stoffeigenschaften (z.B. Härte, Zähigkeit)
sollen auch die Mikrogeometrie und Behandlungsangaben zu den technologischen Informationselementen hinzugezählt werden. Die Mikrogeometrie umfaßt Maß-, Form- und Lagetoleranzen sowie Oberflächengütean-
gaben. Technologische Elemente werden konstruktiven, geometrischen oder
bemaßungstechnischen Elementen zugewiesen. Die allgemeine Darstellung
lautet:

$$\text{Technologische Elemente} = \{\ \text{Art, [technolog. Attribute]}\ _{o}^{n};$$
$$\text{[mikrogeom. Attribute]}\ _{o}^{n};$$
$$\text{[ref (geometrisches Element)]}\ _{o}^{n};$$
$$\text{[ref (konstruktives Element)]}\ _{o}^{n};$$
$$\text{[ref (bemaßungstechn. Element)]}\ _{o}^{n};\ \}$$

In Bild 10 sind Beispiele technologischer Elemente enthalten.

TECHNOLOGISCHE ELEMENTE			
Toleranzen	Oberflächengüte- angaben	Oberflächenschutz- angaben	Behandlungsangaben
Maßtoleranzen	- Gießen	- Lackieren	- Abschrecken
- Winkeltoleranz	- Schmieden	- Phosphatieren	- Altern
- Längentoleranz	- Glattwalzen	- Galvanisieren	- Anlassen
- Gewindetoleranz	- Ziehen	- Emaillieren	- Aushärten
	- Pressen	- Feuerverzinken	- Austernitisieren
Formtoleranzen	- Prägen	.	- Blankglühen
- Ungeradheit	- Schneiden	.	- Diffusionsglühen
- Unebenheit	- Brennschneiden	.	- Einsatzhärten
- Rundheit	- Drehen		- Induktionshärten
- Zylindrizität	- Profildrehen		- Nitrieren
	- Hobeln		- Spannungsfrei-
Lagetoleranzen	- Schaben		glühen
- Unparallelität	- Bohren		- Normalglühen
- Ungleichwink-	- Senken		- Tempern
ligkeit	- Reiben		- Tiefkühlen
- Fluchtabweichung	- Rollen		- Überhitzen
- Rundlaufab-	- Fräsen		- Weichglühen
weichung	- Feilen		.
- Planschlagab-	- Schleifen		.
weichung	- Honen		.
.	- Lappen		
.	- Trommeln		
	.		
	.		
	.		

Bild 10: Beispiele technologischer und organisatorischer Elemente

4.7 Fertigungstechnische Elemente

Fertigungstechnische Elemente beinhalten Informationen,
die direkt die Fertigung, Montage und den Versand betreffen, z.B.:
- Werkzeug und Vorrichtungsangaben
- Kontroll- und Prüfhinweise
- Hinweise über Fremdfertigung
- Transport-, Lieferungs- und Verpackungsangaben
- Montagehinweise

Fertigungstechnische Elemente sind konstruktiven Elementen zugeordnet.

4.8 Darstellungstechnische Elemente

Darstellungsangaben dienen zur genaueren Bezeichnung des aus dem Werkstückmodell ableitbaren Zeichnungssatzes.

4.9 Organisatorische Elemente

Organisatorische Elemente sind alle Informationen, die die Erstellung, den Änderungszustand und die betriebsinterne Klassifizierung betreffen. Einen Überblick über darstellungstechnische und organisatorische Informationen gibt Bild 11.

DARSTELLUNGSTECHNISCHE ELEMENTE	ORGANISATORISCHE ELEMENTE
- Projektionen	- Benennungen
- Explosionszeichnungen	- Zeichnungsnummern
- Teilzeichnungsdarstellungen	- Erstellungsdatum
- Ausschnitte	- Bearbeiter
- Ansichten	- Zeichnungsformate
- Schnitte	- Klassifizierungsnummern
- Brüche	- Änderungsangaben
- Maßstab	
- Symmetrieachsen	
- Abwicklungen	

Bild 11: Beispiele darstellungstechnischer und organisatorischer Elemente

5. Probleme der Informationshandhabung in CAD-Systemen

Die Schwierigkeiten und Mehrdeutigkeiten der Informationshandhabung in CAD-Systemen werden im folgenden anhand eines Beispiels der Modellierung einer operationellen Informationsmenge aufgezeigt.

Das geometrische Modell als Teil des gesamten Werkstückmodells wurde ausgewählt, weil es nach Meinung des Verfassers das komplizierteste Beispiel der Informationsabbildung in technischen Systemen ist.

Bild 12 zeigt ein geometrisches Objekt sowie die aus der Informationsanalyse hervorgegangenen Informationselemente. Um die Probleme der Informationsabbildung auf ein Datenbankmodell aufzuzeigen und Anforderungen an diese Ebene abzuleisten, wird für diesen Abschnitt ein dem gegenwärtigen Status Quo realisierter Datenbankmodelle angepaßter provisorischer Vorrat an syntaktischen Grundeinheiten eingeführt. Dieser besteht aus

AGGREGATEN, PRIMITIVEN und BEZIEHUNGEN

Aggregate sind logische Zusammenfassungen von bestimmten Primitiven, die für den Anwender eine Bedeutung haben (z.B. Zylinderfläche). Primitive beschreiben die Aggregate genauer (z.B. Radius der Zylinderfläche). Beziehungen repräsentieren logische Verknüpfungen zwischen Aggregaten (z.B. KANKR1 liegt auf FLAEBE1).

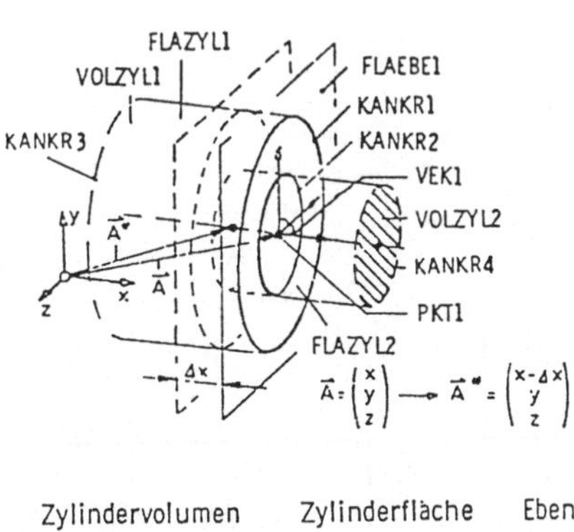

	Zylindervolumen	Zylinderfläche	Ebene	Kreis	
AGGREGATE	(VOLZYL)	(FLAZYL)	(FLAEBE)	(KANKR)	
PRIMITIVE	Radius Länge	Koordinate	Achsvektor	Normalenvektor	
	(R) (LG)	(X,Y,Z)	(AX,AY,AZ)	(NX,NY,NZ)	
BEZIEHUNGEN	(VOLZYL-FLAZYL)	(VOLZYL-FLAEBE)			
	(FLAZYL-KANKR)	(FLAEBE-KANKR)			

Bild 12: Ergebnis der Informationsanalyse eines Ausschnitts des geometrischen Modells

  Zielsetzung der Informationsabbildung auf das Datenbankmodell ist es, eine abstrakte durch ein Datenbanksystem verarbeitbare Darstellung des für den Anwender relevanten semantischen Informationsgehalts zu finden, wobei Informationselemente, die nicht von Interesse sind, vernachlässigt werden können [RIE-75].

  Ohne eine Wertung durchzuführen sei vereinbart, daß für die folgenden Erläuterungen ein statisches die Repräsentation sämtlicher geometrischer Elemente voraussetzendes Verfahren gewählt wurde. Ein erstes auf der Grundlage der Informationsanalyse (vgl. Bild 12) entworfenes Schema und Teile dessen Ausprägung sind **Bild 13** zu entnehmen.

  Man erkennt, daß das geometrische Modell durch häufige n:m Beziehungen geprägt ist. So gehören z.B. zu einer Fläche (FLAEBE1) zwei Kanten (KANKR1 und KANKR2) und zu einer Kante (KANKR1) zwei Flächen (FLAZYL1 und FLAEBE1). Außerdem besteht die Anforderung, zyklische Strukturen zuzulassen, z.B. wenn die Fluchtabweichung der Mittellinien der beiden Zylinderflächen durch die Beziehung der Lagetoleranz beschrieben werden soll. Dazu ist die Benennung der Beziehungen und die Zuweisung von Primitiven zu Beziehungen notwendig, z.B. die Zuweisung der zulässigen Fluchtabweichung zur Beziehung TOLERANZ.

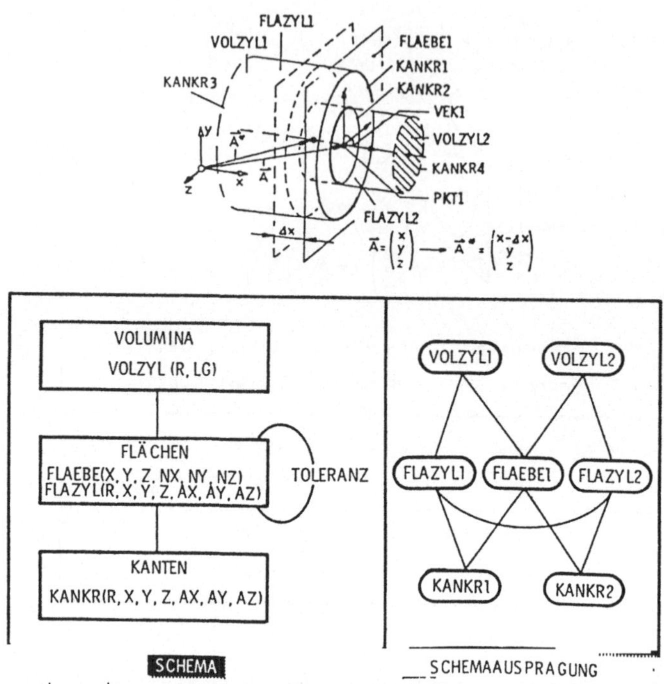

Bild 13: Beispiel eines nicht optimierten Schemaentwurfs

Nachteile dieses Schemaentwurfs sind:

- <u>eine hohe explizite Informationsredundanz</u>
  Der Aufpunkt der Zylinderfläche FLAZYL2 ist identisch mit dem
  Mittelpunkt der Kreise KANKR1 und KANKR2 und dem Aufpunkt der Fläche
  FLAEBE1. Der Radius (R) erscheint als identischer Parameter in dem
  Volumen VOLZYL2, in der Zylinderfläche FLAZYL1 und dem Kreis KANKR1.
  Der Normalenvektor (NX, NY, MZ) der Ebene FLAEBE1 ist identisch mit
  dem Achsvektor (AX, AY, AZ) der beiden Zylinderflächen FLAZYL1 und
  FLAZYL2 und dem Achsvektor der beiden Kreise KANKR1 UND KANKR2.

- <u>eine hohe implizite Informationsredundanz</u>
  Der Parameter "Länge" (LG) der volumina VOLZYL1 und VOLZYL2 ist aus
  der Differenz der Kreismittelpunkte (KANKR1 - KANKR3 bzw. KANKR4 -
  KANKR2) berechenbar. Die Elemente KANKR1 und KANKR2 sind jederzeit
  durch Schnitt der Flächen FLAZYL1 bzw. FLAZYL2 mit der Fläche FLAEBE1
  mathematisch bestimmbar.

- <u>ein hoher Änderungsaufwand</u>
  Mit der Informationsredundanz ist ein hoher Änderungsaufwand bei
  Anwenderoperationen verbunden, zum Beispiel bei Verkürzen von VOLZYL1
  (vgl. Bild 13). Angenommen, die Gesamtlänge des geometrischen Objekts
  bleibt erhalten, so müssen folgende Daten geändert werden:
  - Die Länge (LG) in VOLZYL2
  - Der Aufpunkt (X,Y,Z) in FLAEBE1 und FLAZYL2
  - Der Mittelpunkt (X,Y,Z) in KANKR1 und KANKR2

Diese Änderungen werden durch folgende Aufrufsequenz einer symboli-
schen Datenbankschnittstelle realisiert:

```
MODIFY(VOLZYL1,LG  --> LG -  X)
MODIFY(VOLZYL2, LG --> LG +  X)
MODIFY(FLAEBE1, X  --> X  -  X)
MODIFY(FLAZYL2, X  --> X  -  X)
MODIFY(KANKR1,  X  --> X  -  X)
MODIFY(KANKR2,  X  --> X  -  X)
```

Einen aufgrund dieser Kritik verbesserten Schemaentwurf zeigt **Bild 14**. Dieser Entwurf ist charakterisiert durch eine verminderte Informationsredundanz, die durch eine konsequente Trennung geometrischer und topologischer Daten erreicht wurde. Damit ergibt sich ein reduzierter Änderungsaufwand. So wird zum Beispiel die Operation "Verkürzen von VOLZYL1" auf das Verschieben der Fläche FLAEBE1 und damit auf die Änderung der topologischen Daten der Fläche zurückgeführt.
Die Daten der Kreise werden durch den Verweis auf dasselbe topologische Datum mitgeändert. Die entsprechende Datenbankoperation würde in diesem Fall nur lauten:

      MODIFY (PKT1, X --> X - X)

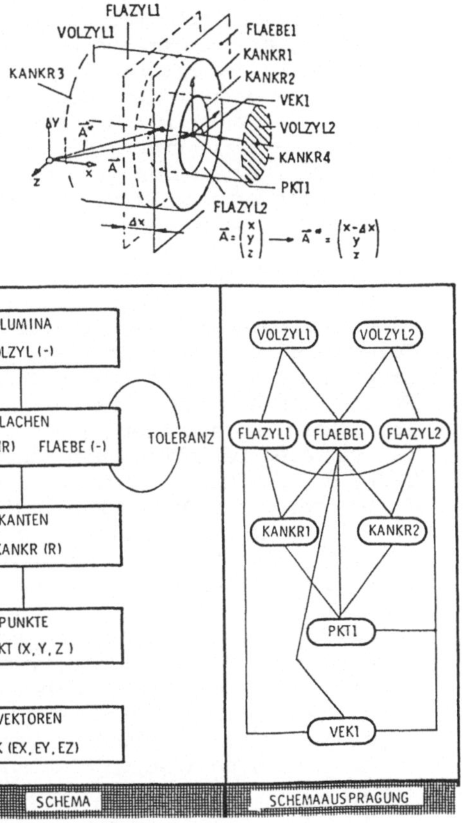

Bild 14: Beispiel eines verbesserten Schemaentwurfs

    Die hier an einer Operation nachgewiesene Schemaoptimierung muß bei realen Modellierungen anhand eines repräsentativen anwendungsorientierten Operationsspektrums verifiziert werden.
    Trotz dieser offensichtlichen Verbesserung beim zweiten Schemaentwurf bleiben eine Reihe von Fragen offen:

(1) Wann ist Informationsredundanz sinnvoll und wann nicht?

(2) Sind die Folgen expliziter und impliziter Informationsredundanzen zu beseitigen?

(3) Kann bei der Modellierung eine sinnvolle Unterscheidung der Informationselemente in Aggregate, Primitive oder Beziehungen gefunden werden?

(4) Basiert eine weitergehende Differenzierung der syntaktischen Grundeinheiten auf einer eindeutigen operationalen Beschreibung?
Die Problematik dieser Frage verdeutlicht die Notwendigkeit einer weitergehenden syntaktischen Differenzierung, um semantische Informationsbezüge für den CAD-Bereich in einem Datenbankmodell repräsentieren zu können. Eine deskriptive Modellbeschreibung reicht jedoch zur Darstellung dieser erweiterten Grundeinheiten nicht aus. Es soll zum Beispiel die Tatsache modelliert werden, daß sowohl Kreise als auch Punkte eigenständige, d.h. zu Beziehungen zu anderen Informationselementen bzw. -ausprägungen fähige Informationselemente sind, also im Datenbankmodell auf Aggregaten abgebildet werden.
Der semantische Bezug, daß der Punkt einerseits den Kreis charakterisiert, aber andererseits die Existenz des Punktes Voraussetzung für die Existenz des Kreises ist, kann durch eine weitere Spezifikation in

- Beziehungen, die charakteristisches Informationsbezüge
  zwischen Aggregaten modellieren und
- Beziehungen, die existenzabhängige Informationsbezüge
  zwischen Aggregaten modellieren

dargestellt werden. Diese syntaktische Differenzierung wird erst durch eine operationale Beschreibung eindeutig klassifiziert.

(5) Kann verhindert werden, daß Aggregate mit identischen Primitiven in der Datenbank geführt werden?
Einen Ausweg aus dieser Situation zeigt das CODD'sche Relationale Datenmodell durch die Markierung bestimmter Primitive bzw. Primitivgruppen als "candidate keys" (—> identifizierende Primitive) [COD-70]. Werden beim Aggregat Punkt die Koordinaten X,Y,Z als candidate keys vereinbart, so existiert jeder Punkt nur einmal in der Datenbank. Außer der verbalen Definition von Schlüsseln muß natürlich gewährleistet sein, daß das Datenbanksystem diese Bedingungen auf der physischen Ebene überprüft. Der Nachteil dieser Lösung ist, daß nach der strengen Definition der "candidate keys" keine Änderungen an ihnen durchführbar sind. Das bedeutet, daß eine Änderung der Punktkoordinaten nur über den Umweg des Löschens des alten und Einfügen des neuen Punktes möglich ist. Als weiteres Problem ergibt sich die Frage, wann ein Aggregat wirklich gleich einem anderen ist. Zum Beispiel ist ein Punkt mit einem anderen Punkt nur identisch, vorausgesetzt die Koordinaten stimmen überein, wenn beide Punkte innerhalb des gleichen Einzelteils definiert sind. Zwei wertmäßig gleiche Punkte, die aber auf verschiedenen topologiefreien Einzelteilen vereinbart wurden, sind für den Anwender nicht gleich, da ihre topologischen Daten keinen absoluten Charakter besitzen.

(6) Kann die Zugehörigkeit einzelner Aggregate zu übergeordneten Klassen nachgebildet werden?

(7) Können für bestimmte Anwendungsverfahren Teilsichten des Datenbankmodells abgeleitet werden?

(8) Kann unterschieden werden, ob ein Aggregat an einer Beziehung teilnehmen kann oder teilnehmen muß?

(9) Können die unterschiedlichen Rollen verschiedener Aggregate dargestellt werden?
Bei der Aggregatbildung kommt es häufig vor, daß die Aggregate ihre Rolle zu andern Aggregaten in einer Beziehung verlieren. Zum Beispiel ist dem Punkt nicht mehr anzusehen, ob er bezüglich einer Kante ein Anfangspunkt oder ein Endpunkt ist. Oder bei einer Kante ist nicht mehr ersichtlich, ob sie bezüglich einer Fläche eine Innen- oder Außenkante darstellt. Diese semantischen Bezüge stecken nicht in den Aggregaten. sondern in den Beziehungen zwischen Aggregaten, die diese untereinander

eingehen. So kann zum Beispiel derselbe Punkt in der Beziehung zu einer
Kante ein Mittelpunkt, in Beziehung zu einer Fläche aber einen Aufpunkt
darstellen.

<u>(10) Kann der Nachteil des Datenbankmodells beseitigt werden, ohne daß
zum Manipulieren eines Anwendungsobjekts eine große Anzahl von
Datenbankoperationen aufgerufen werden müssen?</u>
Zum Einfügen des Zylinders VOLZYL1 aus der Anwendersicht (vgl. Bild 14)
müssen z.B. 25 Datenbankaufrufe zum Einfügen atomarer Objekte mit
insgesamt ca. 50 Daten aufgerufen werden.Die Frage ist zu klären, ob
sich z.B. Standardvolumina, denen eine feste Struktur von geometrischen
Elementen zu Grunde liegt, als ein strukturelles Datenbankobjekt
handhaben lassen, das auf der Grundlage von Beschreibungen konkreter
atomarer Modelle und ihren Beziehungen untereinander erstellbar ist.

Die Beantwortung dieser Fragen, die Leistungsfähigkeit eines für
das Anwendungsgebiet CAD geeigneten Datenbankmodells bestimmt, ist auf
der Grundlage existierender Datenbankmodelle nicht befriedigend
möglich.
Um das in den Fragen 4, 5, 6, 7, 8 und 9 angesprochene Problem des
semantischen Inahlts überhaupt zu Zeit zu beschreiben, ist ein für
technische Anwendungen geeignetes Modellierungskonzept zu wählen. Ein
Vorschlag dafür ist in **Bild 15** zu sehen [EIG-80].

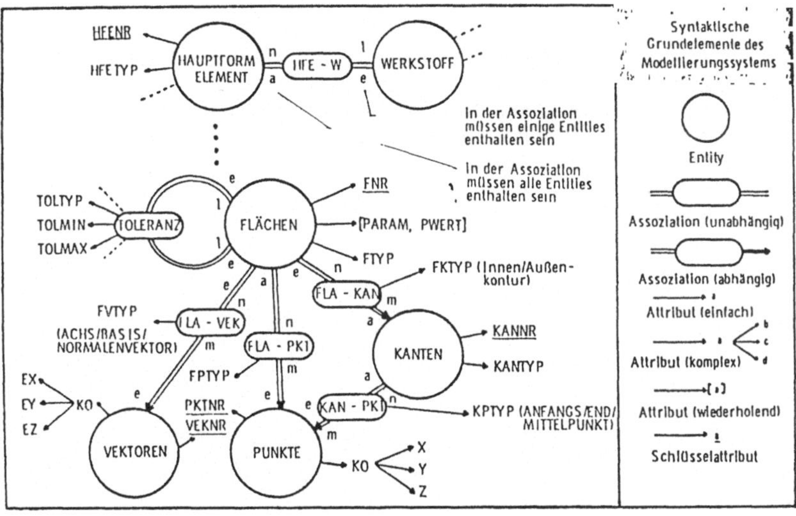

Bild 15: Vorschlag für eine semantisches Modell

6. Zusammenfassung

"Bei einer Untersuchung der einfachen Probleme der Informationsanalyse wird man feststellen, daß eine Datenbank eher eine Verkörperung einer Mythe als das Modell der Realität ist". *

Daß die obige Aussage gerade für die Informationshandhabung im Anwendungsgebiet CAD ihre Existenzberechtigung besitzt, soll in diesem Abschnitt gezeigt werden.

Erschwerend für die Informationsabbildung in technischen Systemen gegenüber kommerziellen Systemen fallen grundsätzlich ins Gewicht [TSU-75, VAL-76 GRA-79/1]:

- Die Verschiedenheit der Informationen, bezogen auf die Anzahl der voneinander unterscheidbaren Informationselemente, auch Systemvarietät genannt, ist in technischen Systemen größer.
- Die Komplexität der Informationsmenge und die Variabilität, d.h. die zeitliche Veränderung und Ergänzung der Informationselementklassen sind in technischen Systemen ebenfalls größer.
- In technischen Systemen, besonders bei operationellen Informationsmengen, ist eine höhere explizite und implizite Informationsredundanz anzutreffen.

Voraussetzung zur Modellierung derart komplexer Zusammenhänge sind:

o Ein für technische Anwendungen geeignetes semantisches Modell als Modellierungshilfe,
o Eine Integration, bzw. Erweiterung dieses Informationsmodells um Entscheidungslogiken und Algorithmen sowie
o eine physikalische Abbildung in ein effizienteres Datenbankmodell.

---

* "By examing the simplest problem of information analysis we shall see that a database is not a model of reality but an embodiment of myth" [STA-73

7. Literaturverzeichnis

ALL - 77   Allan III,J.J. (ed.): "CAD-Systems", Proceedings IFIP
            Working Conference on CAD, Austin/Tx 1976, North Holland
            Publ. Comp. 1977

CAM - 79   "CAM-I Special Projects 1979", CAM I PR-78-ASPP-02,
            Arlington, Texas 1979

COD - 70   Codd,E.F.: "A Relational Model of Data for Large Shared
            Data Banks" in Comm. of the ACM, Vol 13, No.6 (1970), S.
            377-387

EIG - 80   Eigner,M.: "Semantische Datenmodelle als Hilfsmittel der
            Informationshandhabung in CAD-Systemen und deren programm-
            technische Realisierung auf Kleinrechnern", Dissertation
            Karlsruhe 1980

EIG - 85   Eigner,M.;Maier,H.: "Einstieg in CAD/Lehrbuch für An-
            wender", Hanser Verlag 1985

EVE - 75   Eversheim,W.; Szabo,Z.-J.: "Analyse der Fertigungsunter-
            lagen", CAD-Bericht KFK-CAD 10 (1976)

FOC - 75   Focken,H.G:: "Aufbau unternehmensspezifischer Infor-
            mationssysteme für den Entwicklungsbereich", Dissertation
            Aachen 1975

GRA - 79/1 Grabowski,H.; Eigner,M.: "Anforderungen an CAD-Daten-
            banksysteme" in VDI-Z 121, Nr. 12 (1979), S. 621-633

MEW - 72   Mewes,D.: "Ein Informationssystem für die Entwicklung und
            Gestaltung von Produkten der Maschinenbauindustrie",
            Dissertation Aachen 1972

RIE - 75   Riesenfeld,R.E.: "Aspects of Modelling in Computer Aided
            Design" in Proceedings AFIPS 1975 (National Computer
            Conference), S. 597-602

STA - 73   Stachowiak,H.: "Allgemeine Modelltheorie", Springer Verlag
            1973

TSU - 75   Tsubaki,M.: "DPLS - Database - Dynamic Programm Control and
            Open Ended POL Support" in Proceedings "Data Bases for
            Interactive Design", Waterloo 1975, S. 246-160

VAL - 78   Valle,G.: "Relational Data Handling Techniques in Computer
            Aided Design Procedures" in [All-77],S. 309-318

Spatial Access Methods based on
Dynamic Hashing

Bernhard Seeger   Hans-Peter Kriegel

Universität Bremen,2800 Bremen

Abstract

In order to handle spatial data efficiently, as required in computer aided design and geo-data applications, a database management system (DBMS) needs an access method that will help it retrieve data items quickly according to their spatial location. In this paper we give a classification of existing spatial access methods and show that they use one of the following three techniques: clipping, overlapping regions, and transformation. The performance of all previous schemes depends on and varies with the application. There is no scheme with a good overall performance. Thus our approach is to combine these techniques in one hybrid method to achieve good performance independent of the application. In an analysis we show the performance gain of our new scheme in comparison to previous proposed methods.

Zusammenfassung

Für die Organisation von geometrischen Daten, wie sie z.B in CAD-Anwendungen vorkommen,durch Datenbanksysteme (DBMS), benötigten diese Raum-Zugriffsstrukturen, die ein effizientes Suchen bezüglich der geometrischen Attribute der Daten gewährleisten. In diesem Bericht geben wir eine Übersicht von bekannten Raum-Zugriffsstrukturen. Darüberhinaus wird eine Aufteilung von Raum-Zugriffsstrukturen in drei Klassen vorgenommen, wobei jede Klasse durch eine Technik charakteriziert ist, die es erlaubt Raum-Zugriffsstrukturen aus einer beliebigen mehrdimensionalen (Punkt-) Zugriffsstruktur zu generieren.

Viele dieser Raum-Zugriffsstrukturen sind zugeschnitten für spezielle Daten, wobei diese Daten gewisse Vorausetzungen erfüllen müssen, damit die Raum-Zugriffsstrukturen effizient sind, bzw. sogar anwendbar sind. Durch eine Kombination diverser Techniken, erreichen wir unserem neuen Verfahren eine flexibelere Organisation von Raumdaten ohne daß Bedingungen an diese Daten gestellt werden. Darüberhinaus zeigen wir die Leistung von unserem neuen Raum-Zugriffsstruktur, im Vergleich zu bereits exestierenden Strukturen.

1 Introduction

Access methods for secondary storage which allow efficient manipulation of large amounts of records are an essential part of data base management systems (DBMSs). In traditional applications, objects are represented by records, i.e. d-dimensional points, d $\geq$ 1, and thus point access methods (PAMs) are required. We distinguish access methods for primary keys (one-dimensional points) and access methods for secondary keys (multidimensional points).

However, it turned out that PAM are not sufficient for applications like computer aided design ([SRG 83], [MT 83]), automatic generation of maps [MOD 87], or image processing [RL 85]. In particular, new access methods are necessary for the organization of multidimensional spatial objects, like rectangles, polygons, circles, etc. . We call these methods spatial access methods (SAMs). Additionally, queries asking for spatial objects seem to be more complex than queries asking for points. For instance a typical spatial query is the point-query: Given a point, find all spatial objects that contain the point.

In this paper we will deal with SAMs based on multidimensional dynamic hashing schemes (MDHs). We will show that MDHs without directory, such as PLOP-Hashing [KS 88], can easily be extended to very efficient SAMs. Moreover, our new method has a good overall performance because it combines techniques of various previous SAMs. Particularly, our scheme generalizes on the one side the concept of transformation of spatial objects [NH 85], on the other side the principle concept of R-trees [Gut 84].

In the following we assume that d-dimensional spatial objects are in the d-dimensional unit cube $E^d = [0,1)^d, d \geq 1$. Obviously, this can easily be fulfilled by simple transformation. The problem of storing d-dimensional spatial objects can be reduced to handle d-dim. rectangles by finding the minimum bounding rectangle (MBR) of a spatial object. Moreover we will assume that the sides of the MBRs are parallel to the axis of the data space E^d.

The remainder of this paper is organized as follows. In section 2 we briefly review our concept of a MDH without directory, called multidimensional dynamic piecewise linear order preserving hashing, in short PLOP-Hashing. For a more complete discussion we refer to [KS 88]. Then in section 3 we will give a classification of existing SAMs into three techniques: clipping, overlapping regions, and transformation. We will discuss the properties of schemes using these techniques. In section 4 we apply the techniques of overlapping regions to PLOP-Hashing. In section 5 we introduce the transformation technique applied to PLOP-Hashing. In particular we suggest the concept of assymetric partitioning and provide an analysis thereof. Section 6 concludes the paper and gives some aspects of future work.

2 Piecewise Linear Order Preserving Hashing

The basic idea of multidimensional PAM is to divide the data space into disjoint regions. The objects contained in one region are stored in one bucket, or in a short chain of buckets. In order to support a dynamic adaptation the number of disjoint regions depends on the number of records. MDH schemes commonly partition the data space using a dynamic grid.

In the past few years a large number of MDH schemes was proposed. MDH schemes fall in one of two categories: those that do not use a directory and those that use a directory. There is a large variety of MDH schemes with directory, like the grid file [NHS 84], multidimensional extendible hashing [Oto 84] or different types of hash trees ([Oto 86], [Ouk 85], [WK 85]). In all these schemes the directory resides fully or partially on secondary storage.

In this section we will review PLOP-Hashing, a MDH scheme without directory. In [KS 88] we completely represented PLOP-Hashing and reported on an experimental performance comparison with the grid file [NHS 84], where PLOP-Hashing was the superior scheme.

MDH schemes without a directory are based on (one-dimensional) linear hashing [Lit 80]. Using a hashing function H, we compute the address of a short chain of buckets, where the set of addresses $\{0,..,m-1\}$ is time varying. Giving up the directory we have to allow overflow records, i.e. records which cannot be placed in the first bucket of the corresponding chain, called primary bucket. The overflow records are stored in a so-called secondary bucket which is chained with the primary bucket. The primary bucket resides in the primary file, the secondary bucket in the secondary file. This very simple type of treating overflow records is called bucket chaining. One chain of buckets is also called a page.

Two basically different order preserving address functions have been suggested for MDH schemes without directory. One of them is the interpolation function [Bur 83] which generates a one-dimensional key from a d-attribute composite key using z-ordering [OM 84] and then compute the address using a one dimensional order preserving hashing function. The other address function is the one used in MOLHPE [KS 86] and quantile-hashing [KS 87] which was originally suggested to compute directory addresses in multidimensional extendible hashing [Oto 84]. In our approach we will use this address function to compute page addresses.

As already indicated, the data space is partitioned by an orthogonal grid, see figure 1. The partitioning points of the grid on each axis are defined by d binary trees, $d \geq 1$, comparable to the scales of the grid file. Each inner node of such a binary tree stores a partitioning point representing a (d-1)-dimensional hyperplane that cuts the space into two rectangle shaped regions. Each leaf is associated with a d-dimensional slice S(i,j) of the data space which is bounded by two neighboring partioning hyperplanes, $0 \leq i < m_j, 1 \leq j \leq d$, where m_j is the number of slices corresponding to the jth axis. Such a slice S(i, j) is addressed by the index i stored in the corresponding leaf, $0 \leq i < m_j, 1 \leq j \leq d$. The whole data space is the union of d-dimensional rectangles which are not cut by any partitioning hyperplane and are therefore called cells. All the d-dimensional points lying in one cell are stored in one page. The address of that page is computed using the index i_j of all slices $S(i_j,j)$, whose intersection results in the corresponding cell, $0 \leq i_j < m_j, 1 \leq j \leq d$. Additionally to an index i, each leaf contains the number x_i^j of points which are in the slice S(i, j), $0 \leq i < m_j, 1 \leq j \leq d$. This information is used to expand the file in a piecewise linear fashion.

Before explaining the principles of piecewise linear expansions, let us introduce some further notations. The file size is given by m, i.e. the number of pages in the file. The level $L = \lfloor \log_2 m \rfloor$ indicates how often the file size has doubled, assuming a file size of one page at the beginning. Moreover the level l_j of axis j, which is given by $l_j = \lfloor \log_2 m_j \rfloor, 1 \leq j \leq d$, specifies how often the number of slices of axis j has doubled. For example in figure 1 the file has 16 pages and therefore the level L is 4, $l_1 = 2$ and $l_2 = 2$. During one doubling of the file size the number of pages increases from 2^L to $2^{L+1} - 1$. During this process, one axis s, $1 \leq s \leq d$ called split axis is selected in which the expansion is carried out Let us assume that the split axis s is chosen in a cyclic order, i.e. $s = L\ MOD\ d + 1$. Then our scheme partitions the data space symmetrically, i.e. $|l_s - l_j| \leq 1$,

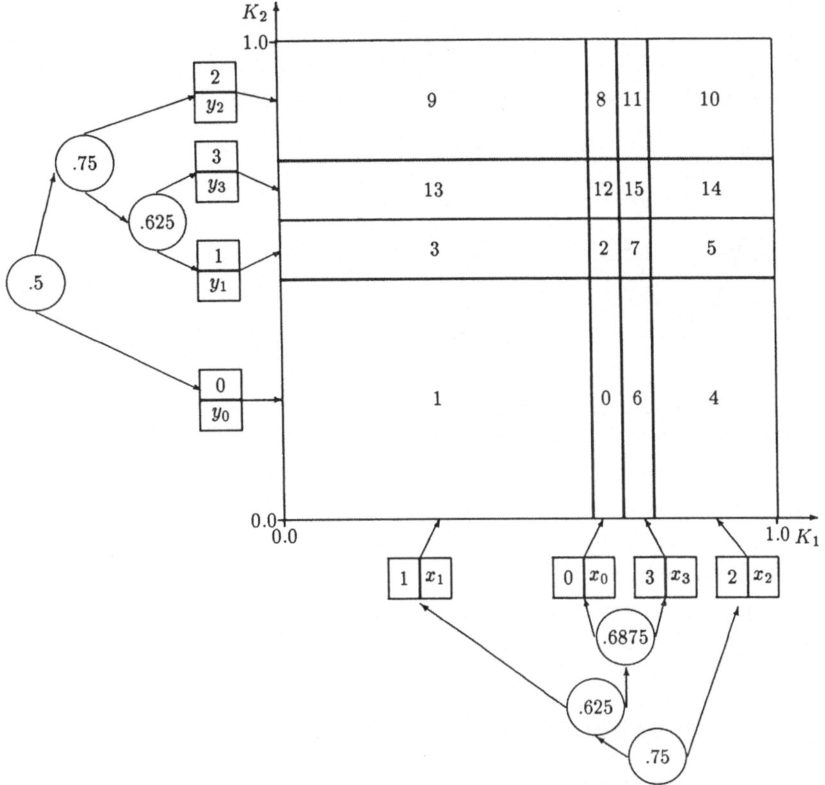

Figure 1: Partition of the data space E^d generated by PLOP-Hashing

$1 \leq i, j \leq d.$

The pages of the file are arranged in groups $g_0, .., g_{m_s-1}$, where the union of the cells of one group g_{j-1} is the slice $S(j,s)$, $1 \leq j \leq m_s$. A rule called control function, triggers the expansion of the file by another group of pages, respectively slice. First one group of pages will be selected by the control function (e.g. if the load factor of this group is more than 100%). We have illustrated this situation on the left side of figure 2, where we have a file of 4 pages. Thus the level L = 2 and s denotes the first axis. Now we consider two groups $g_0 = \{0, 2\}$ and $g_1 = \{1, 3\}$ Assuming $x_0 > 2b$ (b = capacity of a bucket), i.e. the group g_0 contains more than 2b records, the control function calls for an expansion of the file, particularly of the group g_0. Thus the slice S(0,1) will be cut into two by inserting a new partitioning point into the binary tree of the first axis and expanding the file by the group $g_2 = \{4,5\}$, see the right side of figure 2.

Contrary to the grid file, the expansion of one group does not proceed in one macro step, but step by step using an expansion pointer $(ep_1, .., ep_d)$, which indicates the page to be expanded next. Thus the split group will be expanded linearly as for linear hashing, and the whole file will be expanded in a piecewise linear fashion.

In addition to the expansion of the file we have considered contraction and reorganization. As for expansion we have a control function, which triggers merging of two groups which belong to neighboring slices into one

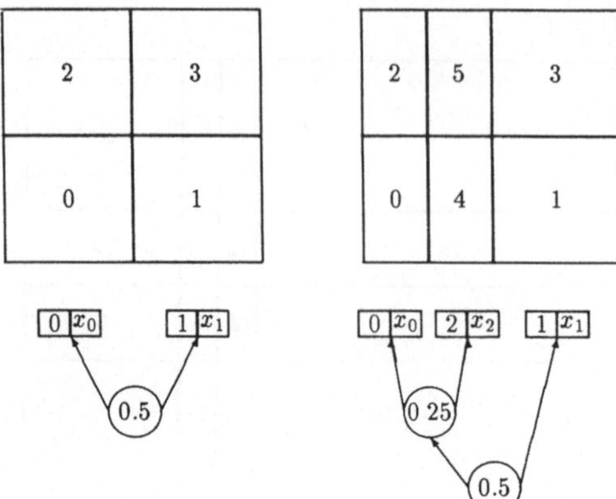

Figure 2: Expansion of a file organized by PLOP-Hashing

group. We have chosen the following control function for contraction: Merge the pair of neighboring groups with the minimum number of records, if the load factor is below 45%.

For the explanation of the address function we will refer to [Oto 84], [KS 86] and [KS 88] where the address function is proposed for schemes with and without directory. Let us mention that the address function allows distributing the records of c slices over c+1 slices, $c > 0$, and thus supports partial expansions ([Lar 80], [KS 86]). For the sake of simplicity, we will not treat partial expansions in this paper.

3 A classification of spatial access methods

In this section we will give an overview of spatial access methods (SAMs) which can be classified in three groups. Each of these classes is characterized by a special technique which allows an extension of a multidimensional point access method (PAM) to a multidimensional SAM. In the following, we consider two types of spatial queries, which should be supported by all SAM:

1. point query

   Given a point $P \in E^d$, find all d-dim. rectangles R in the file with $P \in R$
2. rectangle intersection

   Given a d-dim. rectangle $S \subseteq E^d$, find all d-dim rectangles R in the file with $S \cap R \neq \emptyset$

In order to maintain low insertion costs, exact match queries should be also supported efficiently. In analogy to PAM it is important that the retrieval performance should essentially be independent of the distribution of the spatial objects. Additionally to the distribution of objects the density O(P) of a point $P \in E^d$ can influence retrieval performance, where the density O(P) is the number of rectangles in the file containing $P \in E^d$. The global density of a file is given by

$$O = \max_{P \in E^d} O(P) \tag{1}$$

The value of O heavily depends on the particular application Let us consider two applications in the area of cartography, where we organize polygons using the minimal bounding rectangles (MBR) of the polygons:

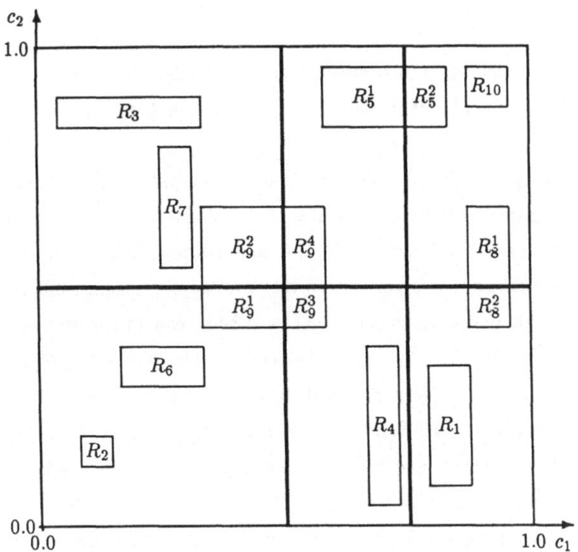

Figure 3: Insertion of ten 2-dim. rectangles $R_1, .., R_{10}$ into a file using clipping based on PLOP-Hashing

1. storing contour lines, which are used in topographical maps, leads to a high global density
2. storing limits of lots, which are used in conventional maps, commonly leads to a low density

.1 Clipping

Clipping can easily be explained by describing the insertion of a new rectangle. Assuming a partition of the data pace into disjoint regions, an insertion of a rectangle will be performed like an insertion of a point. Problems ill only occur, if a rectangle R intersects with more than one disjoint region. Clipping of a rectangle means hat R is partitioned into a minimal set of rectangles $\{R^1, .., R^q\}$, where

$$R = \bigcup_{i=1}^{q} R^i, \; q > 1$$

Every rectangle $R^i, 1 \leq i \leq q$, intersects with exactly one disjoint regions. Now we can insert these q rectangles $R^1, .., R^q$ into the file.

In figure 3 we have depicted the partition of the data space after insertion of ten 2-dimensional rectangles $R_1, .., R_{10}$ into the file using clipping based on PLOP-Hashing. Rectangles R_5 and R_8 are partitioned into two, rectangle R_9 is partitioned into four rectangles.

The R^+-tree [SRF 87] uses clipping based on the K-D-B-tree [Rob 81]. However, clipping can be applied to every multidimensional PAM. Assuming a bucket capacity of b records, all methods based on clipping require

$$O = \max_{P \in E^d} O(P) \leq b \tag{2}$$

Since condition (2) is only fulfilled for some applications, clipping can not be used in a multi-purpose SAM installed in a DBMS. Nevertheless for special applications fulfilling condition (2) schemes based on clipping are efficient, as demonstrated in [FSR 87].

3.2   Overlapping regions

Such as clipping overlapping region schemes (OR - schemes) are also applied to d-dimensional PAMs. We will discuss the principle of OR-schemes by a short introduction to the R-tree [Gut 84], one of the most popular SAMs.

The R-tree is a balanced tree generalizing the B^+-tree concept to spatial objects. Storage utilization is guaranteed to be above 50%. Minimal bounding rectangles of the spatial objects are stored in the leaves of the tree. Each of the rectangles stored in a inner node is the minimal bounding rectangle of all rectangles in the corresponding son Thus the data space is partitioned into overlapping regions, but not disjoint regions. Contrary to the B^+-tree it is possible that more than one leaf must be accessed to answer an exact match query.

A similar scheme is proposed by Ooi [Ooi 87] using K-D-trees as underlying PAM. Obviously, OR-schemes can also be applied to PLOP-Hashing as underlying PAM, which will be discussed in the next section. The advantage of OR-schemes are the high storage utilization and the correspondence of one spatial object to one entry in the file. In case of R-trees retrieval and insertion cost may be high since we have to access to more than one leaf already for answering an exact match query. This drawback is avoided by other OR-schemes However, search performance can degenerate, if objects with highly varying volumes occur, see [FRS 87]. In this situation the rectangles in the inner nodes have a high overlap common intersection. As demonstrated in [FRS 87] and [SRF 87] search performance of an R^+-tree can be much better than that of an R-tree. We want to emphasize that the functionality of OR-schemes is independent of condition (2).

3.3   Transformation

The idea of transformation-schemes (T-schemes) is to transform spatial objects into higher dimensional points. Thus, a 2-dimensional rectangle R with sides parallel to the axis is characterized by a 4-dimensional point

$$(c_x, c_y, e_x, e_y)$$

where $c = (c_x, c_y) \in (0,1)^2$ is the center of the rectangle and $e = (e_x, e_y) \in (0,0.5)^2$ is the distance of the center to the sides of the rectangle. As proposed by Nievergelt and Hinrichs [NH 85], these 4-dimensional points can be organized by a multidimensional PAM, like the grid file. The advantage of such an scheme is that all properties of the underlying PAM are maintained in the SAM Also the functionality of T-schemes is not restricted to some applications The main drawback is that d-dimensional rectangles lying close together are spread out in the 2d-dimensional data space. We will discuss this important issue more completely in section 5.

We can summarize that all proposed SAMs fall into one of these three classes. Moreover we have recognized that every multidimensional PAM can be used for organizing spatial objects applying one of these three techniques. clipping, overlapping regions or transformation Moreover, we have shown that the performance of these schemes depends on and varies with the application. *There is no scheme with a good overall performance..* Thus our approach is to combine these techniques in *one hybrid method* to achieve good performance independent of the applications. Such a scheme fulfills all the requirements of a SAM to be implemented in a DBMS.

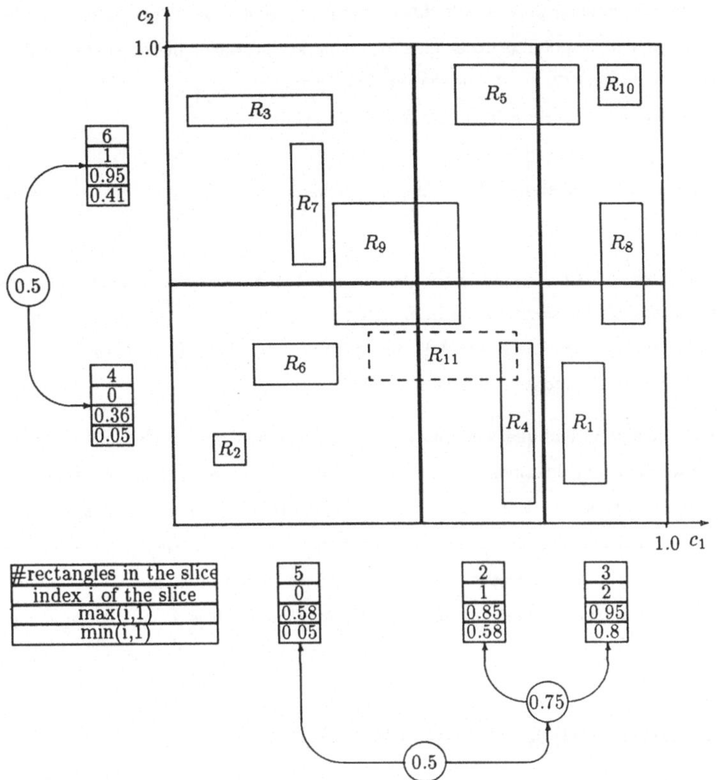

Figure 4: OR-method applied to PLOP-Hashing with the binary trees shown

4 Overlapping Regions applied to PLOP-Hashing

In this section we will propose a SAM based on PLOP-Hashing and the technique of overlapping regions As mentioned in section 2, PLOP-Hashing organizes the data space using a dynamic grid The d-dim. grid is specified by d binary trees which reside in main memory. In the leaves of the binary trees we store information to compute addresses and additionally we store the number of records in a slice to control expansion. Let us consider 2-dim. rectangles given by

$$(c_x, c_y, e_x, e_y)$$

where $c = (c_x, c_y) \in (0,1)^2$ is the center of the rectangle and $e = (e_x, e_y) \in (0,0.5)^2$ is the distance of c to the sides of the rectangle. The center of the rectangle uniquely determines the address of the page storing the rectangle. The address is independent of the distance e. We will see that e determines the degree of overlap

Contrary to PLOP-Hashing used as a PAM, we store for the ith slice in the jth-axis the minimum min(i,j) and the maximum max(i,j), $0 \leq i \leq m_j - 1$, $1 \leq j \leq d$, where

$$\min(i, j) := \min\{l \mid l = c_j - e_j, R = (c, e) \text{ is a rectangle in the file with } c \in S(i, j)\}$$

$$\max(i, j) := \max\{l \mid l = c_j + e_j, R = (c, e) \text{ is a rectangle in the file with } c \in S(i, j)\}$$

This additionally information is stored in the leaf corresponding to the slice S(i,j). To give an intuitive understanding of this method, we will consider an example illustrated in figure 4. The data space is divided by an grid in six disjoint regions, each corresponding to a page on secondary storage. In the snapshot depicted in figure 4 we have inserted 10 rectangles $R_1, .., R_{10}$ in the file, the same rectangles as in the example of section 3.1 . Although rectangle R_9 intersects 4 grid cells, its address is determined by its center and thus R_9 is stored in the same cell as R_3.

Now let us consider insertion of the rectangle $R_{11} = (c_{11}, e_{11})$, where $c_{11} = (0.55, 0.35)$ and $e_{11} = (0.15, 0.05)$, we proceed as follows:

1. Searching the binary trees yields the 2-dim. index $i_1 = 1$ (see figure 4) and $i_2 = 0$, and thus yields the address of the page, where the rectangle has to be inserted.
2. Since $0.4 = c_{11} - e_{11} < min(1,1) = 0.588$, min(1,1) has to be updated (min(1,1) := 0.4).
3. Additionally max(0,2) has to be updated (max(0,2) := 0.4).

Similar to the R-tree, the cost of a point query is usualy more than one disk access. Consider the performance of exact match queries, insertions and deletions, in our method one page access suffices whereas the number of disk accesses in the R-tree increases with increasing size of the rectangle. As in all schemes applying the OR-method, point and rectangle-intersection queries in our scheme depends on the variation in the size of the rectangles. Insertion of some large rectangles may reduce the performance rapidly. We conclude that a combination of the technique of overlapping regions and a PAM based on MDH is an interesting competitor to the R-tree.

5 Asymmetric partioning of the data space

In this section we will propose a variant of PLOP-Hashing suitable for organization of 2d-dimensional points, which are generated by transformation of d-dim. rectangles. Nievergelt and Hinrichs [NH 85] have proposed a similar scheme based on the grid file. However our scheme offers three essential improvements: the partition of the 'real' data space, the dynamic organization of the axis and the asymmetric partition of the data space. These three properties are discussed in the remainder of this section. We want to emphasize that property 2 and partly property 1 cannot be achieved in a MDH with directory, like the grid file.

In the following, we consider the organization of intervals (one-dimensional rectangles) transformed into 2-dim. points (c,e), where c is the center of the interval, $0 < c < 1$ and e is the distance of c to the margin, $0 < e < 0.5$. Thus we can visualize examples by diagrams. The generalization to d-dim rectangles, $d > 1$, is obvious.

Since the length of the intervals, respectively the volume of rectangles, is small in comparison to the size of the data space, the values of the e-component of our 2-dim. records are quiet low. We can reduce our data space to

$$T_{emax} = \{(c, e) \mid 0 \leq c \leq 1.0,\ 0 \leq e \leq emax\}$$

where emax is half of the maximum length of an interval in the file. To maintain a dynamic organization of the c-axis, when the value of emax changes, we store for every slice of the c-axis the maximum e-value

$$emax_i = max\{e \mid I = (c, e)\ is\ a\ interval\ in\ the\ file\ with\ (c, e) \in S(i, c)\}$$

where m_e is the number of slices in the e-axis and S(i,c) is the slice for index i in the c-axis, $0 \leq i < m_c$. Then emax is given by $emax = \max\{emax_i | 0 \leq i < m_c\}$.

We emphasize that in case of the grid file the domain of the scales is fixed. The maximum and minimum of the domain must be chosen during the initialization of the file. Moreover the values of records which will be inserted in the file are unknown. To guarantee the functionality of the method, the maximum of the e-axis is highly overestimated. Thus empty data space where records do not occur is likely to be partitioned.

The knowledge of emax, the maximum in the e-axis, influences the type of partitioning of the data space heavily. PLOP-Hashing was proposed to partition the data space symmetrically (see section 2). Nevertheless, allowing asymmetric partitions will improve retrieval performance. Let us consider an example, where $emax \approx 0$. Since intervals are nearly reduced to one-dimensional points, a scheme which partitions only the c-axis (such as proposed in section 4), seems be more attractive than a scheme with a symmetric partition of the data space.

5.1   Choice of the partition in case of uniform distribution

Let us now consider that we partition the rectangular shaped data space T_{emax}, $emax < 0.5$, using an orthogonal, dynamic grid organized by PLOP-Hashing. In this section, we will assume that the 2-dimensional records (c,e) $\in T_{emax}$ are uniformly distributed in the data space T_{emax}. Obviously, this is not a realistic assumption. However, under this assumption we will be able to derive the difference in performance for schemes with symmetric and asymmetric partition of the data space with analytic tool. Under the assumption of uniform distribution, PLOP-Hashing partitions the data space in equidistant cells.

Let us now consider a file organized by PLOP-Hashing, which consists of 2^L pages, $L \geq 0$, where L is the level of the file. Thus the set P_c of partitioning points of axis c is given by $P_c := \{ i/2^{l_c} \mid 0 \leq i \leq 2^{l_c}\}$ and the set P_e of partitioning points of axis e is given by $P_e := \{emax * i/2^{l_e} \mid 0 \leq i \leq 2^{l_e}\}$. The variables l_c and l_e denote the level of the axis c and axis e, respectively. Then the level of the file is given by $L = l_c + l_e$. In figure 5 we have illustrated the different terms

Our goal is to estimate the average number of disk accesses for answering a point query or a rectangle intersection query. In this report, we will only consider point queries. A generalization to more complex queries is obvious.

Let $P \in I_{emax} := [emax, 1.0 - emax)$. We will ask for all intervals containing this point P. Since $P \in I_{emax}$, the region where answers can occur is a triangle. Now we calculate the number of cells which intersect with the search region. Thus we need the lengths l_i, $1 \leq i \leq 2^{l_e}$, of the line segments, which are obtained by intersection of the search region and the partitioning points of the axis e, see figure 5. Then we have $l_i = 2i * emax/2^{l_e}$, $i = 0,..,2^{l_e}$. Since the expected value E_i how often partitioning points of axis c intersect the line segments is $E_i = 2i * emax * 2^{l_c - l_e}$, $i = 0,..,2^{l_e}$. The number A of grid cells, which intersect with the search region is given by $A = emax * (2^{l_c} + 2^L) + 2^{l_e}$. For $l := l_c$, we obtain the formula depending on the variable l:

$$A(l) := emax * (2^l + 2^L) + 2^{L-l} \quad 0 \leq l \leq L \tag{3}$$

The minimum value l_{min} of the function A(l) is given by

$$l_{min} = \begin{cases} L & if\, emax * 2^L < 1 \\ (L - \log_2 emax)/2 & otherwise \end{cases} \tag{4}$$

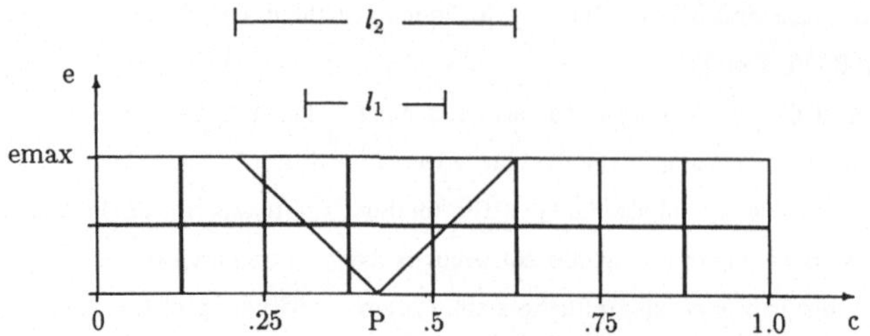

Figure 5: A file with 16 pages and asymmetric partition of the data space T_{emax}, where $L = 4$, $l_c = 3$, $l_e = 1$, $P_c = \{0, 1/8, .., 7/8, 1\}$, $P_e = \{0, emax/2, emax\}$

and the minimum number A_{min} of grid cells which intersect the search region is

$$
A_{min} = \begin{cases} 2emax * 2^L + 1 & if\, emax * 2^L < 1 \\ emax * 2^L + 2 * (emax * 2^L)^{1/2} & otherwise \end{cases} \tag{5}
$$

Thus the number of disk accesses to answer a point query is given by $A(l) * avgCL$, where avgCL denotes the average number of buckets per chain (page).

In order to compare the difference of the performance for schemes which partition the data space in a symmetric fashion and schemes which partition the data space in a optimal way, we will present some analytic results.

In the following we assume a file of 2^L, $L \geq 0$, pages, which are completely filled. Thus the number n of records in the file is $n = 2^L * b$, where b is the capacity of a bucket. To compare the performance, we define the parameter $VAR = (A_{sym} - A_{min})/ A_{sym}$, where $A_{sym} = A(L/2)$ is the number of cells intersecting the search region in case of a symmetric partition

In our first diagram of the appendix, we have depicted A_{sym} and A_{min} depending on the level L of the file, where $b = 50$ and emax $= 1/256$. The difference in performance is essential. After insertion of 51200 intervals, 8 grid cells intersected the search region, whereas for a symmetric partition 36 grid cells intersect the search region. In the second figure of the appendix, we have depicted the parameter VAR depending on the number of records.

In [FSR 87] the performance of R-trees and R^+-trees is analyzed for a special uniform distribution. Due to space limitations this distribution is not explained here. We have evaluated the performance in case of this distribution for our scheme and depict it in figure 3 and 4 of the appendix. In figure 3 the number of intervals n is fixed (100,000) and the length of the intervals and thus the density O is varying. In figure 4 the density O is fixed (O=40) and the number of intervals is varying. Both figures show the number of disk accesses to answer a point query. These figures, which were originally presented in [FSR 87] without the values of our scheme, demonstrate the superior behavior of our scheme compared to R-trees and R^+-trees.

These results demonstrate that for an efficient SAM based on transformation, we have to allow for asymmetric partitions. As mentioned before, a uniform distribution of intervals does not occur in practice. Thus the results of this section are more of a theoretical nature.

5.2 Choice of the partion in case of non-uniform distributions

In this section we do not assume an uniform distribution like in section 3.1. Thus we cannot use formula (3) for deciding, how we should partition the data space T_{emax}.

Let us now assume that the file consists of 2^L pages and let us assume we have to decide, which axis should be the next split axis. The grid partition GP is given by

$$GP := (P_c, P_e) := \{ (c,e) \mid (c \in P_c \wedge 0 \le e \le 0.5) \vee (e \in P_e \wedge 0 \le c \le 1) \}$$

where P_c and P_e are the set of partitioning points of axis c and e, respectively. Now we proceed as follows:

1. Compute grid partitions GP_e and GP_c where

    $GP_e = (P_c, \tilde{P}_e)$ $\mid \tilde{P}_e \mid = 2^{l_e+1} + 1$ and $GP_c = (\tilde{P}_c, P_e)$ $\mid \tilde{P}_c \mid = 2^{l_c+1} + 1$

2. Determine some points $P_1, .., P_k \in [0,1)$, $k > 1$. Compute the number of grid cells A_c^i, A_e^i of the grid partition GP_c, GP_e, respectively, which intersect the search region of P_i, $1 \le i \le k$

3. If $\sum_{i=1}^{k} A_c^i > \sum_{i=1}^{k} A_e^i$, then e is the next split axis,

    otherwise c is the next split axis.

In step 1 the "virtual" grid partitions GP_e and GP_c are constructed from the "real" grid partition GP and additional information in the leaves of the binary trees. The new sets $\tilde{P}_c$ and $\tilde{P}_e$ depend on the sets P_e and P_c. The sets are generated by an interpolation technique. In step 2 the parameter k is not fixed, but should depend on the number of records in the file. We want to emphasize that this algorithm does not need any disk access. All the information which is used by the algorithm is stored in main memory.

5.3 Partition of the real data space

One of the most important drawbacks of the grid file is the assumption that the data space is a rectangular shaped region. The data space (domain of the keys) must be specified during initialization and is unchangeable during the whole life cycle of the underlying file. As mentioned before, PLOP-Hashing allows a dynamic growth and shrinkage of the data space. However, the partition of 'dead space', i.e parts of the data space where no data can occur, is not prevented and thus can influence the performance in a negative way.

In particular the assumption of a rectangular shaped data space is not adequate in case of transformed rectangles or transformed intervals. Since intervals are in [0,1) the transformed 2-dim points (c,e) fulfills

$$c < \min\{e, 1 - e\} , \, 0 < e < 0.5 \tag{6}$$

Thus the data space of transformed points is a triangle, see figure 6. If we partition the triangle shaped data space with an orthogonal grid, this will reduce the performance In particular the cost of retrieval will increase. Our approach is to partition the 'real' triangular data space such that the hyperplanes of the c-axis are not parallel to the e-axis, as shown in figure 6 The hyperplanes of the c-axis are created by connecting the partioning points stored in the binary tree with the tip (0.5,0 5) of the triangle, whereas the hyperplanes of the e-axis remain parallel to the c-axis. This modification can be easily realized in PLOP-Hashing, since only some algorithms of the binary trees must be modified.

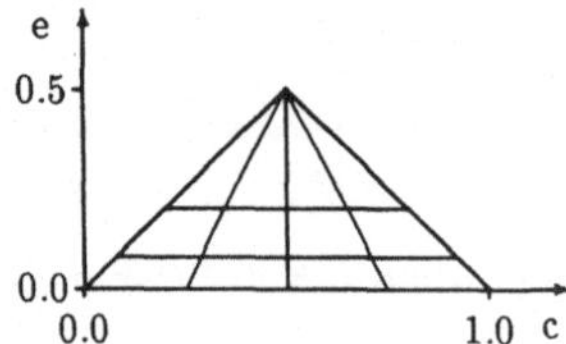 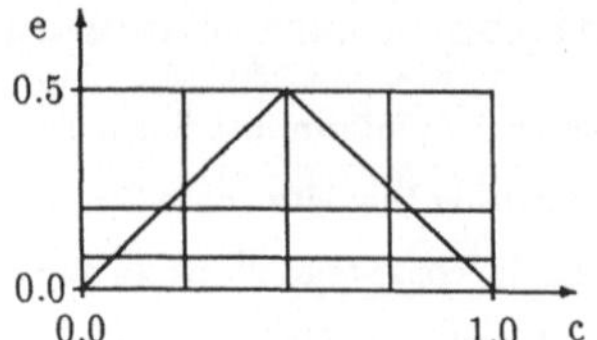

Figure 6: On the right side the triangular data space is partitioned by an orthogonal grid creating cells outside of the data space. On the left side only the triangular data space is partitioned

Since the length of the intervals, respectively the volume of rectangles, is small in comparison to the size of the data space, the values of the e-component of our 2-dim. records can be quiet low. We can reduce our triangular data space to

$$T_{emax} = \{(c, e) \mid c < \min\{e, 1 - e\}, \, 0 < e \leq emax\} \tag{7}$$

where emax is half of the max. length of a interval in the file.

6 Conclusion

The contribution of this paper can be summarized as follows:

- A classification of existing spatial access methods is given. Every spatial access method is based on a multidimensional point access method applying one of the following three techniques: transformation, clipping and overlapping regions.
- As an example, we applied these different techniques to PLOP-Hashing. Additionally we discussed in detail the technique of transformation and introduce the triangular shaped data space.
- We proposed a hybrid method based on PLOP-Hashing combining these techniques. Thus our new scheme exhibits a good overall performance in various applications.
- We provide an analysis of our scheme in comparison to a scheme which partitions the data space symmetrically. Moreover we presented a brief comparison to R-trees and R^+-trees, which demonstrate the superiority of our scheme.

In our future work we will verify our results by experiments in various applications with an implementation of our scheme. Our goal is an experimental comparison of different spatial access methods.

References

[Bur 83]   Burkhard, W.A.: Interpolation-based index maintenance', BIT 23, 274-294, 1983

[FSR 87]   Faloutsos, C., Sellis, T., Roussopoulos, N.: 'Analysis of object oriented spatial access methods' Proc. ACM SIGMOD Int Conf on Management of Data, 1987

[Gut 84]   Guttman, A.:'R-trees: a dynamic index structure for spatial searching', Proc. ACM SIGMOD Int. Conf on Management of Data, 47-57, 1984

[KS 86]   Kriegel, H.P., Seeger, B.:'Multidimensional order preserving linear hashing with partial expansions', Proc. Int. Conf. on Database Theory, 1986, Proc. in Lecture Notes in Computer Science series 243

[KS 87]   Kriegel, H.P., Seeger, B.:'Multidimensional quantile hashing is very efficient for non-uniform distri-
butions', Proc. Int. Conf. on Data Engineering, 1987, extended version will appear in Information
Science

[KS 88]   Kriegel, H.P., Seeger, B.:'PLOP-Hashing: a grid file without directory', will appear in Proc. Int.
Conf. on Data Engineering, 1988

[Lar 80]   Larson, P.Å.: 'Linear hashing with partial expansions', Proc. 6th Int. Conf. on VLDB, 224-232, 1980

[Lit 80]   Litwin, W.: ' Linear hashing: a new tool for file and table addressing', Proc. 6th Int. Conf. on
VLDB, 212-223, 1980

[MOD 87]   Manola, F., Orenstein, J., Dayal,U.·'Geographic information processing in the Probe database system', Proc. 8th Int. Symp on Automation in Cartography, Baltimore, 1987

[MT 83]   Mantyla, M., Tamminen, M..'Localized set operations for solid modeling', Computer Graphics, 17,
3, 279-288, 1983

[NHS 84]   Nievergelt, J. , Hinterberger, H., Sevcik, K C.:'The grid file: an adaptable, symmetric multikey file
structure', ACM TODS, 9, 1, 38-71, 1984

[NH 85]   Nievergelt, J., Hinrichs, K.:'Storage and access structures for geometric data bases', Proc. Int. Conf.
on Foundations of Data Organisation, 335-345, 1985

[OM 84]   Orenstein, J.A , Merett, T H.:'A class of data structures for associative searching', Proc 3th ACM
SIGACT/SIGMOD Symp. on PODS, 1984

[Ooi 87]   Ooi, B.C.:'A data structure for geographic database', Proc. on 2nd GI Conf. on Database Systems
for Office Automation, Engineering, and Scientific Application, 1987

[Oto 84]   Otoo, E J..'A mapping function for the directory of a multidimensional extendible hashing', Proc.
10th Int. Conf. on VLDB, 491-506, 1984

[Oto 86]   Otoo, E ,J.·'Balanced multidimensional extendible hash tree', Proc 5th ACM SIGACT/SIGMOD
Symp on PODS, 1986

[Ouk 85]   Ouksel, M.·'The interpolation based grid file', Proc 4th ACM SIGACT/
SIGMOD Symp. on PODS, 1985

[Rob 81]   Robinson, J.T.:'The K-D-B-tree: a search structure for large multidimensional dynamic indexes',
Proc. ACM SIGMOD Int. Conf on Management of Data, 10-18, 1981

[RL 85]   Roussopoulos, N., Leifker, D..'Direct spatial search on pictorial databases using packed R-trees',
Proc. ACM SIGMOD Int. Conf on Management of Data, 17-31, 1985

[SRF 87]   Sellis, T., Roussopoulos, N., Faloutsos, C.: 'The R^+-tree· a dynamic index for multi-dimensional
objects', Proc 13th Int. Conf on VLDB, 1987

[SRG 83]   Stonebraker, M., Rubenstein, B., Guttman, A.: 'Application of abstract data types and abstract
indices to CAD data bases', Proc. ACM SIGMOD Conf. on Engineering Design Applications, 1983

[WK 85]   Whang, K -Y., Krishnamurthy, R.:'Multilevel grid files', draft report, IBM Research Lab., Yorktown
Hights, 1985

Appendix

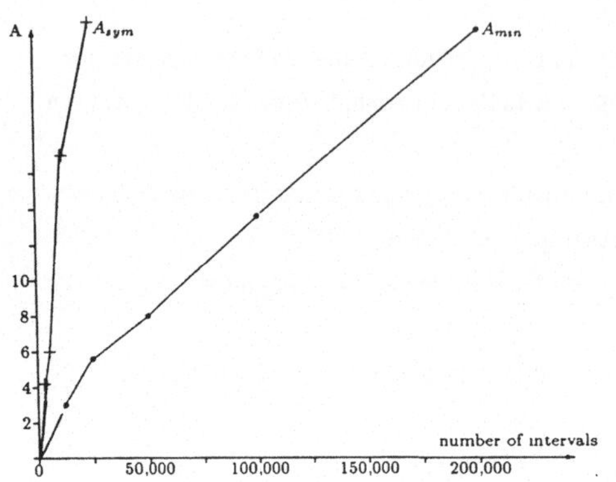

Figure 1· Disk accesses for symmetric and asymmetric partioning depending on the number of intervals (b = 50, emax = 1/256)

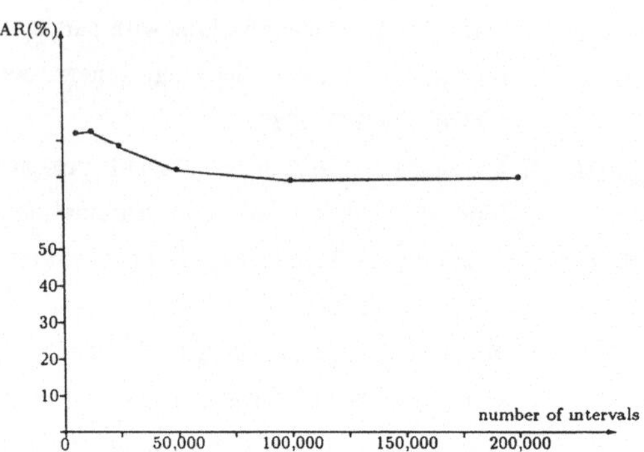

Figure 2 Performance gain VAR depending on the number of intervals (b = 50, emax = 1/256)

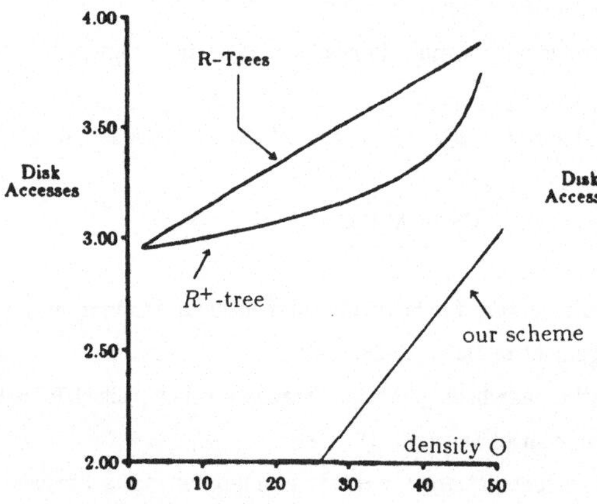

Figure 3 Disk accesses depending on the density 0 (b = 50, n = 100,000)

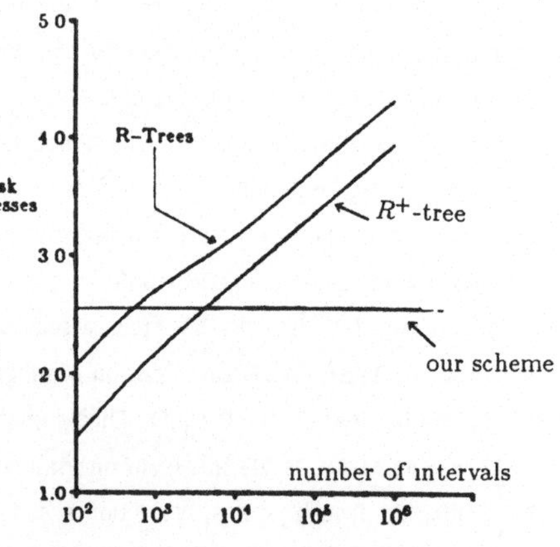

Figure 4 Disk accesses depending on the number of intervals (b = 50, 0 = 40)

Modellierung und Darstellung
graphischer Datenstrukturen in PRODAT

Dagmar Köhler[1], Thomas Batz[2], Peter Baumann[1]

[1]Fraunhofer-Arbeitsgruppe
Graphische Datenverarbeitung (AGD)

[2]Fraunhofer-Institut
für Informations- und Datenverarbeitung (IITB)

Abstract

Non-standard database systems are developed to fulfil the requirements of graphics systems, like handling complex objects and high performance limits. They should provide solutions to current pressing problems in object modelling and graphic user interfaces.

This paper discusses to what extent the database system PRODAT is suitable for modelling graphics objects, using CSG modelling as an example. PRODAT, a database system for system engineering, satisfies most of the modelling aspects, in particular, semantic constraints concerning the object structure can be conveniently expressed and controlled by the system. It provides a graphic representation of structured objects, as shown by the object editor, a special interactive graphic interface to the database.

Kurzfassung

In Graphiksystemen anfallende Daten sollen zunehmend von Datenbanksystemen verwaltet werden. Um den dabei auftretenden komplexen Strukturen und den strengen Effizienzanforderungen gerecht zu werden, entwickelt man sogenannte Non-Standard-Datenbanksysteme.

In diesem Papier wird am Beispiel CSG-Modell diskutiert, inwieweit das für eine System-Produktionsumgebung entwickelte Non-Standard-Datenbanksystem PRODAT geeignet ist, graphische Objekte zu modellieren. Es zeigt sich, daß insbesondere Semantikbedingungen bezüglich des Aufbaus der Objekte vorteilhaft im Datenmodell formuliert und geprüft werden können. Strukturierte Objekte erfordern eine graphische Darstellung und Manipulation, die in PRODAT mit dem Objekteditor, einer graphisch-interaktiven Schnittstelle zur Datenbank, realisiert wird.

1. Einleitung

Graphische Daten sind in der Regel sehr komplex und lassen sich mit konventionellen Datenbanksystemen nur unzureichend handhaben. Aus Sicht des Anwenders liegen die Probleme schwerpunktmäßig in der Datenmodellierung, und zwar bei der Datendefinition, Abfrage und Manipulation der Daten.

CAD/CAM und andere technische Anwendungen stellen hohe Anforderungen an Datenbanksysteme (s. [DKML85]). Sie werden zur Kopplung von Werkzeugen in integrierten Systemen eingesetzt. Die Integration erfolgt über die gemeinsame Nutzung einer einheitlichen Schnittstelle zur Datenhaltung.

Durch die Entwicklung neuer Datenmodelle (wie [SS83], [Day87], [FZI86]), die komplexe Objekte einbeziehen, wird eine natürliche und objektorientierte Modellierung technischer und graphischer Daten erleichtert. Komplexe Objektstrukturen wie Hierarchien und Baumstrukturen sind häufig zusätzlich mit Semantik belegt, die ebenfalls dem Datenbanksystem bekannt sein sollte. Die Verwaltung solcher Informationen ist nicht über einfache Datenstrukturen möglich. Es sollten daher Bedingungen für den Aufbau von Objekten formulierbar sein.

Der vorliegende Beitrag diskutiert, inwieweit das Datenmodell von PRODAT[*] [BBEHK88] geeignet ist, um geometrische Objekte zu modellieren. Dies geschieht anhand der CSG-Darstellung, da sie zum einen in geometrischen Modellierern weit verbreitet ist und sich zum anderen besonders gut eignet, die Problematik der Repräsentation graphischer Daten in einem Datenbanksystem aufzuzeigen.

Neben der Datenbank-internen Darstellung strukturierter Objekte ist eine dem Datenmodell adäquate externe Darstellung der Objekte an der Benutzerschnittstelle notwendig. Mit dem PRODAT-Objekteditor kann der Anwender strukturierte Objekte graphisch-interaktiv darstellen und manipulieren. Dies wird wieder anhand des CSG-Beispiels gezeigt.

Zu diesem Zweck wird im folgenden Kapitel ein kurzer Abriß über das CSG-Modell gegeben. Kapitel 3 enthält eine kleine Einführung in das Datenmodell von PRODAT, so daß in Kapitel 4 die CSG-Struktur mit PRODAT modelliert werden kann. In Kapitel 5 wird der PRODAT-Objekteditor, eine graphische Benutzerschnittstelle für Retrieval und Manipulation der Datenbank, vorgestellt. Kapitel 6 schließlich enthält eine Zusammenfassung.

---

[*] PRODAT entsteht im Rahmen des Verbundprojekts PROSYT, welches unter dem Förderkennzeichen ITS8306A7 vom Bundesminister für Forschung und Technologie gefördert wird.

2. Das CSG-Modell

Eine zentrale Aufgabe eines CAD-Systems ist, die Modellierung geometrischer Objekte zu unterstützen. Dies beinhaltet die Beschreibung, Bearbeitung und Speicherung von Objekten in der jeweiligen rechnerinternen Darstellung. Häufig setzt man dort Volumenmodelle ein. Zwei Klassen haben sich herausgebildet: Flächenbegrenzungsmodelle (boundary representation oder BREP) und Vollkörpermodelle (constructive solid geometry oder CSG)[Requ80][ReVo83]. Bei der ersten Methode werden die zu modellierenden Körper durch begrenzende Flächen, Kanten und Eckpunkte beschrieben. Beim CSG-Ansatz werden Gegenstände durch Vereinigung, Durchschnitt und Differenz einfacher analytisch beschriebener Grundkörper aufgebaut (Abb. 1). Wegen des Rechenaufwands beschränkt man sich bei den Grundkörpern auf Quadriken und hat damit Objekte wie Quader, Kegel, Zylinder, Kugel und Torus zur Verfügung.

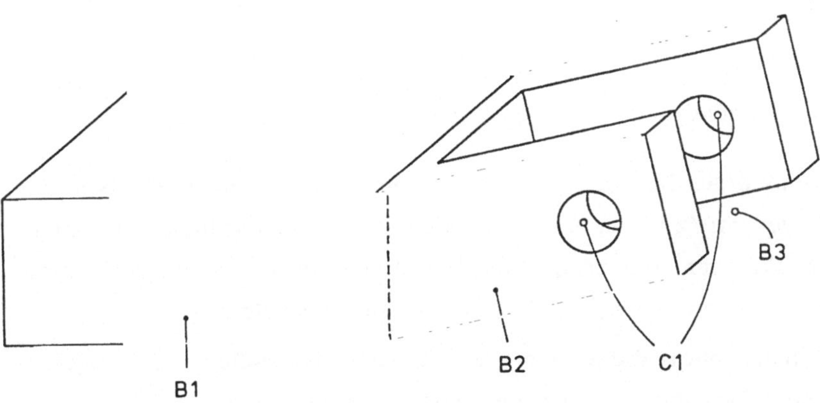

Abb. 1a: Werkstück mit Zerlegung in Grundkörper

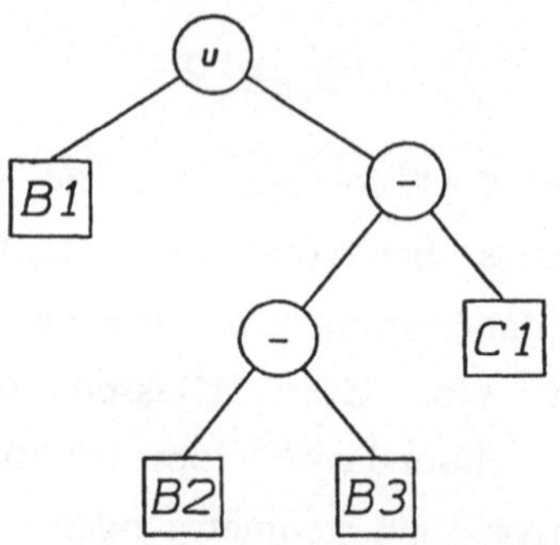

Abb. 1b: CSG-Baum zum Werkstück

Ein CSG-Objekt stellt einen zusammenhängenden binären Baum dar. Die Blätter repräsentieren die Grundkörper, die inneren Knoten stellen die Mengenoperationen auf den jeweiligen Unterbäumen dar. Formal wird die Syntax eines CSG-Baums folgendermaßen definiert:

CSG-Objekt ::= CSG-Objekt Mengenoperation CSG-Objekt
| Grundkörper

Grundkörper ::= Quader | Kegel | Zylinder | Kugel | Torus

Jeder Grundkörper liegt als generisches Objekt zuerst in einer "Normalgröße" und "Normallage" vor (z.B. ein Kreis mit Mittelpunkt im Koordinatenursprung und Radius 1). Seine aktuellen Ausmaße und seine Lage im Raum werden durch eine dem Grundkörper zugeordnete Transformationsmatrix festgelegt.

Darüberhinaus wird diese rein geometrische Darstellung bei Bedarf noch um zusätzliche Informationen wie Material oder Farbe erweitert.

3. Das PRODAT-Objektmodell

In diesem Kapitel werden die Möglichkeiten dargestellt, die das Non-Standard-Datenbanksytem PRODAT (eine Einführung zu Non-Standard Datenbanken ist in [Lock85], [DKML85] und [PSSW84] zu finden) zur Modellierung von Daten bietet.

Die Einheiten des PRODAT-Objektmodells (POM) sind Objekte. Sie sind typisiert und werden in einer "Type Definition Language" (TDL) beschrieben. Die Objekte unterteilen sich in einfache und strukturierte Objekte.

Einfache Objekte besitzen Attribute und können einen sogenannten Inhalt haben. Während Attribute vom Datenbanksystem interpretiert werden (auch inhaltsbezogene Prüfungen sind möglich) und das betreffende Objekt beschreiben, werden Inhalte vom Datenbanksystem ausschließlich verwaltet. Ein Inhalt ist eine beliebig lange Bytekette und kann z.B. Quellcode, Objektcode, Text oder Bilder enthalten.

Da in den Anwendungsbereichen der Non-Standard Datenbanksysteme (z.B. Textverarbeitung, Software Engineering, VLSI-Design, CAD/CAM/CIM) in der Regel Objekte auftreten, die eine komplexe Struktur besitzen - z.B. Leiterplatten -, stellen Datenbanksysteme strukturierte Objekte zur Verfügung [Mit85][SS83][DKML85]. Damit werden Objekte der realen Welt (unabhängig von ihrer Komplexität) auf ein einziges Objekt der Datenbank abgebildet. Dieses kann in den Operationen als eine Einheit behandelt werden, so ist das Löschen, Kopieren oder Sperren des gesamten strukturierten Objekts mit einer einzigen Operation möglich.

Strukturierte Objekte wiederum sind komplexe Gebilde, die sich rekursiv aus anderen Objekten zusammensetzen. Zur Definition strukturierter Objekte wird deshalb eine Zusammenhangsbeziehung benötigt. Diese Zusammenhänge existieren aber nicht zwischen beliebigen Objekten. Darum wird in der TDL festgelegt, welchen Typ die Subobjekte, die sowohl einfache als auch strukturierte Objekte sein können, besitzen.

Der prinzipielle Aufbau der Typdefinition eines Objekts sieht wie folgt aus, wobei "(...)*" eine beliebige Wiederholung kennzeichnet und "[]" optionale Teile bezeichnet.

```
OBJECT TYPE <typname>
    (
      (<attributtypname><attributname>,)*
      [CONTENTS,]
      [SUCCESSORS
      <nachfolgerdefinition>]
    );
```

Mit Hilfe solcher Typdefinitionen wird der Aufbau sämtlicher Objekte des Typs <typname> festgelegt. Die Objekte besitzen Attribute, deren Wertemenge ein vordefinierter Basistyp ist und, wenn das Schlüsselwort CONTENTS angegeben ist, auch einen Inhalt. Bei strukturierten Objekten beschreibt die <nachfolgerdefinition> die Typen und Kardinalitäten der benötigten Nachfolger. Die einfachste Form dieser

Bedingung ist:

<typname>

In diesem Fall sind beliebig viele Subobjekte vom Typ <typname> zugelassen (auch eine leere Menge von Subobjekten). Zur Festlegung einer bestimmten Anzahl dient die Schreibweise

<kardinalität> <typname>

Dies bedeutet: Als Subobjekte müssen Objekte vom Typ <typname> vorhanden sein, deren Anzahl muß der Kardinalitätsangabe <kardinalität> genügen.

Zur Beschreibung von Kardinalitäten stehen feste Anzahlen, Listen, sowie offene und geschlossene Intervalle zur Verfügung.

Um Aussagen über Nachfolgerobjekte mehrerer Objekttypen machen zu können, sind die Bedingungen mit den Operationen "AND", "OR" und "XOR" verknüpfbar. Die Priorität gilt in dieser Reihenfolge; darüberhinaus ist eine Klammerung möglich.

Dabei bedeuten:

A AND B: sowohl Objekte vom Typ "A" als auch Objekte vom Typ "B" müssen vorhanden sein.

A OR B: Objekte vom Typ "A", Objekte vom Typ "B" oder Objekte beider Typen können vorhanden sein.

A XOR B: Entweder Objekte vom Typ "A" oder Objekte vom Typ "B" müssen vorhanden sein.

Zur Erzeugung von Objekten, die genau den definierten Aufbau besitzen, wird der Objektstatus "entwurfsvollständig" eingeführt.

Ein Objekt heißt entwurfsvollständig, wenn die Existenzbedingungen für seine Subobjekte (Nachfolger) erfüllt sind und diese Subobjekte ihrerseits entwurfsvollständig sind.

Die Entwurfsvollständigkeit eines Objekts ist die Voraussetzung zur Ausführung von weiterführenden Operationen wie z.B. Konfigurierung auf diesem Objekt.

Mit Hilfe der Kardinalitätsangaben und der Bedingungen für die Nachfolgertypen, lassen sich benötigte - teilweise komplizierte - Semantikbedingungen formulieren.

Die Notwendigkeit derartiger Nachfolgerdefinitionen ergibt sich beispielsweise, wenn man Fahrzeuge mit 4, 6 oder 8 Rädern zulassen will, solche mit 3, 5 oder 7 Rädern aber nicht. Dies mittels der TDL beschrieben, ergibt folgende Definition:

```
OBJECT TYPE Auto
    (
    CHAR [15] Hersteller,
    CHAR [15] Fahrzeugtyp,
    NATURAL Hubraum,
    NATURAL Leistung,
    CONTENTS,
    SUCCESSORS
    Motor  AND  Rahmen  AND 2..5 Tür  AND  4, 6, 8 RAD
    );
```

Objekte dieses Typs haben die Attribute "Hersteller", "Fahrzeugtyp", "Hubraum" und "Leistung". Ferner ist ein Inhalt vorhanden, der z.B. eine textuelle Beschreibung oder eine Zeichnung des Autos enthalten könnte.

Mittels der Nachfolgerdefinition wird vorgeschrieben, daß ein strukturiertes Objekt vom Typ "Auto" je ein Subobjekt der Typen "Motor" und "Rahmen", 2 bis 5 Subobjekte vom Typ "Tür" und 4, 6 oder 8 Subobjekte vom Typ "Rad" haben muß, damit ein vollständiges Entwurfsobjekt entstanden ist.

4. CSG im PRODAT-Datenmodell

Ein Datenmodell, das die Abbildung von CSG-Strukturen zuläßt, muß auf jeden Fall Rekursion erlauben. Rekursion wiederum besteht aus den Konstrukten

-   Selbstbezug (ein Objekt enthält als Bestandteil ein Objekt derselben Klasse wie es selbst) und

-   Alternative (für den Rekursionsabbruch, vgl. den Sonderwert NIL bei Pointern).

Weiterhin ist die Anzahl der Söhne eines CSG-Knotens auf genau zwei festgelegt. Grundkörper dagegen dürfen keine Söhne besitzen.

In PRODAT werden für die CSG-Bäume zwei Typen vereinbart: CSG_Objekt für innere Knoten eines Baums und Grundkörper für die Blätter. Ein CSG_Objekt hat genau zwei Nachfolger; jeder ist entweder vom Typ Grundkörper oder seinerseits vom Typ CSG_Objekt. In der SUCCESSORS-Klausel werden daher drei alternative Kombinationen aufgezählt:

2 CSG_Objekt XOR (1 CSG_Objekt AND 1 Grundkoerper) XOR 2 Grundkoerper

CSG_Objekt enthält als zusätzliche Information eine Kennung für die Mengenoperation zwischen beiden Teilbäumen. Die beste Lösung scheint hier die Deklaration eines Aufzählungstyps zu sein, da somit alle erlaubten Operationen festgelegt werden können.

Genauso wird mit den Grundkörpern verfahren: Ein Attribut namens "koerper" enthält einen der Werte Quader, Kegel, Zylinder, Kugel oder Torus. Ergänzt wird der Attributsatz der Grundkörper noch um eine reelle 4x4-Transformationsmatrix. Die Matrixelemente werden in PRODAT über ein Array abgelegt. Selbstverständlich können weitere Attribute beliebig hinzugenommen werden. Die Definition eines Inhalts (CONTENTS) ist für die gewählte Darstellung des CSG-Objekts nicht zwingend notwendig, da er hier nicht von einem Programm ausgewertet wird. Er kann z.B. für benutzergesteuerte Dokumentation genutzt werden.

Insgesamt ergibt sich aus den vorangegangenen Ausführungen folgende Schemadefinition:


```
OBJECT TYPE CSG_Objekt
      (
      (UNION,INTSECT,DIFF) Mengenoperation,
      CONTENTS,
      SUCCESSORS
      2 CSG_Objekt
      XOR (1 CSG_Objekt AND 1 Grundkoerper)
      XOR 2 Grundkoerper
      );


OBJECT TYPE Grundkoerper
      (
      (CUBOID,CONE,CYLINDER,SPHERE,TORUS) Koerper,
      FLOAT [4,4] Transm,
      CONTENTS
      );
```


Ein CSG-Baum darf während des Aufbaus auch unvollständige Teilbäume enthalten. Über den Status "entwurfsvollständig" läßt sich vom System erfragen, ob ein CSG-Baum der Schemadefinition entspricht, d.h. ob er wohlgeformt ist.

Neben der natürlichen Darstellung von solchen graphischen Objekten durch das Objektmodell lassen sich noch weitere Vorteile für die Anwendung formulieren: Die Abbildung der CSG-Strukturen auf die Einheiten des Datenmodells garantiert die

Nutzung üblicher Datenbankmechanismen wie Transaktionsverwaltung und Datenunabhängigkeit. Auch Sichten erscheinen sinnvoll. Beispielsweise "sieht" damit ein Programm zur graphischen Ausgabe ("Renderer") das Attribut Farbe, während ein Programm zur Schwerpunktsberechnung Zugriff auf das Attribut Material hat. Sichten werfen allerdings noch einige bisher ungelöste konzeptuelle Probleme im Hinblick auf die Handhabung der Beziehungen auf.

Ausschlaggebend für die Mächtigkeit eines Datenmodells ist neben den bereitgestellten Mitteln zur Datenstrukturierung ein handlicher Satz von Operationen darauf. Wichtige Operationen auf CSG-Bäumen sind:

(1) Erzeuge einen neuen Knoten

(2) Liefere den Vater/alle direkten Söhne eines Knotens

(3) Liefere alle Väter/Söhne eines Knotens (d.h. die transitive Hülle über den vorigen Operationen)

(4) Liefere alle Objekte eines bestimmten Typs (z.B. alle Grundkörper)

(5) Liefere zu einem gegebenen Knoten die Wurzel des zugehörigen Baums

(6) Traversiere einen CSG-Baum.

PRODAT bietet anstelle einer SQL-ähnlichen "Data Manipulation Language" eine prozedurale Schnittstelle für Werkzeuge und einen graphischen Objekteditor zum direkten Arbeiten auf der Datenbank. Zunächst soll die prozedurale Schnittstelle interessieren. In ihr sind die ersten fünf Operationen der Aufzählung direkt vorhanden. Die folgenden C-Anweisungen zeigen die Erzeugung des in Abb. 1a dargestellten CSG-Baums als strukturiertes Objekt in PRODAT.

```
KEY erzeuge_CSG_obj (opcode, sohn1, sohn2)
T_Mengenop opcode;            /* Op. auf den Teilbäumen */
KEY        sohn1, sohn2;      /* Id. bereits erzeugter Teilbäume */


{
      KEY        neuer_knoten; /* Id. des neuen Objekts/Knotens */
      T_CSG_OBJ c;             /* Attributsatz-Record */


      pom_create_obj( "CSG",          /* DB-Name,... */
               "CSG_OBJEKT",    /* Typname,... */
               NULLKEY,         /* Id des Vaterknotens,...*/
               &neuerknoten);  /* ... und Id des neuen   */
      c.Mengenop = opcode;
      pom_updateattr (neuerknoten,c);  /* schreibe Attr.satz */
      pom_createedge (neuerknoten,sohn1);
      pom_createedge (neuerknoten,sohn2);
      return (neuerknoten);
}
```

Das Traversieren auf Objektstrukturen muß programmiert werden. Dabei tritt ein Hindernis auf: Die Söhne eines Objekts werden in PRODAT als ungeordnete Menge betrachtet. Nötig wäre dagegen eine lineare Ordnung auf den Söhnen (z.B. für die nicht-kommutative Differenz-Operation); erst dann kann von einem linken und rechten Unterbaum gesprochen werden. Da die Schemadefinition dafür keinen Mechanimus bietet, muß auf Hilfskonstrukte zurückgegriffen werden.

Die folgende kleine C-Prozedur zeigt am Beispiel der Traversierung die Benutzung der prozeduralen Schnittstelle. Der Code ist noch um entsprechende Hilfskonstrukte zur Erkennung der Reihenfolge zu erweitern. Die Prozeduren get_first_key und get_next_key leisten dies wohlgemerkt nicht; sie dienen dazu, alle Elemente der Sohnliste abzuarbeiten.

```
traversiere ( csg_baum )
KEY csg_baum;                /* Identifikator des Baumes */


{
    KEY re_baum, li_baum;
    MAKE_KEYLIST(2) sohnliste;


    pom_getallsucc( csg_baum, &sohnliste );
    if ( ! isempty_keylist( &sohnliste ) )
    {
        get_first_key( &sohnliste, &li_baum );
        get_next_key( &sohnliste, &re_baum );
        traversiere( li_baum );
        traversiere( re_baum );
    }
    return;
}
```

Noch immer das gewichtigste Argument gegen einen Datenbankeinsatz ist für
Graphik-Anwender die Geschwindigkeit. Um den Zugriff zu beschleunigen, wurde das
Konzept der Arbeitsdatenbasen eingeführt. Objekte werden zur Bearbeitung mittels
check_out in eine private Arbeits-Datenbasis übertragen. Am Ende der Bearbeitung
erfolgt der Rücktransfer in die zentrale Datenbasis vermöge einer check_in-Operation.
Da in der Arbeits-Datenbasis der Verwaltungsaufwand für Mehrbenutzersynchronisa-
tion wegfällt, ist der Zugriff in ihr stark beschleunigt.

Abschließend soll nun noch der PRODAT-Objekteditor vorgestellt werden, der eine
graphikunterstützte direkte Interaktion mit der Datenbasis erlaubt.

5. Darstellung strukturierter Objekte mit dem Objekteditor

Die Forderung nach benutzerfreundlichen Schnittstellen für Datenbanksysteme ist
unbestritten. Graphische Benutzungsoberflächen stellen für Anwender eine natürliche
Art dar, die Inhalte der Datenbank abzufragen und zu manipulieren.
Moderne Graphik-Dialogkonzepte und Techniken wie Windowmanager, integriert in
Benutzungsoberflächen (PRODIA [BBEKKKPS88] und THESEUS [HLM87]), haben
die Anforderungen an Datenbank-Schnittstellen ebenso beeinflußt wie die Entwicklung
neuer Datenmodelle (insbesondere erweiterte Entity-Relationship-Modelle

[Neu83],[FZI86] und semantische Datenmodelle [Day87], [Lam85]). Strukturierte Objekte benötigen, wie das Beispiel CSG-Baum zeigt, eine graphische Darstellung.

In diesem Kapitel soll daher auf die Konzepte des Objekteditors eingegangen werden. Er wurde zur Repräsentation und Manipulation von PRODAT-Einheiten entwickelt und dient damit zum einen als Auskunftssystem für Datenbankbestände, die durch komplexe Werkzeugaufrufe in die Datenbank eingespeist wurden. Zum anderen können durch ihn sehr schnell und anschaulich Objekte direkt geändert und erweitert werden. Bei der Konzeption des Objekteditors als Spezialwerkzeug auf der Datenbasis, ist die Nutzung einer modernen Benutzungsoberfläche (PRODIA) stark berücksichtigt worden. PRODAT und PRODIA werden zusammen als Rahmensysteme für die Systementwicklungsumgebung PROSYT entwickelt und realisiert. Durch die Abstimmung mit PRODIA ist sichergestellt, daß die nachfolgend als Anforderungen postulierten Aussagen hinsichtlich Dialogtechniken und Ablauf voll erfüllt werden.

Die Darstellung oder Ausgabe auf dem Graphik-Bildschirm ist die minimale Funktionalität des Objekteditors, während in zweiter Linie die Manipulation dargestellter Objekte verlangt wird. Um einen Überblick über die graphisch-interaktive Schnittstelle zu geben, werden nachfolgend die zu repräsentierenden Einheiten und Informationen aufgeführt. Die Beschreibung beschränkt sich im wesentlichen auf die zuvor zur Modellierung benötigten Konzepte der strukturierten Objekte bezüglich ihrer graphischen Darstellung.

Objekte und Beziehungen

Strukturierte Objekte werden als azyklischer gerichteter Graph mit Kanten und Knoten dargestellt, wobei die Knoten den Objekten und die Kanten den Beziehungen zwischen den Objekten entsprechen. Die Darstellung muß übersichtlich und eindeutig sein, was eine automatische Entflechtung (s. z.B. [STT81]) des "Kantengewirrs" erfordert. Unterschiedliche Semantik von Beziehungen, die dem System (über die Typdefinition) bekannt ist, kann durch verschiedene Linientypen für Kanten markiert werden.

Attribute und Inhalt

Die wegen der Fülle an Informationen symbolisch dargestellten Objekte (s.o.) werden in der Datenbank durch Attribute beschrieben. Sie erscheinen nach Maus-Pick (graphische Identifikation) des Symbols für Attribute und des gewünschten Objekts in Form einer Tabelle. Der Inhalt wird vom Datenbanksystem nicht interpretiert und kann daher auch nicht zur Ausgabe aufbereitet werden. Sofern diese Daten jedoch mit einem weiteren Basiswerkzeug (z.B. Texteditor) darstellbar sind, wird dieses, nach Picken des Symbols für Inhalte, in einem anderen, neueröffneten Fenster gestartet.

Versionen und Konfigurationen

Versionen sind Objekte, die durch den iterativen Entwurfsprozeß entstanden sind und über eine besondere (Versions-) Beziehung miteinander in einem Versionsgraphen verknüpft sind.

Konfigurationen entstehen im Systemlebenszyklus bei der Zusammenstellung von Objekten zur Auslieferung und Wartung von Produkten. Beide Konzepte sind Teile des Objektmodell, die jedoch hier nicht weiter erläutert werden. Für beide Einheiten gibt es ebenfalls einen Modus zur Darstellung und Manipulation mit dem Objekteditor. Nähere Einzelheiten über Versionen und Konfigurationen in PRODAT finden sich in [Bat87] und [BK88].

Datenbanksystem-Informationen

Während der Kommunikation mit der Datenbank über die graphische Schnittstelle kann es wichtige Informationen geben, die vom Datenbanksystem an den Benutzer abgesetzt werden (z.B. Fehlerrückmeldung und Erklärungstext, Informationen über gesetzte Sperren). Diese Informationen sind häufig nicht graphisch darstellbar. Sie sollen jedoch vom Graphik-Dialog so aufbereitet sein, daß der Benutzer genau weiß, woher die jeweilige Nachricht kommt und darauf angemessen reagieren kann. Weiterhin sollen solche Ereignisse so an der Oberfläche erscheinen, daß sie sowohl in ihrer Form als auch zeitlich in den normalen Dialogablauf integriert sind, d.h. unter anderem auch einheitlich zu lesen und zu bedienen sind. Die Unterstützung solcher nicht-graphischen Informationen durch Orientierungshilfen graphischer Art (z.B. Blinken von Objektknoten) ist eine sehr wünschenswerte und sinnvolle Kombination von Informationsdarstellung. Sie erfordert jedoch eine intensive Kommunikation zwischen Benutzungsoberfläche und Datenbanksystem.

Datenbanksystem-unabhängige Informationen

Unter diese Kategorie von Informationen fallen alle ausschließlich vom Dialogsystem abgesetzten Informationen, wie z.B. Erklärungstexte von Hilfefunktionen zur Ablaufsteuerung des Dialogs. Für sie gilt bezüglich Integration und Einheitlichkeit das gleiche wie im vorigen Abschnitt dargestellt, jedoch sollen sie auch deutlich als Informationen zur Benutzerführung gekennzeichnet sein (z.B. durch die Art und Position der Darstellung). Solche anwendungsunabhängigen Dialogfunktionen, graphische und textuelle "Wegweiser" sollen für den Objekteditor unter besonderer Berücksichtigung ergonomischer Gesichtspunkte gestaltet werden.

Die folgende Abbildung 2 zeigt einige Symbole für Einheiten des Datenbanksystems.

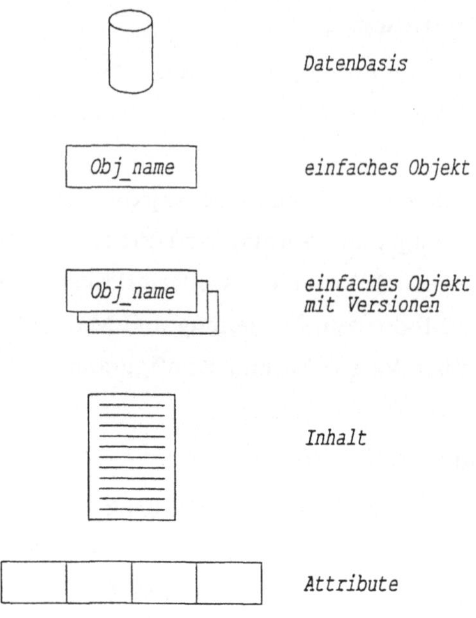

Abb. 2: Symbole für Einheiten

Zusammenfassend werden noch einige Details zum Ablauf und den Dialogtechniken der graphischen Schnittstelle von PRODAT betrachtet.

Als wesentliche Grundtechniken zur Darstellung und Manipulation verwendet der Objekteditor moderne Fenstertechniken (Multiwindowing) und die graphische Eingabe (Pick). Der Bildschirm ist in verschiedene Fenster aufgeteilt, u.a. das Arbeitsfenster und das Menufenster. Durch mehrstufig aufgebaute Menus soll bei wechselnder Umgebung eine gute Benutzerführung gewährleistet sein, damit auch der ungeübte Neuling den Objekteditor bedienen kann. Zusätzlich ist eine Hilfefunktion mit differenziertem Hilfegrad einstellbar.

Das Arbeitsfenster dient zur Visualisierung und zum Picken von Einheiten und stellt somit das eigentliche Graphik-Window dar. Erklärende Texte oder Parameter zum Arbeitsfenster werden in einem anderen Bereich extra dargestellt. Im Fenster für Menus befinden sich die "globalen Funktionen" (z.B. Hilfe, Ende) und eventuell lokale, die durch Picken ausgewählt werden können. Gemeinsam mit den Fenstern für Erklärungstexte und Informationen zeigt dieser Bereich den jeweiligen Kontext zu einer Graphik im Arbeitsfenster an.

Der Objekteditor führt einen mehrstufigen Dialog mit dem interaktiven Benutzer, wobei folgende "Wege" möglich sind:

Stufe 1:   Anzeigen und Picken von Datenbasen

Stufe 2:   Anzeigen und Picken von Anfangsobjekten strukturierter Objekte

Stufe 3:   Darstellung eines strukturierten Objekts ausgehend von einem in Stufe 2 gewählten Anfangsobjekt. Dann sind entweder Manipulationsfunktionen im Menufenster anwählbar, z.B. Einfügen, Löschen von einfachen Objekten, oder eine Funktion, die zu den nächsten Stufen führt.

Stufe 4:   Inhalt und Attribute eines einfachen Objekts

Parallel zu Stufe 4 sind auch die an dieser Stelle nicht beschriebenen Modi für weitere Einheiten des Datenmodells, wie Versionen und Konfigurationen, anwählbar.

Im Modus der Stufe 1 werden dem interaktiven Benutzer alle in PRODAT verwalteten Datenbasen angezeigt (s. Abb. 3).

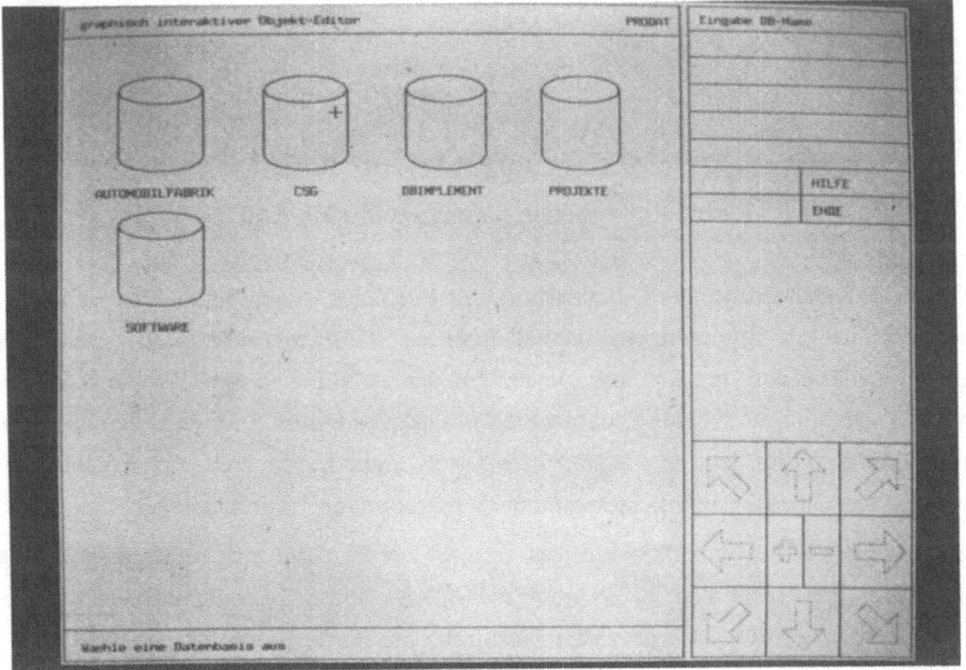

Abb. 3: Anzeigen von Datenbasen mit dem Objekteditor

Durch Maus-Pick wählt der Benutzer eine Datenbasis an, worauf der Objekteditor im nächsten Modus alle Anfangsobjekte (Wurzeln strukturierter Objekte und einfache Objekte) anzeigt, die in dieser Datenbasis existieren. Wiederum durch Anpicken ausgewählt, wird das ganze strukturierte Objekt mit allen Subobjekten dargestellt (s. Abb. 4). In diesem Modus der Stufe 3 sind nun Manipulationsoperationen wie Erzeugen und Löschen von Objekten und Beziehungen möglich, sowie das "tiefere Eintauchen" in Objekte für Lese- und Änderungsoperationen von Inhalt und Attributen.

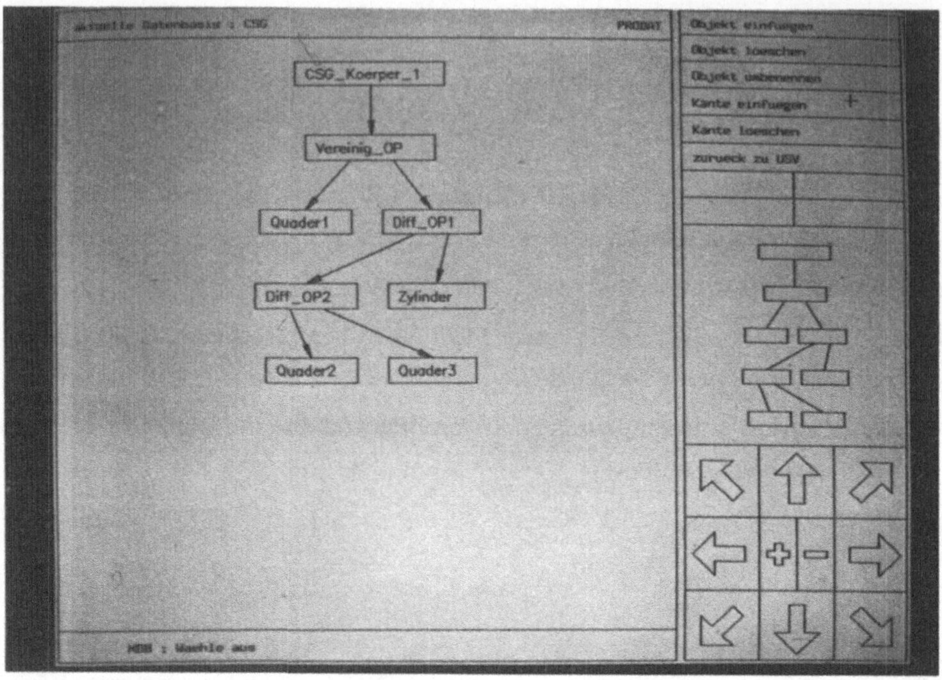

Abb. 4: Darstellung strukturierter Objekte

Ziel für die Realisierung des Objekteditors mit PRODIA ist es, den Moduswechsel mit Fenstertechnik zu unterstützen. Dabei könnten dann mehrere Modi gleichzeitig geöffnet sein, so daß der Benutzer weder auf das Arbeiten in einer Datenbasis, noch auf die Bearbeitung nur eines strukturierten Objekts zu einem Zeitpunkt beschränkt ist. Diese Funktionalität ist für PRODAT sogar zwingend, um z.B. das Kopieren von strukturierten Objekten in unterschiedlichen Umgebungen zu ermöglichen.

Die Prototyp-Version des Objekteditors arbeitet zur Zeit mit eingeschränkter Fenstertechnik auf der Basis von X-Window und GKS. Beide Systeme werden auch zur Realisierung von PRODIA verwendet, wodurch eine Portierung möglich ist.

6. Zusammenfassung

In diesem Beitrag wurde untersucht, inwieweit das PRODAT-Datenmodell, das eigentlich für den Bereich Systementwurf konzipiert ist, für Graphikanwendungen geeignet ist. Als Prüfstein diente das CSG-Modell, da es repräsentativ erscheint für Datenstrukturen in der Graphik. Es stellte sich heraus, daß insbesondere die Dynamik und Komplexität der Strukturen gut im PRODAT-Datenmodell formuliert werden kann. Der Kalkül für die Vollständigkeitsbedingungen strukturierter Objekte ist genügend mächtig, um Alternativen und damit Rekursion zuzulassen. Auch das Attributkonzept leistet gute Dienste, insbesondere mit den Enumerationstypen und Arrays. Die einzige wirkliche Beschränkung besteht darin, daß mit den Mitteln der Schemadefinitionssprache keine lineare Ordnung auf den Sohnobjekten vorgegeben werden kann.

Der Objekteditor zeigt die Funktionalität und Komplexität heutiger Non-Standard Datenbanksysteme für Entwurfsumgebungen (zum einen den interaktiven Benutzern, zum anderen den Datenbank-Entwicklern). Er stellt hohe Anforderungen an die Techniken und Dialogführung von Benutzungsoberflächen.

Ob das Konzept der Arbeitsdatenbasen die erhoffte Leistungssteigerung bringt, muß sich erweisen, wenn die Implementierung von PRODAT genügend weit fortgeschritten ist.

Insgesamt zeigte uns die Untersuchung, daß das Datenmodell einen erfolgversprechenden Ansatz darstellt, daß aber speziell für Graphikzwecke noch konzeptuelle Erweiterungen nützlich sind.

7. Bemerkungen

Die hier vorgestellten Arbeiten wurden gemeinsam von der Firma Werum Datenverarbeitungssysteme GmbH, Lüneburg, dem FhG-IITB, Karlsruhe, und der FHG-AGD, Darmstadt, im Rahmen des PROSYT-Verbundprojekts entwickelt. Das PRODAT-System, dessen Datenmodell Thema dieses Beitrags ist, wird von einer Arbeitsgruppe mit K.G. Höft (Werum), D. Krömker (AGD FhG), H.P. Subel (Werum) sowie den Autoren spezifiziert und entwickelt. Zur Zeit wird eine erste Prototypimplementierung von PRODAT durchgeführt.

Literatur

[Bat87] Batz, T.: Versionsverwaltung im Datenhaltungssystem PRODAT des Systementwicklungssystems PROSYT. In: Proc. GI-Fachgespräch "Datenbanken für Software Engineering", Dortmund 1987.

[BK88] Baumann, P.; Köhler: Archiving of Versions and Configurations in a Database System for System Engineering Environments. In: Proc. of International Workshop of Software Version and Configuration Control

[BBEHK88] T.Batz, P.Baumann, D.Ehmke, W. Hinderer, D. Köhler, M. Kreiter, D.Krömker, S.Preuß, H.P.Subel: PRODAT und PRODIA, Rahmenschnittstellen für den Systementwurf (vorläufiger Titel) Springer-Verlag, Berlin/Heidelberg, 1988 (in Vorbereitung).

[Day87]   U.Dayal et al: Simplifying complex objects: The PROBE Approach to Modelling and Querying Them In: Datenbank-Systeme für Büro , Technik und Wissenschaft, Informatik Fachberichte Bd. 136, Springer-Verlag, Darmstadt 1987.

[DKML85] K.R.Dittrich, A.M.Kotz, J.A.Mülle, P.C.Lockemann: Datenbankunterstützung für den ingenieurwissenschaftlichen Entwurf (Eine Übersicht über den Stand der Entwicklung). In: Informatik Spektrum, Volume 8, S113-125, 1985.

[FZI86]   FZI: DAMOKLES, ein Entwurfsobjekt-Datenmodell für Software Produktionsumgebungen Veröffentlichung des FZI Karlsruhe, 1986.

[HLM87]   W.Hübner, G.Lux-Mülders, M.Muth: THESEUS - Die Benutzungsoberfläche der UniBase-Softwareentwicklungsumgebung Springer-Verlag, Berlin/Heidelberg, 1987.

[Lam85]   W. Lamersdorf: Semantische Repräsentation komplexer Objektstrukturen Dissertation an der Uni Hamburg, Informatik Fachberichte Bd 100, Springer-Verlag, Berlin/Heidelberg, 1985.

[Lock85] P.C.Lockemann et al: Anforderungen technischer Anwendungen an Datenbanksysteme. In: Datenbank-Systeme für Büro , Technik und Wissenschaft, Informatik Fachberichte 94, Springer-Verlag, Karlsruhe 1985.

[Mit85]   B.Mitschang: Charakteristiken des Komplex-Objekt-Begriffs und Ansaze zu dessen Realissierung. In: Datenbank-Systeme für Büro , Technik und Wissenschaft, Informatik Fachberichte 94, Springer-Verlag, Karlsruhe 1985.

[Neu83]   T.Neumann: Konzepte zur Erweiterung von Datenbanksystemen für die Unterstützung von CAD/CAM-Anwendungen. Dissertation im Fachgebiet GRIS, TH Darmstadt 1983.

[PSSW84]   H.-B.Paul, H.-J.Schek, M.Scholl, G.Weikum: Überlegungen zur Architektur eines "Non-Standard"-Datenbanksystems. Arbeitsbericht DVSI-1984-A2, TH Darmstadt, 1984.

[ReVo83]   A.Requicha, H.Voelcker: Solid Modelling: Current Status and Research Directions. IEEE Computer Graphics and Applications, Vol.3, No.7, Oktober 1983.

[Req80]   A.Requicha: Representation for Rigid Solids: Theory, Methods, and Systems. ACM Computing Surveys Vol.12, No.4, Dezember 1980.

[SS83]   H.J.Schek, M.Scholl: Die NF2-Relationenalgebra zur einheitlichen Manipulation externer, konzeptueller und interner Datenstrukturen. In: "Sprachen für Datenbanken", Informatik Fachberichte 72, Springer-Verlag, Hamburg 1983.

[STT81]   K.Sugiyama, S.Tagawa, M.Toda: Methods for Visual Understanding of Hierarchical System Structures. IEEE Transactions on Sys.Man., and Cyb., SMC-11, 105-109, 1981

INTEGRATION VON CAD/CAE/CAM/CIM

ANWENDUNGEN

durch

HYBRID VERTEILTE DATENBANKEN

am Beispiel von CATIA und DB2

H-J. Dziekan, E. Grill, W. Weingartner

Messerschmitt-Bölkow-Blohm GmbH

Inhaltsverzeichnis

1. Ziel des Beitrags

Dieser Beitrag wendet sich an das Management der Informationsver=
arbeitung aber auch an die Hersteller von CAD/CAE/CAM-Systemen,
die nach Lösungen suchen, wie sie die Integration dieser Systeme
durch relationale Datenbanken unterstützen können.

Sie stehen einer Situtation gegenüber, in der in den einzelnen
Firmen die Rationalisierungsreserven im administrativen Bereich
(Einkauf, Materialwirtschaft, Rechnungswesen usw.) durch inte=
grierte Datenbanklösungen weitgehend erschlossen sind. Durch den
Zwang zu weiterer Rationalisierung infolge wechselnder Absatz=
märkte, sich verschärfenden Wettbewerbs und kundenspezifischer
Produktanforderungen muß sich das Management der Informations=
verarbeitung für die Rationalisierung des Entwicklungsbereiches
strategisch positionieren.

Dem folgenden Beitrag liegt ein einfaches Konzept zugrunde:
die gegenwärtig insulär eingesetzten CAD-, CAE- bzw CAM-Systeme,
partizipieren als Partner einer relationalen Datenbank nach den
Regeln eines heterogen verteilten Datenbanksystems.
So können sie weiter wie bisher ihre hinsichtlich ihrer Größe
beschränkten Datenmodelle aus Performancegründen dediziert im
Primärspeicher verwalten, sie können aber zusätzlich die Ver=
knüpfungsmöglichkeiten und den praktisch unlimitierten Adreßraum
relationaler Datenbanken nutzen.

Diese - im folgenden 'Hybridlösung' - genannte Systemarchitektur
ermöglicht es den einzelnen Unternehmen, eine Informationstechno=
logie im technisch wissenschaftlichen Bereich schrittweise
aufzubauen, den Produktionsfaktor 'Information' besser zu nutzen
und neue, bedeutende Rationalisierungspotentiale zu erschließen.

2. Nutzen für das Unternehmen

Ende der 60-iger Jahre ermöglichte es die damalige Hardware erst=
mals, administrative Aufgabenstellungen online im Dialog mit dem
Computer abzuwickeln. Dies führte notwendigerweise dazu, daß auf
die Daten direkt zugegriffen werden mußte und in der Folge zum
Aufbau von Datenbanken zur Integration dieser Anwendungen.

Heute können wir auf dem technisch wissenschaftlichen Sektor eine
ähnliche Entwicklung beobachten. Dank der stürmischen Entwick=
lung auf dem Hardwaresektor ist es nun auch im technisch-wissen=
schaftlichen Bereich möglich, rechenintensive Aufgaben grafisch
interaktiv zu lösen. So stehen viele Unternehmen heute in diesem
Bereich erneut vor der Aufgabe, Anwendungen durch Datenbanken zu
integrieren.

Die damit verbundenen Investitionen sind strategischer Natur.
Sie verbessern die Position des Unternehmens im Wettbewerb und
erschließen ihm bedeutende Nutzenpotentiale:

- Reduzierung der Produktkosten durch Information des Konstrukteurs
  über die Kosten der gewählten Fertigungsverfahren sowie die
  Auswirkung von Materialeinsatzentscheidungen.
  (die Konstruktion trägt die Hauptverantwortung für die
  Produktkosten !)

- Reduzierung der Durchlaufzeit in der Konstruktion durch:

      Information des Konstrukteurs über bestehende Lösungen
      (Archivdatenbank)

      Entlastung von Routinetätigkeiten (z.B mehrfache
      Datenerfassung)

      Beschleunigung des Informationsflusses (z.B. durch
      Integration von Insellösungen)

- Reduzierung des Ausschusses durch höhere Qualität und Kon=
  sistenz der technischen Informationen

- Erhöhung der Wirtschaftlichkeit der Informationsverarbeitung
  durch

      Schutz der Sortwareinvestitionen durch eine zukunftsichere
      Informationstechnologie

      Einbindung bestehender CAx-Systeme in diese Technologie
      mit einem Minimum an Anpassungs- und Schulungsaufwand

Abb. 1 ordnet die EDV-Systeme eines Unternehmens hinsichtlich ihrer
strategischen Bedeutung (gering, mittel, hoch) und ihres relativen
Fähigkeitspotentials (schlechter, gleich, besser) in einer
Portfoliomatrix ein. Sie zeigt anschaulich, daß die Rationalisie=
rungsreserven im administrativen Bereich (Fertigung, Materialwirt=
schaft, Rechnungswesen usw.) durch integrierte Datenbanklösungen
weitgehend erschlossen sind und daß sich die Unternehmensleitung
für die Rationalisierung des Entwicklungsbereiches strategisch
positionieren muß:

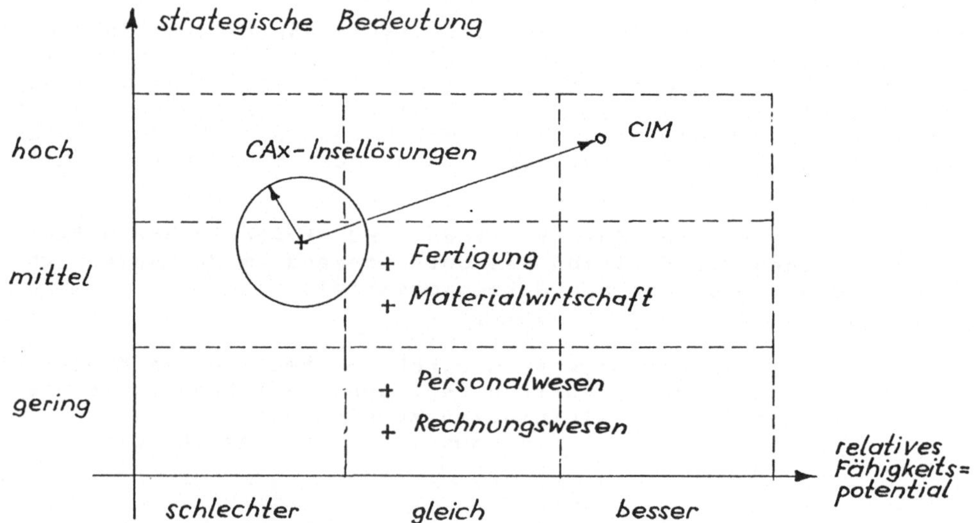

Abb. 1: Portfolio der EDV-Investitionen /7/

Betrachten wir im Portfolio die Einträge (+) für CAx-Insellösungen
und (o) für CIM, so koennen wir folgendes erkennen:

- die EDV des Unternehmen unterstützt den Produktentstehungsprozeß
  durch insuläre CAx-Systeme
- Konkurrenzunternehmen bauen integrierte CIM-Lösungen auf und
  erhöhen dadurch ihr Fähigkeitspotential
- dieses Fähigkeitspotential ist im Wettbewerb von hoher strate=
  gischer Bedeutung
- der Radiusvektor um CAx nennt den Betrag, den das Unternehmen
  investieren muß, um das gewünschte relative Fähigkeitspotential
  zu erreichen.

3. Technologische Randbedingungen

Im Jahre 1985 untersuchte MBB im Rahmen einer internationalen
Kooperation eine Reihe am Markt verfügbarer Datenbanksysteme auf
ihre Eignung für das geometrische Modellieren und für das
Archivieren von Geometriedaten für ein Bussystem. /1/

Ziel dieser Evaluierung war es, auf Grund eines Fragenkataloges,
auf Grund von Angebotsunterlagen und Gesprächen mit den Anbietern
eine Vorauswahl der Kandidaten für die praktische Erprobung auf
unserem Datenbankteststand zu treffen.

Auf Grund dieser Kriterien wurden die Datenbanksysteme TORNADO,
ORACLE und SQL-DS für die praktische Erprobung ausgewählt.
TORNADO vertrat die CODASYL-Systeme besonders in Hinblick auf
die Aufgabe des geometrischen Modellierens, für das es am
Central Institut in Oslo entwickelt wurde. SQL-DS und ORACLE
wurden als Vertreter relationaler Datenbanken in Hinblick auf
eine Archivdatenbank für ein Bussystem ausgewählt.

Als Meßlatte zum Vergleich der Performancewerte der einzelnen
Datenbanksysteme wählten wir die Zugriffsmethode RAI, mit der
unser CAM-System NCG seine Datenmodelle im Primärspeicher
verwaltet.

Das Polardiagramm in Abb. 2 stellt die Testergebnisse, die die
einzelnen Datenbanksysteme erzielt haben, geordnet nach
                - funktionalen Möglichkeiten
                - Bedienung externer Schnittstellen
                - Systemqualität und
                - Performance
   einander gegenüber.

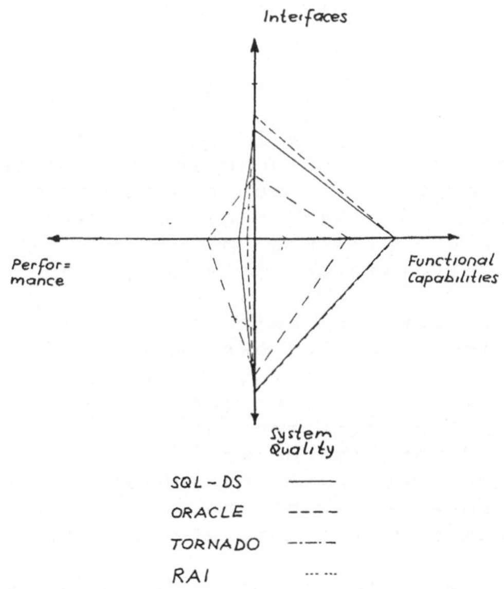

Abb. 2: Testergebnisse

Aus dieser Gegenüberstellung haben wir in unserem Hause die
folgenden Schlüsse gezogen:

1. Die Antwortzeiten für die Benutzer von graphisch interaktiven
   Systemen, die eine am Markt verfügbare Datenbank zur
   Speicherung und Verwaltung graphischer Objekte zuhilfenehmen,
   bewegen sich in Bereichen, die die Grenze des Akzeptablen
   deutlich übersteigen. In unserer Testumgebung stellte sich
   heraus, daß unsere Geometrietransaktionen mit

> - TORNADO um den Faktor 4
> - SQL-DS um den Faktor 19
> - ORACLE um den Faktor 39

   langsamer als mit dem dedizierten Datenmanipulationssystem RAI
   von NCG sind.

2. Wir haben unsere Tests so ausgelegt, daß den Datenbanksys=
   temen genug Realspeicher zur Verfügung stand, um ihre
   Datenmodelle im Primärspeicher zu manipulieren. Die langen
   Antwortzeiten sind daher nicht etwa in der Peripherie oder den
   Kanälen sondern in der CPU begründet. Sie werden durch die
   Pfadlänge der Instruktionen verursacht, die im Datenbanksystem
   durchlaufen werden.

3. Datenbanksysteme erkaufen sich hohe Funktionalität mit Ein=
   bussen in der Performance, dedizierte Datenmanipulations=
   systeme erzielen hohe Performance auf Kosten ihres Funktions=
   umfanges (z.B Verzicht auf Multiuserbetrieb, Recovery=
   funktionen, unlimited Modelsize oder Sicherstellung physischer
   und logischer Datenunabhängigkeit usw.)

4. Konzeptionelle Grundlagen zur Integration graphisch interaktiver

Systeme (Hybridlösung)

Die in der Zielsetzung angesprochene Integrationsaufgabe wird in
den nächsten Jahren den CIM-Bereich unseres Hauses maßgeblich
bestimmen. Sie muß die Verwaltungsdaten für graphisch-interaktive
Systeme, die derzeit noch weitgehend manuell in Aktenordnern und
Handbüchern verwaltet werden, zusammen mit allen relevanten
technischen Daten (z.B. Stücklisten) in einer Datenbank halten.

Die Integration muß aber auch zwei weiteren Gesichtspunkten
Rechnung tragen. Zum einen, daß bei der Leistungsfähigkeit der
verfügbaren Hard- und Software akzeptable Antwortzeiten im
graphisch interaktiven Dialog nur dann erreicht werden, wenn die
Graphiksysteme sich auf ihre primärspeicherorientierten Zugriffs=
methoden stützen. Zum anderen lassen sich solche Systeme wie z.B
CADAM, CATIA, SUPERTAB usw. nur mit unverhältnismäßig hohem
Aufwand auf externe Datenbanken umstellen.
Die in unserem Hause entwickelte sogenannte 'Hybridlösung ' trägt
diesen Gesichtspunkten Rechnung:
Sie hält die Verwaltungsdaten in der Datenbank zusammen mit Ver=
weisen auf die weiterhin in der gewohnten und auf das jeweilige
CAx-System abgestimmten Form als Dateien gehaltenen Graphikinfor=
mationen. (Abb. 3)

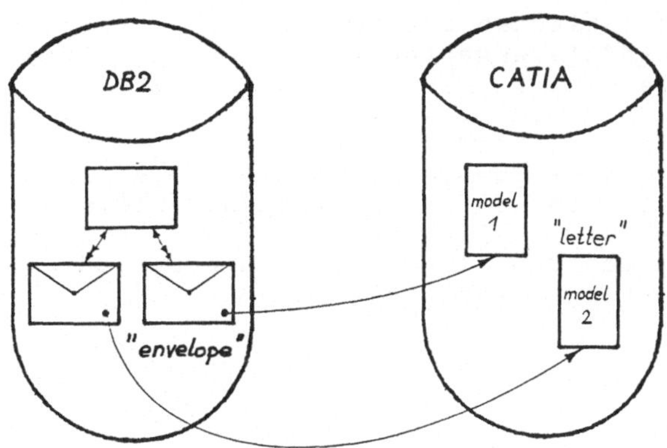

Abb. 3: die hybrid verteilte Datenbank (Enveloptechnik)

Damit führt der Ingenieur am CAD-Terminal gleichzeitig zwei Arten
von Dialogen, einen 'alphanumerischen' mit der Datenbank und den in
ihr gehaltenen textorientierten Informationen sowie den 'graphi=
schen' mit dem CAx-System, der auf Anforderung aus dem alphanumeri=
schen Dialog aktiviert wird.

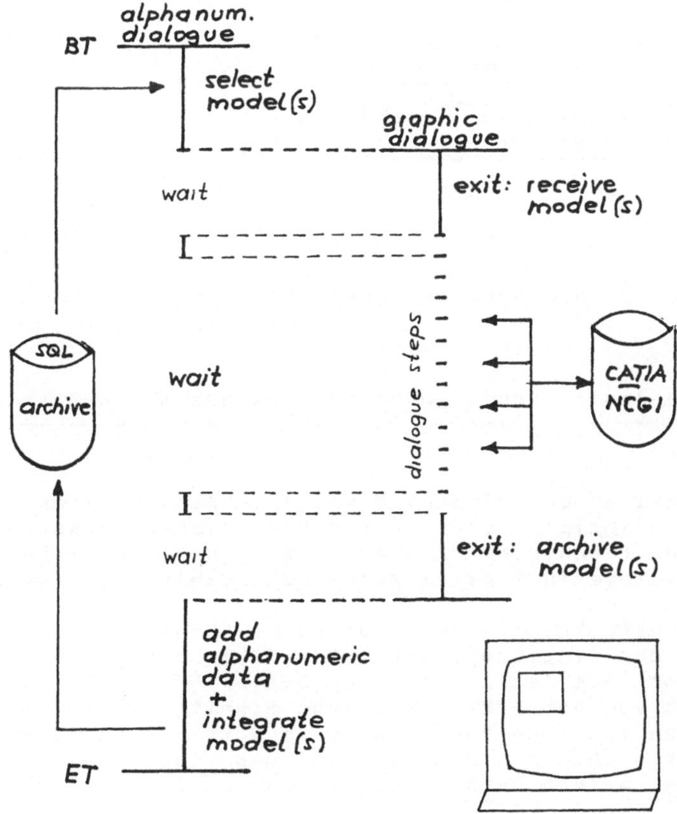

Abb. 4: der hybride Dialog

Da während des graphischen Dialoges der zugehörige alphanumeri=
sche Dialog 'schläft', erwarten wir datenbankseitig keine
Performanceprobleme.

Damit der Ingenieur während des graphisch interaktiven Dialoges
über einen Exit des CAx-Systems auf die in der zentralen Daten=
bank gehaltenen textuellen Informationen unmittelbar zugreifen
kann, benötigt er ein Multiwindow-Terminal, in dem sowohl dem
graphischen als auch dem alphanumerischen Dialogfaden ein eigenes
Fenster zugeordnet ist. (Abb. 5)

Abb. 5: die hybride Terminallösung

5.   Praktische Realisierung am Beispiel eines STRAK-Systems

Die konzeptionellen Grundlagen, die wir in Kapitel vier vorgestellt
haben, gelten prinzipiell. Bei ihrer Realisierung muessen wir
einige typische technische Probleme lösen, die wir am Beispiel
eines STRAK-Systems in Kapitel sechs näher beleuchten werden.

Wenn die Vorkonstruktion eines Flugzeuges abgeschlossen ist, liegt
die Außenhaut des Flugzeugs, der 'Strak', in einer Genauigkeit von
+/- 0,1 mm fest. Sie ist die Ausgangsbasis für die Detailkonstruk=
tion, die sich von der STRAK-Abteilung Schnitte durch die Flugzeug=
haut anfertigen läßt, um z.B. Spante im Detail konstruieren zu
können. Ändert sich nun die Aussenhaut des Flugzeugs, so erhebt
sich die Frage, welche Detailzeichnungen von dieser Änderung be=
troffen sind.

Bisher wurden die STRAKS in unserem Hause mittels CATIA erzeugt,
die Detailzeichnungen liegen in Form von CADAM Files vor. Die
STRAK-Abteilung protokollierte in Handbüchern, welche Schnitte
sie in CATIA angefertigt hat und in welche CADAM-Zeichnungen
diese Schnitte importiert wurden. (Abb. 6)

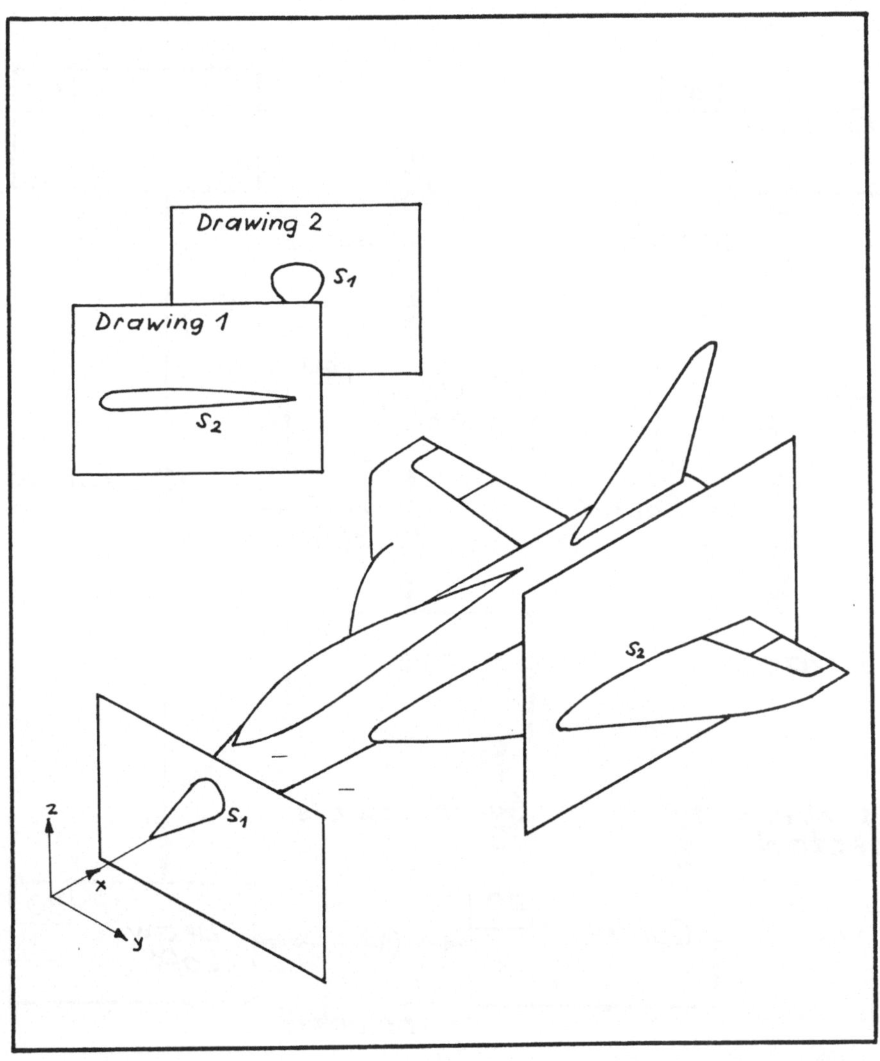

Abb. 6: Verwendung von STRAK-Schnitten

Wir analysierten die in den Handbüchern enthaltenen Informationen
nach den Regeln der Codd'schen Normalisierungslehre /3/ und erhiel=
ten ein Informationsmodell, das vereinfacht in Abb. 7 enthalten
ist:

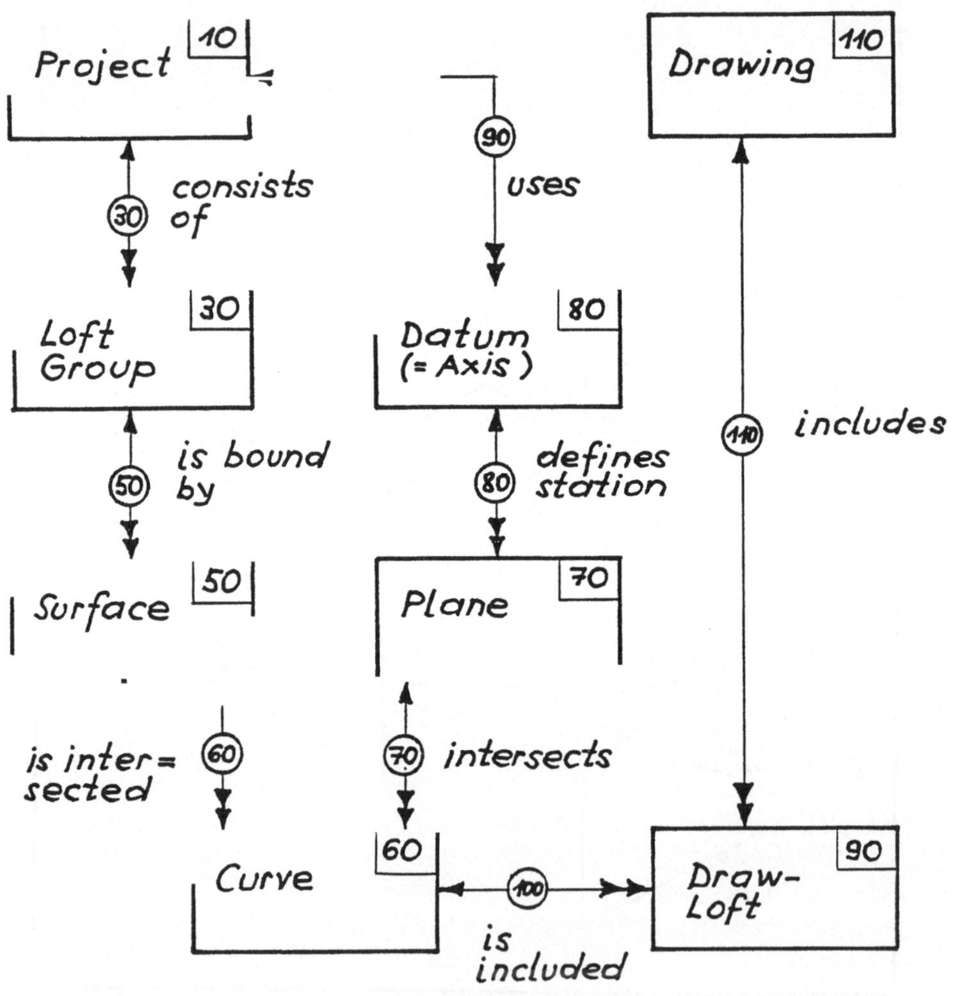

Abb. 7: Vereinfachtes Informationsmodell STRAK

Der STRAK eines Flugzeugs (PROJECT) besteht aus mehreren STRAK-
Gruppen (LOFTGROUP) wie z.B. Rumpf, linker bzw rechter Flügel
u.s.w, von denen eine jede durch CATIA-SURFACES begrenzt wird.
Genauso wird jede Zeichnung (DRAWING) durch ein CADAM-Modell
beschrieben. Eine SURFACE kann durch mehrere Ebenen (PLANE)
geschnitten, ein Schnitt (CURVE) in mehreren Zeichnungen verwendet
werden (DRAWLOFT).

Jedem Kästchen aus Abb. 7 entspricht eine Tabelle in einer
DB2-Datenbank /6/. Maßgebend für diese Entscheidung war nicht nur
allein der bei allen Herstellern von Datenbanksystemen sichtbare
Trend zu SQL, die leichte Erlernbarkeit für den Endbenutzer, die
Herstellerunabhängigkeit auf Grund der Portabilität der
SQL-Schnittstelle sondern auch die Ausgereiftheit und Mächtigkeit
der dahinter stehenden Konzepte.

Um Verweise zwischen den in der Datenbank gehaltenen Verwaltungs=
daten und den in den Files des Cax-Systems abgelegten Geometrie=
formationen knüpfen zu können, müssen wir im grafisch interak=
tiven Dialog User Exits aktivieren können, die uns den Zugriff
auf die Entities des Cax-Modells ermöglichen.

Das folgende Beispiel zeigt, wie wir über den interaktiven User-
Exit (IUA) von CATIA /4/ Geometrieinformationen in eine DB2-Daten=
bank extrahieren können. (Abb. 8)

```
Input:      *CRV, *SUR, *PLN
            IUA-Panel with Loft Group

Process:    For each Loftgroup do:
               select *CRV
               generate DB2-input for CURVE
               for each *CRV do:
                   select *SUR, select *PLN
                   generate DB2-input for PLANE, SURFACE
               end
            end

Output:     DB2-Input for CURVE
            DB2-Input for SURFACE
            DB2-Input for PLANE
```

Abb. 8: CATIA IUA (interactive user exit)

Das IUA-Programm selektiert alle ebenen Schnitte *CRV eines
CATIA-Modells, ermittelt zugehörige Fläche *SUR und zugehörige
Schnittebene *PLN und extrahiert die am Schnitt beteiligten
Partner. Abb. 9 zeigt das Entity Relationship Diagramm der
Extraktgeometrie.

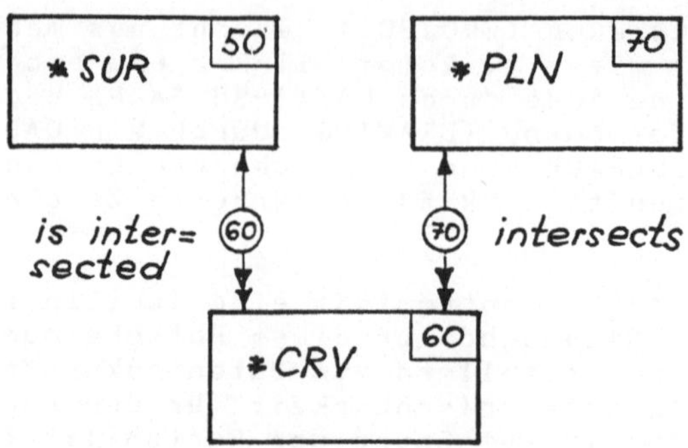

Abb. 9: Extrahierte Geometrie

Die Nummern in den Kästchen von Abb. 9 nennen die Satzarten der
Records, die aus CATIA in die entsprechenden Tabellen der
DB2-Datenbank übertragen werden.

6.   Strategische Technologien

Zur Realisierung der Hybridlösung benötigt unser Haus Technolo=
gien, die zur Zeit noch nicht, oder nur unvollkommen verfügbar
sind:

    6.1 öffnung der Cax-Modelle
    6.2 öffnung der Filefunktion
    6.3 Kopplung von Grafik- und Alphadialog
    6.4 Sicherung der Konsistenz der hybrid verteilten Daten

6.1 Die öffnung der CAx-Modelle

Das Modell der Daten eines CAx-Systems ist auf die Entityklassen
und Assoziationen des CAx-Modells beschränkt. So wird z.B. eine
*CRV in einem CATIA-Modell durch ihren Identifier (Primär=
schlüssel) *CRV001 eindeutig identifiziert.

Wollen wir graphisch interaktive Systeme miteinander und mit den
alphanumerischen Anwendungen integrieren, dann müssen wir ihre
Datenmodelle in Richtung auf ein unternehmensweites Produktmodell
erweitern.(Abb. 7)

Diese Erweiterung wirkt sich auch auf die Primärschlüssel der
Entities der CAx-Modelle aus. So wird z.B. das *CRV-Entity eines
CATIA-Modells durch einen Primärschlüssel identifiziert, der
zusätzlich zum CATIA-Identifier aus dem DD-Namen des CATIA-Files
und der CATIA-Modellnummer besteht.

Wir wünschen daher, daß CATIA den erweiterten Schlüssel dieser *CRV
im IUA-Exit zur Verfügung stellt, seinen Wert erhält, solange die
*CRV 'lebt', und auch nicht ändert, wenn das CATIA-Modell
reorganisiert wird.

6.2 Die Öffnung der Filefunktion

Die Öffnung des CAx-Modells zieht zwangsläufig den Wunsch der
CAx-Anwender nach sich, daß die CAx-Hersteller die Filefunktion
ihres Systems öffnen:

Der Ingenieur begnügt sich nicht mehr damit, sein Modell aus
dem Inhaltsverzeichnis der Modelle des Graphikfiles auszuwählen.
Er möchte seine Auswahl an Hand der Informationen des unter=
nehmensspezifischen Produktmodells treffen.

Er wird nur für eine Übergangszeit dazu bereit sein, im alphanu=
merischen Dialog File und Namen des gewünschten CAx-Modells in der
relationalen Datenbank zu suchen, sich beide auf einen Notizzettel
zu notieren und anschließend sein Modell über die normale
LOGON-Prozedur des CAx-Systems auszuwählen.

Wir wünschen daher von den CAx-Herstellern, daß sie die Filefunk=
tion ihrer Systeme dem Zugriff auf relationale Datenbanken öffnen.
Konkret bedeutet das für unser Projekt, daß wir eine Dialogmanager=
routine aus der CATIA-Filefunktion aktivieren können: (Abb. 10)

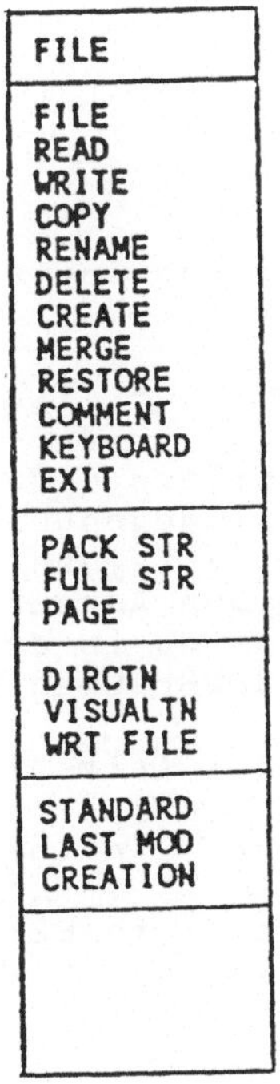

Abb.10: CATIA FILE-Funktion

Die Filefunktion der Hybridlösung muß exclusiv sein. Der Ingenieur darf die normale Filefunktion des CAx-Systems nicht benutzen und Modelle im Graphikfile zufügen, ändern oder löschen, ohne daß die zugehörigen Verweise in der Archivdatenbank aktualisiert werden.

6.3 Die Kopplung von Grafik- und Alphadialog

Der graphische Dialog (IUA-Routine in Abb. 8) kommuniziert mit dem alphanumerischen Dialog (Dialogmanager Routine in Abb.11). Er sendet ihm die Inputdaten für CURVE, SURFACE und PLANE. Der alphanumerische Dialog bestätigt, ob er diese Daten erfolgreich verarbeiten konnte oder nicht.


```
Input:      DB2-Input for CURVE
            DB2-Input for SURFACE
            DB2-Input for PLANE

Process:    Check entity integrity
            Check referential integrity
            Insert CURVE entity
            Insert SURFACE entity
            Insert PLANE entity

Output:     CURVE-entity
            SURFACE-entity
            PLANE-entity
            Error Messages
```

Abb.11: Dialogmanager Routine /5/

Die Kommunikation der beiden Dialogfäden erfolgt über VTAM LU6 Program to Program Switch. Sie weist gegenüber der Kopplung der Dialogfäden mittels Batch-Filetransfer einen Vorteil auf: sie ist deutlich schneller. Sieht man von den Adreßräumen der DB2-Umgebung ab, dann spielt sich der hybride Dialog in der Umgebung unseres Betriebssystems MVS in folgenden Adreßräumen ab: (Abb. 12)

- dem Adreßraum A1 des CATIA-Rechners (site S1), in ihm führt der
  Ingenieur den graphischen Dialog
- dem Adreßraum A2 des CATIA-Rechners, in ihm führt der Ingenieur
  den Dialog im IUA-Exit
- dem Adreßraum A3 des DB2-Rechners (site S2), in ihm führt der
  Ingenieur den alphanumerischen Dialog.

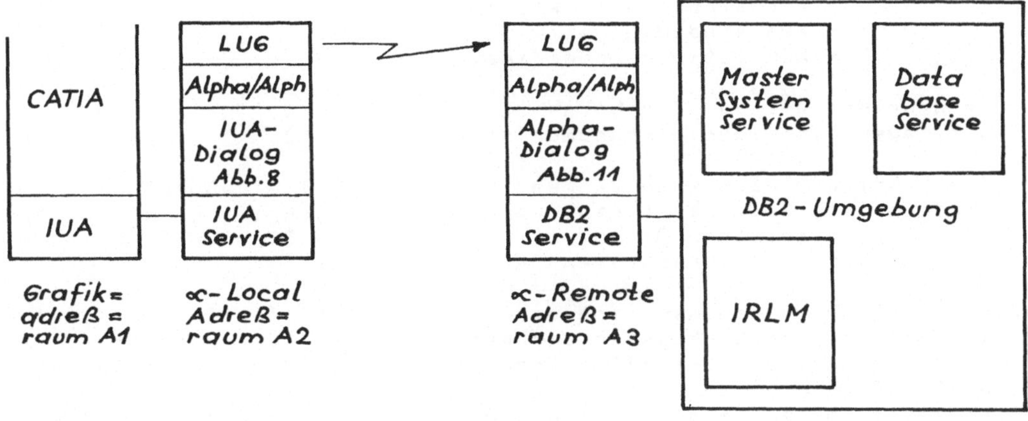

Abb.12: Kopplung von Graphik- und Alphadialog

Die beiden sites S1 und S2 können verschieden oder gleich sein.
Sind sie gleich, dann läuft der hybride Dialog auf demselben
Rechner.
Die Schnittstelle 'Alpha/Alpha' verbirgt vor den Anwendungen, ob
sie lokal mit einem DB2-Datenbanksystem oder remote über LU6 mit
einer DB2-Datenbankanwendung kommunizieren.

6.4 Die Sicherung der Konsistenz der hybrid verteilten Daten

Der hybride Dialog ist ein Sonderfall einer heterogen verteilten
Datenbanklösung: eine hybrid verteilte Transaktion besteht aus
zwei Dialogfäden, dem alphanumerischen und dem graphischen. Sie
schließt nur dann erfolgreich ab, wenn sowohl die alphanumerischen
als auch die graphischen Daten in sich und miteinander konsistent
sind.
Die alphanumerischen Daten sind bei unserem Projekt auf einer
DB2-Datenbank gespeichert, die graphischen auf einer 'CATIA-Daten=
bank'. Beide Datenbanken sind miteinander durch Fremdschlüssel
verknüpft und bilden eine heterogen verteilte Datenbank.

Wir können daher das Prinzip des Zweiphasencommits anwenden und
mit seiner Hilfe die Konsistenz der hybrid verteilten Daten
sichern. Dazu müssen wir die Rollen im hybriden Dialog festlegen:
/2/

        - Wer sind die 'agents' ?
        - Was sind die 'sites' ?
        - Wer ist der 'coordinator'?

Im hybriden Dialog T gibt es zwei 'agents', der graphische Dialog
ist 'agent' A1, der alphanumerische 'agent' A2.

Der hybride Dialog kann an mehr als einem 'site' abgewickelt
werden. Site S1 wickelt den graphischen Dialog mit CATIA, 'site' S2
den alphanumerischen Dialog mit DB2 ab. Site S1 und S2 müssen nicht
notwendigerweise verschieden sein. (VTAM LU6)

Schließlich müssen wir noch den 'coordinator' festlegen. In einem
verteilten Datenbanksystem sichert der 'site' die korrekte
Abwicklung einer verteilten Transaktion, von dem sie gestartet
wird.
Es ist technisch einfacher, aus dem graphischen Dialog, der single-
using auf einem Rechner (einer Workstation) läuft, die Verbindung
mit dem alphanumerischen Dialog aufzubauen, der multiusing auf dem
Rechner der DB2-Datenbank läuft. Daher startet site S1 die hybride
Transaktion und übernimmt als Coordinator die Verantwortung für die
Konsistenz der hybrid verteilten Daten.

Da für CATIA-DB2 keine Coordinatorsoftware existiert, nehmen
wir zu einem Kunstgriff Zuflucht: als Anfangslösung übernimmt der
Ingenieur am Terminal selbst die Coordinatorfunktion. Er informiert
sich über das alphanumerische und das graphische Fenster seines
Terminals, ob der hybride Dialog erfolgreich abgeschlossen ist und
aktiviert danach über sein Terminal die entsprechenden Commit- bzw
Rollbackfunktionen.

Derzeit muß das Anwendungsprogramm die Konsistenz der hybrid
verteilten Daten sichern. Für die Zukunft wünschen sich die
Anwender, daß die Hersteller der CAx-Systeme und der relationalen
Datenbanksysteme sich dieser Aufgabe annehmen und ihre Commitpro=
zeduren aufeinander abstimmen: was ist eine 'logical unit of work',
welche Commitprotokolle werden verwendet, wann werden 'before
images' freigegeben ?

7. Zusammenfassung:
    ────────────────────

Dieser Beitrag zeigt am Beispiel von DB2 und CATIA auf, wie wir die
funktionale Mächtigkeit der relationalen Informationstechnologie
mit der hohen Performance graphisch interaktiver Systeme verbinden
können. Die Architektur dieser Lösung gilt jedoch prinzipiell
auch für andere CAx-Systeme, wie z.B. CADAM, SUPERTAB, usw. Sie
erfordert, daß die CAx-Hersteller ihre Systeme relationalen
Datenbanken schrittweise öffen:

9. Literatur
   ──────────

/1/   E. Grill, J. Flittner, W. Rausch
        Integration von CAD/CAE/CAM über relationale Datenbanken
        Information Management 1/87

/2/   Chris Date
        Distributed Databases - the next Breakthrough
        Relational Database '87
        A state of the art conference
        20-22 may 1987 Munich
        Codd and Date Limited/Pergamon Infotech

/3/   E. Grill
        Relationale Datenbanken
        vom logischen Konzept zur physischen Realisierung
        3. Auflage
        AIT-Verlag

/4/   CATIA User's Manual
        Geometry Interface
        Version 2 Release 2.0
        Dassault Systems 1986

/5/   Interactive System Productivity Facility
        Dialog Management Services
        SC34-2088-1

/6/   IBM Database 2
        General Information
        GC26-4073-2

/7/   Management im Zeitalter der strategischen Führung
        Arthur D. Little International
        2. Auflage
        Verlag Gabler

Verwaltungsorganisation im CAE Bereich

mit Hilfe technischer Datenbanken

Udo Helmbrecht
Uwe Böhnke

Messerschmitt-Bölkow-Blohm GmbH, Ottobrunn

Zusammenfassung:

CAD (Computer Aided Design) und CAE (Computer Aided Engineering) sind
Methoden und Werkzeuge, die in der Flugzeugentwicklung eingesetzt
werden. CAE umfaßt die Ingenieuraufgaben wie aerodynamische und
strukturmechanische Analyse, Simulation und Optimierung während der
Flugzeugentwicklung. Heute sind in den verschiedenen Abteilungen die
unterschiedlichsten Anwendungsprogramme im Einsatz. Um unter den gegebenen Marktbedingungen konkurrenzfähig zu bleiben, muß der Entwicklungszyklus verkürzt und qualitativ verbessert werden. Dies kann
im wesentlichen dadurch erreicht werden, daß der Datenfluß im Unternehmen, das heißt der Informations- und Datenaustausch zwischen den
Abteilungen, über eine logisch zentrale integrierte technisch/wissen-
schaftliche Datenbank kontrolliert wird.

Dazu wurde bei MBB ein Datenbankkonzept entwickelt, das dem Ingenieur
auf komfortable und sichere Weise Zugriffe auf alle von ihm benötigten Daten und Informationen gestattet, und er selbst seine eigenen
Daten, die in anderen Bereichen benötigt werden, in die Datenbank
eingibt. Auf der Basis eines Informationsmodelles, das die spezi-
fischen Anforderungen der Flugzeugentwicklung berücksichtigt, wurde
ein Verwaltungskonzept entwickelt, das u.a. folgende Funktionen beinhaltet:

   - CAD/CAE Modell Sicherung, Modell Retrieval
   - CAD/CAE Modell Versionskontrolle
   - Daten- und Informationsverwaltung
   - Verwaltung von Assoziation zwischen den CAx Modellen,
      den Daten und den Informationen, untereinander und mit-
      einander.

In dem Beitrag wird außerdem auf die verschiedenen Arten der Datenspeicherung und Datensicherung eingegangen. Das Konzept soll in der
ersten Stufe im Bereich des Vorentwurfs, der Aerodynamik und der
Strukturmechanikabteilungen realisiert werden.

   Inhalt :

1. EINFUEHRUNG

CAE (Computer Aided Engineering) umfaßt im Flugzeugbau Disziplinen
wie:

- Vorentwurf
- Aerodynamik
- Flugmechanik
- Flugantriebe
- Strukturmechanik

Zur Durchführung von Analysen, Simulationen und Optimierungen werden
heute in den entsprechenden Abteilungen eine Fülle von Rechen-
programmen eingesetzt. Diese Programme sind zum Teil extern entwickelt
wie z.B. CADAM und CATIA für CAD-Anwendungen, NASTRAN für strukturmechanische Berechnungen. Flugzeugbauspezifische Programmsysteme für
Vorentwurf, Aerodynamik und Flugmechanik sind naturgemäß nicht am
Markt erhältlich und wurden deshalb intern selbst entwickelt.

Ein Hauptproblem beim Einsatz dieser Anwendungssysteme ist die Tatsache, daß die Programme unabhängig voneinander entwickelt wurden.
Ein integrierter Einsatz innerhalb des iterativen Entwicklungszyklus
ist deshalb heute noch nicht möglich.

Die Ingenieure müssen einen erheblichen Teil ihrer Zeit auf Vorbereitung, Ueberprüfung und Dokumentation der Modell- und Rechendaten
verwenden. Diese Arbeiten sind sehr fehleranfällig, und es ist auf-
wendig, die Fehler in den Daten zu entdecken.

Die Datenübertragung zwischen den einzelnen Programmsystemen ist
heute noch uneffektiv, mit Unsicherheiten behaftet und somit unwirt-
schaftlich.

Die Verwaltung der im Entwicklungsprozeß entstehenden zahlreichen
Versionen, Varianten und Repräsentationen ist heute noch weitgehend
dem einzelnen Ingenieur bzw. den Abteilungen überlassen. Dies führt
zu hohem Aufwand bei der Definition und Dokumentation von einzelnen
Entwicklungskonfigurationen und erschwert ebenso die Integration der
Anwendungsprogramme.

Abbildung 1 zeigt den Datenfluß zwischen den Hauptaufgaben des Flugzeugentwurfs, während Abbildung 2 den entsprechenden Datenfluß
zwischen den zugehörigen Programmsystemen darstellt.

2. ANFORDERUNGEN AN EIN CAE DATENBANK- UND ARCHIVSYSTEM

Die Anforderungen, die generell an technische Datenbanksysteme
gestellt werden, und die Unterschiede zu Datenbankanwendungen im administrativen Bereich sollen hier nicht dargestellt werden; näheres
dazu findet sich in /1/ und /2/.

Die einzelnen Datenfiles werden von den Ingenieuren manuell oder durch
Benutzung von Anwendungsprogrammen erzeugt. Sie können von jedem
beliebigen Typ sein, wie z.B. Daten Basen, ASCII files u.s.w. Diese
Files können Eingaben für weitere Prozesse sein oder können dauer-
haft archiviert werden. Um den Ingenieur bei diesen Aufgaben zu unterstützen, wird ein Datenbank- und Archivsystem benötigt, mit dem
CAx-Daten manipuliert, übertragen, dokumentiert und gepflegt werden
können.

2.1 Ziele

Das Hauptziel der Entwicklung des CAE Archives ist die Verkürzung der
Durchlaufzeit für die CAE-spezifischen Aufgaben.
Dies wird errreicht durch schnelle, rechnergestützte Versorgung mit
CAE und CAD Daten. Dateneingabe durch den Benutzer wird soweit wie
möglich vermieden; ebenso zeitaufwendiges Rückfragen, Wartezeit usw.
Die Zunahme der Qualität der CAE-Ergebnisse wird erreicht durch Ver-
minderung falscher Eingaben und durch Verwendung konsistenter
CAD/CAE Daten. Ebenso ist die Durchführung von ad-hoc Analysen
sowie eine interaktive Abfrage der Datenbasis möglich.

Die Datenkonsistenz wird gewährleistet durch ein Versionskontroll-
system, das alle Beziehungen zwischen den gespeicherten Daten kennt.

Aus diesen Zielen ergeben sich die Anforderungen an das CAE Archiv.

2.2 Allgemeine Anforderungen

Alle CAx-Systeme und alle speziellen Anwendungsprogramme sollen durch
ein einziges Datenbank- und Archivsystem versorgt werden.

Das Benutzerinterface soll einfach handhabbar sein durch Monitor-
kontrolle (Maskentechnik). Das Benutzerinterface soll die Anforderungen spezieller Anwendungen oder Abteilungen berücksichtigen.

Das Datenbank- und Archivsystem soll schrittweise entwickelt werden,
um den Anforderungen der Benutzer leicht nachkommen zu können.

Das Datenbank- und Archivsystem muß portabel sein durch Einhaltung
des SQL-Standards.

Bei der Festlegung des neutralen File Formats und des lokalen standard
Formats sollen internationale Standards soweit wie möglich berücksichtigt werden.

2.3 Datenspeicherung und Datenaustausch

Modelle aus verschiedenen Anwendungsbereichen (CAD, CAE, CAM usw.)
sollen auch innerhalb des Archives in verschiedenen Bereichen gespeichert werden. Es wird unterschieden zwischen öffentlichen und
privaten Archivbereichen.

In öffentlichen Bereichen werden solche Modelle gespeichert, die vom
verantwortlichen Projekt- oder Abteilungsleiter geprüft sind und für
die nächste Entwicklungsphase freigegeben sind.

In privaten Bereichen werden Modelle gespeichert, die für längere
Zeit in Bearbeitung durch einzelne Ingenieure oder kleine Gruppen
sind.

Die Entwurfs- und Analysearbeit im CAE-Bereich erfolgt in Iterations-
schleifen. Deshalb muß es möglich sein, für ein einzelnes Objekt
verschiedene Versionen und die Aenderungshistorie zu handhaben.

Funktionen des CAE Archivs :

* *Modelle transportieren, Modelle transformieren*

  Die notwendigen Transformationen zwischen verschiedenen Repräsentationen müssen möglich sein.

* *Wiedergewinnung der Daten*

  Es muß für den Benutzer möglich sein, das Modell anzusehen; typische Funktionen sind dabei die Darstellung des Inhalts, die Analyse oder Darstellung der Modellinformation und die Analyse der hierarchischen und historischen Beziehungen.

* *Manipulation der Daten*

  Es muß für den Benutzer möglich sein, die Modell-Konfigurationen in seinem privaten Bereich, sowie, abhängig von seinen Privilegien, die im öffentlichen Bereich, zu manipulieren. Typische Funktionen sind: Hinzufügen, Löschen, Modifizieren und das Aendern von Namen von Modell-Informationen, Relationen usw.

* *Datensicherung und Reorganisation*

  Die Archivedatenbank muß verwaltet werden. Das bedeutet :

  'Back up'   einer Modellkonfiguration zum Fixieren des Bearbeitungszustandes.
  'Deactivate' einer Modellkonfiguration zu externen Speichern für beendete Projekte.
  'Reactivate' einer Modellkonfiguration von Sicherungs- oder externen Speichern.
  'Reorganize' einer Modellklasse.

* *Datenkontrolle, Mehrfachzugriff, Konsistenz*

  Die Multi-User Fähigkeit der Archivdatenbank ist eine Hauptanforderung. Daraus ergeben sich folgende weitere Anforderungen:

  - Erteilen und zurückziehen von Benutzerprivilegien.

  - Sperren und freigeben von Modellen.

  - Sicherstellung der Konsistenz.

* *Beziehungen*

  Zu Zwecken der Versionskontrolle müssen die Beziehungen zwischen den Daten bekannt sein. Darin eingeschlossen sind zeitliche, organisatorische und hierarchische Abhängigkeiten.

2.4 Organisation und Verwaltung des CAE Archives

Zur Pflege des Archives selbst sind weitere Funktionen notwendig. Die zugehörigen Daten sind in einer speziellen, internen Datenbank, dem 'data dictionary' gespeichert.

Die Mindestanforderungen sind:

- Installieren und löschen von öffentlichem oder privatem Speicher.

*- Anbinden und Abtrennen von CAE-Systemen, externen Transformations-
programmen, Pre- und Postprozessoren.*
- Beschreibung erweiterter Archivschemata.

*- Beschreibung der ursprünglichen logischen und physischen Schemata
der Anwendungssysteme.*

- Beschreibung von Transformationsregeln.

*Zur Laufzeit werden die Programme für die Funktionen: Einlagern, Aus-
lagern und Übertragen durch das data dictionary gesteuert. Es legt
fest, welches Transformationsprogramm (Interface) benutzt wird.*

*Während der Verwaltung unterstützt das data dictionary die
Installation neuer Datenformate und der notwendigen Transformations-
programme. Der Ablauf ist der folgende:*

*1. Das Datenformat des Quell-files und des Ziel-files werden
definiert und im data dictionary gespeichert.*

*2. Die Regeln zur Transformation vom Quell- zum Ziel-file werden
definiert und gespeichert.*

*3. Das Transformationsgeneratorprogramm erzeugt eine neues
Transformationsprogramm und bindet es in das Archiv-System ein.
Es steht nun für die Funktionen: Einlagern, Auslagern und
Uebertragen zur Verfügung.*

3.   KONZEPTE

3.1 Briefumschlag- und Schema- Speichertechnik

*Um die unterschiedlichen Daten- und Programmfiles im Archiv zu
speichern gibt es zwei unterschiedliche Möglichkeiten:*

1. Die Briefumschlagtechnik

*Files der CAE Programme werden in ihrem ursprünglichen Format
belassen und so auch im Archiv gespeichert. Beziehungen zwischen
den files sowie einige administrative Daten werden zusätzlich
gespeichert. Die Bezeichnung 'Briefumschlagtechnik' soll aussagen, daß die Daten wie Briefe in einem Postamt ohne Berücksichtigung ihres Inhalts behandelt werden.*

2. Die Technik: Konzeptionelles Schema

*Die Daten der CAE Programme werden analysiert. Bei einem CATIA-
Modell z.B. wird eine Analyse aller Punkte, Ecken, Kanten,
Flächen usw. durchgeführt und diese dann explizit in der
Archivdatenbank gespeichert.
Dazu muß zunächst ein Datenmodell ('standard format') ent-
worfen werden. Erst wenn dieses definiert ist, können CAE
Modelle in expliziter Form im Archiv gespeichert werden. Es ist
jeweils ein Transformationsprogramm notwendig um den File ins
Standard-Format und zurück zu transferieren.*

Ein Nachteil des ersten Konzepts liegt in der hohen Redundanz der Daten in verschiedenen Files, die das gleiche Objekt beschreiben.

Die zweite Methode wird in der Zukunft eine nicht-redundante Speicherung erlauben.

Da bisher noch kein einheitlicher internationaler Standard zur Datenrepräsentation existiert, wird schrittweise vorgegangen. Zunächst weden die Daten mittels der Briefumschlagtechnik gespeichert, sowie einige wichtige Parameter in expliziter Form; das Ziel ist jedoch die schrittweise Realisierung einer nicht-redundanten Speicherung.

Aus diesem Grund muß die Archivdatenbank ein offenes System sein, in dem in Zukunft beliebige Datenschemata in expliziter Form installiert werden können.

Die bei der Anwendung des zweiten Konzeptes größte Einschränkung ist die Leistungsfähigkeit der existierenden SQL Datenbanksysteme. Bei MBB durchgeführte Messungen zeigen, daß es nicht möglich ist, die große Anzahl von Entities aller CAD-Modelle explizit im Archiv zu speichern. Es wurde außerdem festgestellt, daß eine Einigung auf ein universelles Datenschema schwierig und in einigen Fällen sogar unmöglich ist.

Eine gute Lösung wird deshalb ein Kompromiß zwischen den beiden gegensätzlichen Konzepten sein. Für Entwurf und Realisierung der Software des CAE-Archivsystems wurde ein Vorgehen in drei Schritten festgelegt. Dadurch vermindern sich die Risiken der Software Entwicklung und es ist möglich, Zwischenversionen an die Ingenieure auszuliefern.

3.2 Entwicklungsschritte des CAE-Archives

Erster Realisierungsschritt:

>*Alle Modelldaten werden in ihrem ursprünglichen Format mittels der Briefumschlagtechnik gespeichert (d.h. CATIA Modelle, NASTRAN Modelle usw.)*

>*Bestimmte ausgewählte Modellparameter werden in expliziter Form gespeichert.*

Zweiter Realisierungsschritt:

>*Modelldaten werden aus dem ursprünglichen Format in ein lokales Standardformat übersetzt. Anschließend werden sie entweder mit Hilfe der Briefumschlagtechnik oder - mittels des lokalen Standardschemas - in expliziter Form gespeichert.*

>*Auf der Basis des 'Supertab Universal File' ist ein redundanzfreies Standardmodellschema für strukturmechanische Modell-Daten sowie ein weiteres für aerodynamische Modelldaten vorgesehen.*

>*Die Transformation vom ursprünglichen in das Standardformat und umgekehrt wird durch ein sehr schnelles, single-user Datenbanksystem unterstützt.*

Dritter Realisierungsschritt:

> *Die Standardschemata der Strukturmechanik und der Aerodynamik sowie die Schemata aller Modellparameter werden zu einem geschlossenen konzeptionellen Schema in einer SQL Datenbank zusammengeführt.*

> *Die Interfaceprogramme zwischen dem gemeinsamen konzeptionellen Schema und den Standardschemata sowie den ursprünglichen Formaten werden ebenfalls im Archiv gespeichert.*

Abbildung 3 zeigt den Zeitplan für die Realisierungsschritte.

4. TECHNISCHER ENTWURF DES CAE-ARCHIVES

Das CAE-Archiv ist im Prinzip ein wohlgeordneter 'Modellcontainer' . Mit Hilfe der Komponenten 'data dictionary' und 'data base management' (DBMS) haben sowohl die Ingenieure als auch Anwendungsprogramme Zugriff auf gespeicherte Daten, können eigene neue Daten speichern und beliebige Informationen erhalten, zu denen sie Zugriffsberechtigung haben.
Abbildung 4 stellt die Struktur des CAE Archivs dar.

4.1 Speicherungstechnik

Das Archivkonzept unterstützt zwei Speicherungsmethoden :

- *Die Briefumschlagtechnik*

  Die ursprünglichen Datenfiles werden in Briefumschlägen gespeichert. Diese werden 'Modell Daten' genannt.

- *Die explizite Technik*

  Produkt Daten werden explizit gespeichert. Mit Hilfe der mächtigen SQL Datenbankfunktionen können redundanzfrei Produktdaten hoher Qualität (Integrität, Konsistenz) gewonnen werden. Diese explizit gespeicherten Produktdaten werden 'Modell Parameter' genannt.

Der Unterschied zwischen Modelldaten und Modellparametern soll an einem Beispiel erläutert werden.

Im Vorentwurf wird mit einem CAD-System die Außenkontour des Flugzeuges festgelegt. Zusätzlich zur Zeichnung werden andere Daten wie geometrische Eigenschaften, Schwerpunktlage, Flügelfläche, Flügelposition usw. aus den CAD Modelldaten errechnet und müssen im Archiv gespeichert werden. Neben dem geometrischen Modell entsteht also ein parametrisches Modell des Flugzeuges.

Abbildung 5 zeigt den ersten Realisierungsschritt für das CAE – Archiv. Die Hauptfunktionen sind 'upload'/'download' für Modelldaten und 'insert'/'select' für Modellparameter. Bild 6 zeigt den zweiten Schritt der Realisierung.

4.2 Funktionen des CAE Archivs

Die Ingenieure möchten mit ihren bewährten Anwendungssystemen und den zugehörigen CAE-Modellen arbeiten. Die Modelle müssen gespeichert werden, sie müssen verändert werden, Versionen müssen verwaltet werden und auf alle gespeicherten Daten soll ein schneller Zugriff möglich sein.

Diese Anforderungen werden erfüllt durch die Funktionen:

A) Speichern und lesen von CAE Modelldaten

B) Speichern und lesen von CAE Modellparametern

Dabei muß die Verwaltung der Beziehungen und Versionen vom Archiv erledigt werden, um so den Ingenieur dabei zu unterstützen, die Konsistenz zwischen den verschiedenen Modelldaten und Modellparametern zu erhalten.

Zusätzlich werden benötigt:

C) Systemmanagement für das CAE Archiv

D) Kommunikationsfunktionen

Im Folgenden werden die Funktionen detailliert beschrieben.

A) Speicherung von Modelldaten

1. Speicherung von CAE Modelldaten im ursprünglichen Format in Briefumschlägen.

   Die UPLOAD Funktion speichert ein CAE-Modell aus einem Anwendungssystem in das CAE Archiv hinein. Die DOWNLOAD Funktion liest ein Modell aus dem CAE Archiv und sendet es zum Anwendungssystem.

2. Relationen zwischen den Umschlägen der CAE Modelle müssen gespeichert und aktualisiert werden.

   a) ENTHAELT / GEHOERT ZU - Relationen stellen die Struktur der gespeicherten Objekte dar.

   b) ELTERN / KIND - Relationen protokollieren die Entwicklungsgeschichte jedes einzelnen Modells.

   Die Relationen werden von der Upload, Download oder anderen die Modelle beeinflußenden Funktionen automatisch erzeugt, geändert oder gelöscht.

3. Versionsverwaltung

   Wegen der vielen Iterationsschritte während der Entwicklung unterscheiden sich viele Versionen nur geringfügig. Das Archiv unterstützt die Handhabung solcher Versionen und Varianten. Um Einschränkungen in der Versionsverwaltung zu vermeiden, beschreibt der Eltern/Kind - Graph zusätzlich die Versionsgeschichte. Es ist möglich, von einer älteren Version einen neuen Zweig von Versionen zu entwickeln. Die Namensanteile zur Versionskennzeichnung werden automatisch erzeugt.

4. Einsparung von Speicherplatz

Wegen der vielen Versionen von Modellen, die sich nur wenig unterscheiden, werden nur die Differenzen zwischen dem jeweils neuen und dem alten Modell gespeichert. Andernfalls würde das Halten der Versionen zuviel Speicherplatz benötigen.

B) Speichern von CAE Modellparametern

5. Explizite Speicherung der CAE Modellparameter im Archiv

Diese Funktion speichert Modellparameter wie

- Bezugsflügelfläche
- Halbspannweite
- Machzahl
- Anstellwinkel
- Gierwinkel
- Klappenausschlag

Auf in diesem Modus gespeicherte Daten kann explizit zugegriffen werden.

6. Speicherung der Relationen zwischen den Modellparametern

Es können Relationen bestehen zwischen Modelldaten und Modellparametern sowie zwischen den Parametern selbst. Wenn ein Ingenieur einen Modellparameter modifiziert, erhält er Informationen über diese Relationen.

7. Versionsverwaltung für Modellparameter

Hier gilt dasselbe wie für die Versionsverwaltung der Modelldaten.

C) Systemmanagement für das CAE Archiv

8. Aus Benutzersicht gesehen besteht das Archiv aus einer Menge von Teilarchiven oder Teilbereichen.

Die Organisation der öffentlichen und privaten Teilbereiche ist an die Abteilungsstruktur und den Benutzerkreis anpaßbar. Jede Abteilung kann in das Archiv durch eine eigene 'VIEW' hineinsehen.

9. Datenzugriffskontrolle und konkurrierender Datenzugriff

Die Datensicherheit ist eine der wichtigsten Eigenschaften des CAE Archives. Der Zugriff zum Archiv wird deshalb über Passworte gesteuert. Für jeden Benutzer kann definiert werden, auf welche speziellen Modelle oder Klassen von Modellen er lesend oder schreibend zugreifen darf.

Das CAE Archiv ist mehrbenutzerfähig. Es ist möglich, daß ein Benutzer ein Modell für längere Zeit im Zugriff hat.Das Archiv erkennt diese Situation und ermöglicht ein paralleles Arbeiten.

10. Datenkonsistenz und Integrität

Das Archiv wird immer in konsistentem Zustand gehalten, auch
bei:
- einem 'Absturz' des Archivsystems
- einem 'Absturz' einer angeschlossenen Anwendung

Da parallele Arbeit am gleichen Modell möglich ist, können
so Inkonsistenzen entstehen. In diesem Fall erkennt und meldet
das Archiv diese Inkonsistenzen.

11. Datenorganisation und Reorganisation

Das CAE Archiv muß verwaltet werden, da sonst durch alte und
unnötige Daten Plattenplatz verschwendet würde. Wenn der
Plattenspeicherplatz zu klein oder zu teuer wird, werden
Modellkonfigurationen 'deaktiviert' , d.h. auf externe
Speicher (Bänder) ausgelagert.

Anwendungssysteme wie CATIA oder SUPERTAB werden im Verlauf
der Jahre geändert. In diesem Fall müssen die Datenstrukturen ebenfalls reorganisiert werden. Nun aber können die
alten Modelle nicht mehr verwendet werden, es müssen also
auch alle archivierten Modelle reorganisiert werden. Die dazu
notwendigen Konvertierungsprogramme werden von den Software-
herstellern geliefert. Das Archiv bietet Unterstützung bei
der Konvertierung aller Modelle in ein neues Datenformat.

D) Kommunikationsfunktionen

12. Datenübertragung zwischen IBM-Großrechnern und DEC-Rechnern.

Da die CAE-Programme bei MBB zum Teil auf IBM-Rechnern und
zum Teil auf DEC-VAX Rechnern ablaufen, müssen Modelle in
beiden Richtungen übertragen werden. Dazu gibt es bereits
Uebertragungsprogramme, diese müssen aber auf Betriebssystem-
ebene gestartet werden.

Das CAE Archiv wird auf dem IBM Rechner installiert. DEC-VAX
Benutzer können durch Umschaltung in eine IBM-Session vom
VAX-Terminal auf das Archiv zugreifen. Auf diese Weise können
VAX-Benutzer CAE-Modelle aus dem Archiv im IBM-Rechner in
ihren Benutzerbereich auf dem VAX-Rechner laden und umgekehrt.

13. Kommunikationsfunktionen zwischen den Benutzern.

Um die Kommunikation zwischen den Abteilungen zu unterstützen
können Daten, die nicht verfügbar sind, von den Benutzern,
die sie benötigen, angefordert werden. Durch Freigabemel-
dungen kann ein Ingenieur seinem Kollegen mitteilen, daß eine
Anforderung ausgeführt wurde, oder allgemein, daß Daten für
eine Anwendung bereitstehen.

Literatur

/1/ Dittrich K.R., Kotz A.M., Muelle J.A., Lockemann P.C. : Datenbankunterstützung für den ingenieurwissenschaftlichen Entwurf.
Informatik-Spektrum 8, 1985, S. 113 - 125 .
/2/ Fischer W. : Technische Datenbanken, ein Erfahrungsbericht aus
der industriellen Praxis. Informatik-Fachberichte, Bd. 136,
S. 38 - 55, Springer 1987

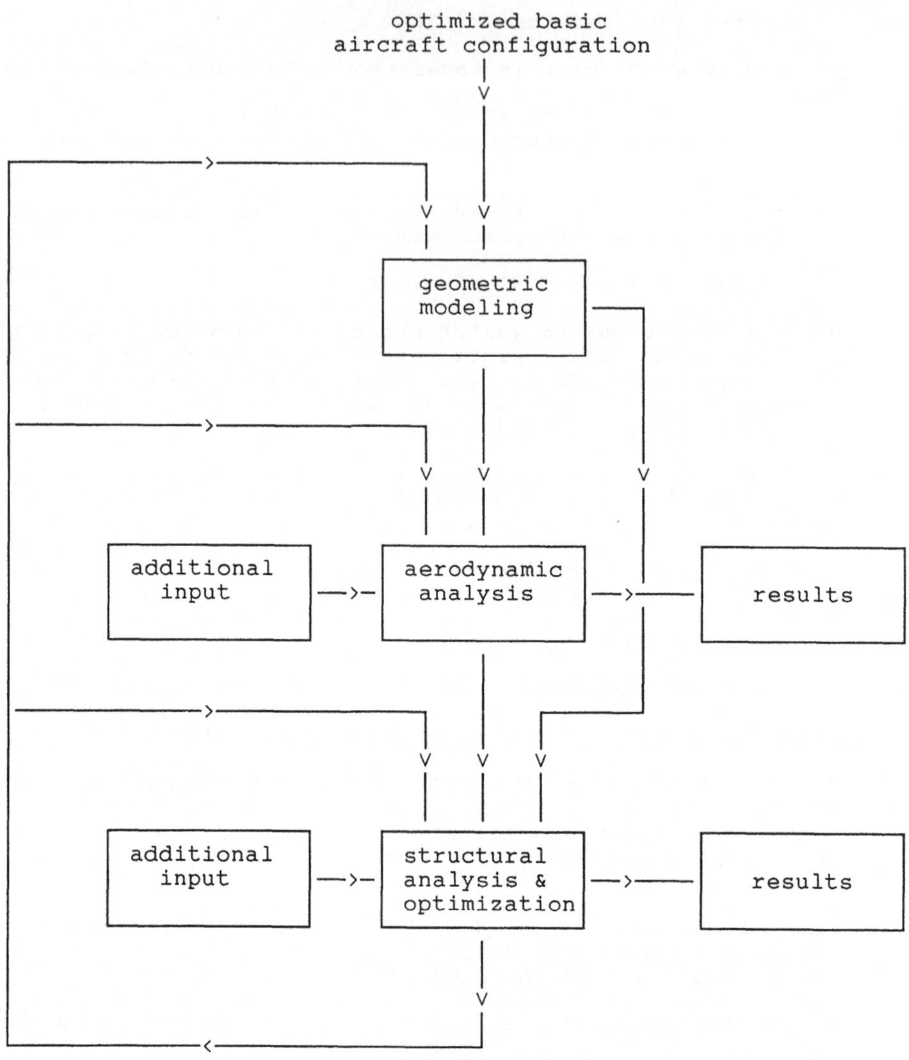

Abb. 1   Datenfluß zwischen Hauptaufgaben des Flugzeugentwurfs

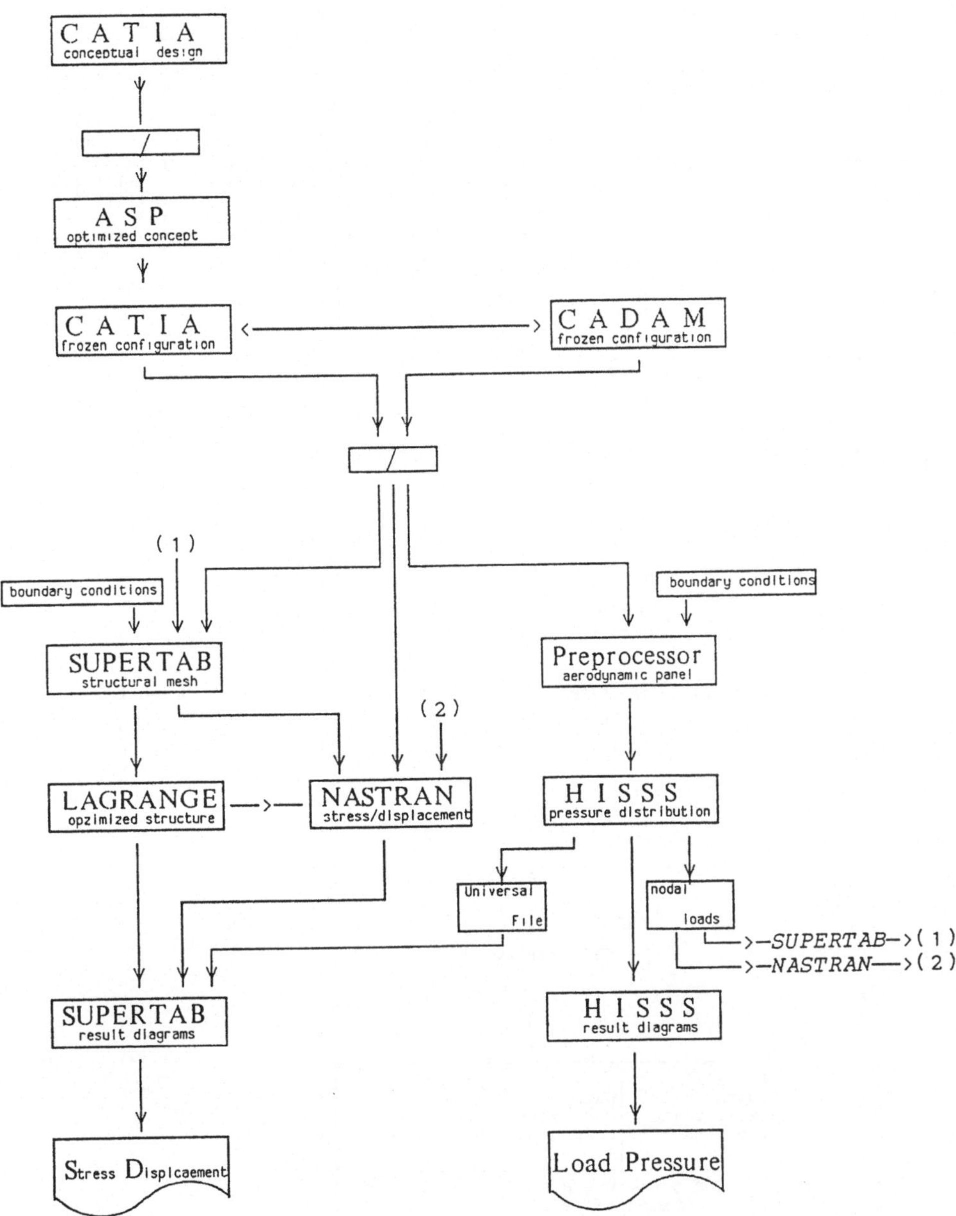

Abb. 2   Datenfluß auf Anendungsprogrammebene (Beispiel)

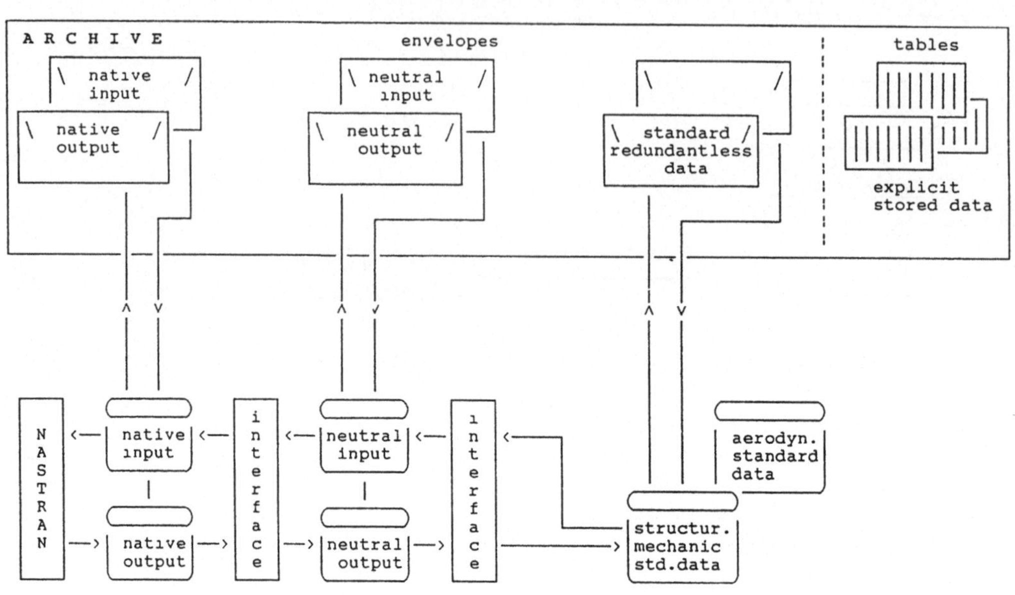

Abb. 3   Zeitplan für die Realisierung des CAE-Archivs

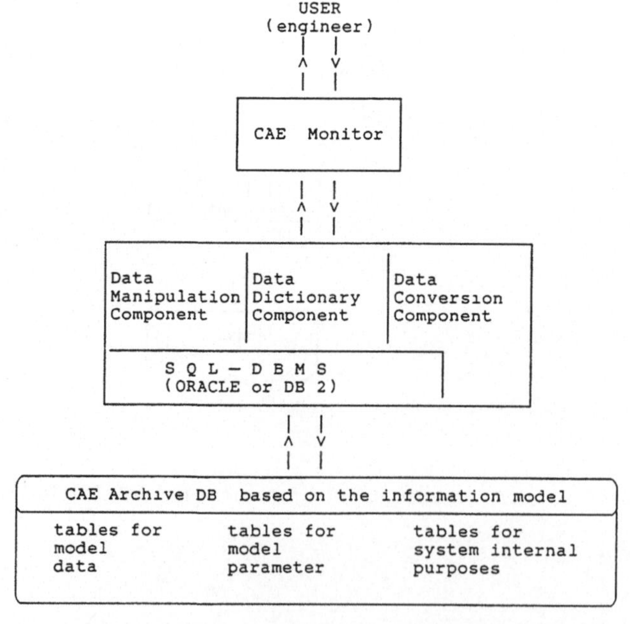

Abb. 4   Struktur des CAE-Archivs

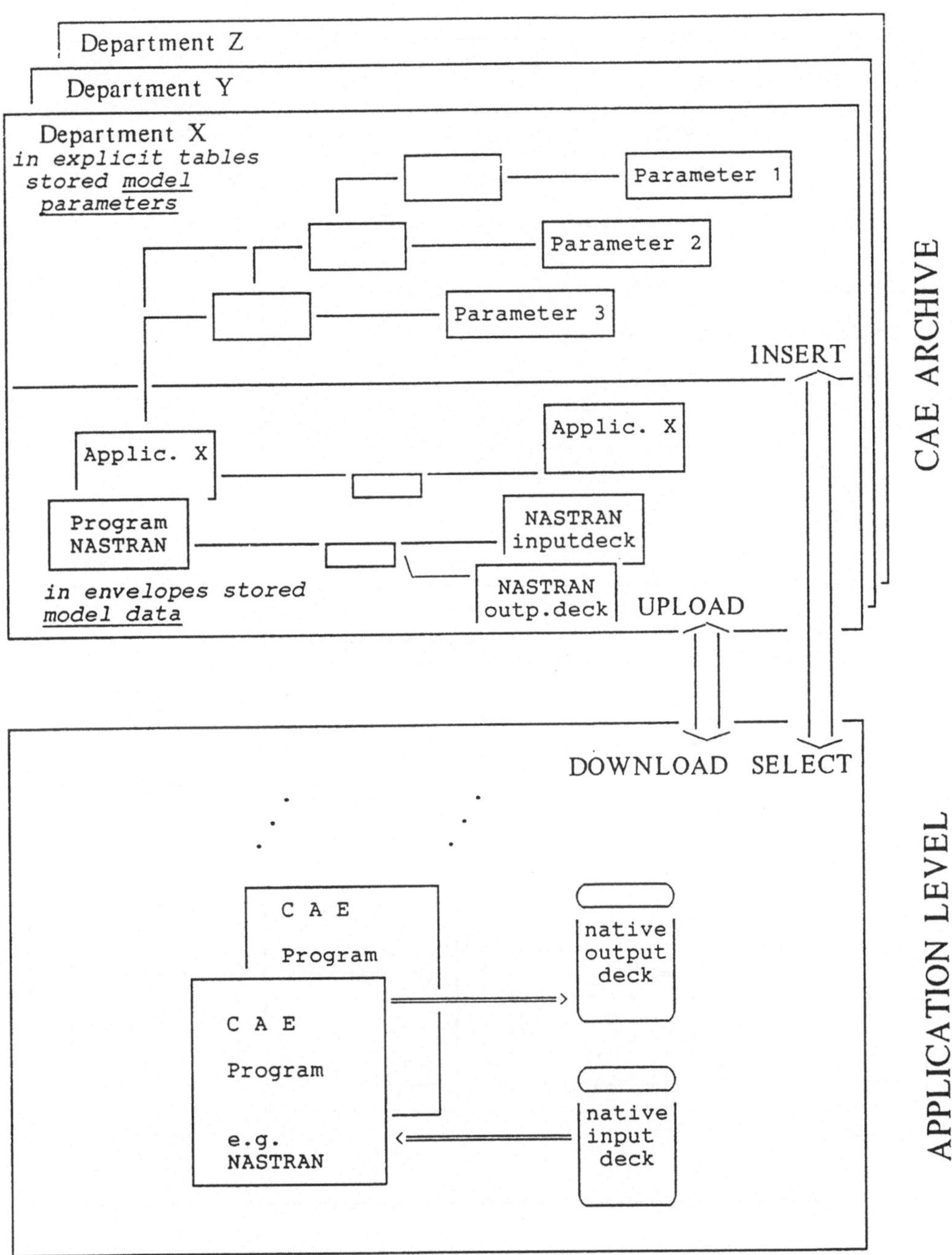

Abb. 5   Konzept für den ersten Realisierungsschritt

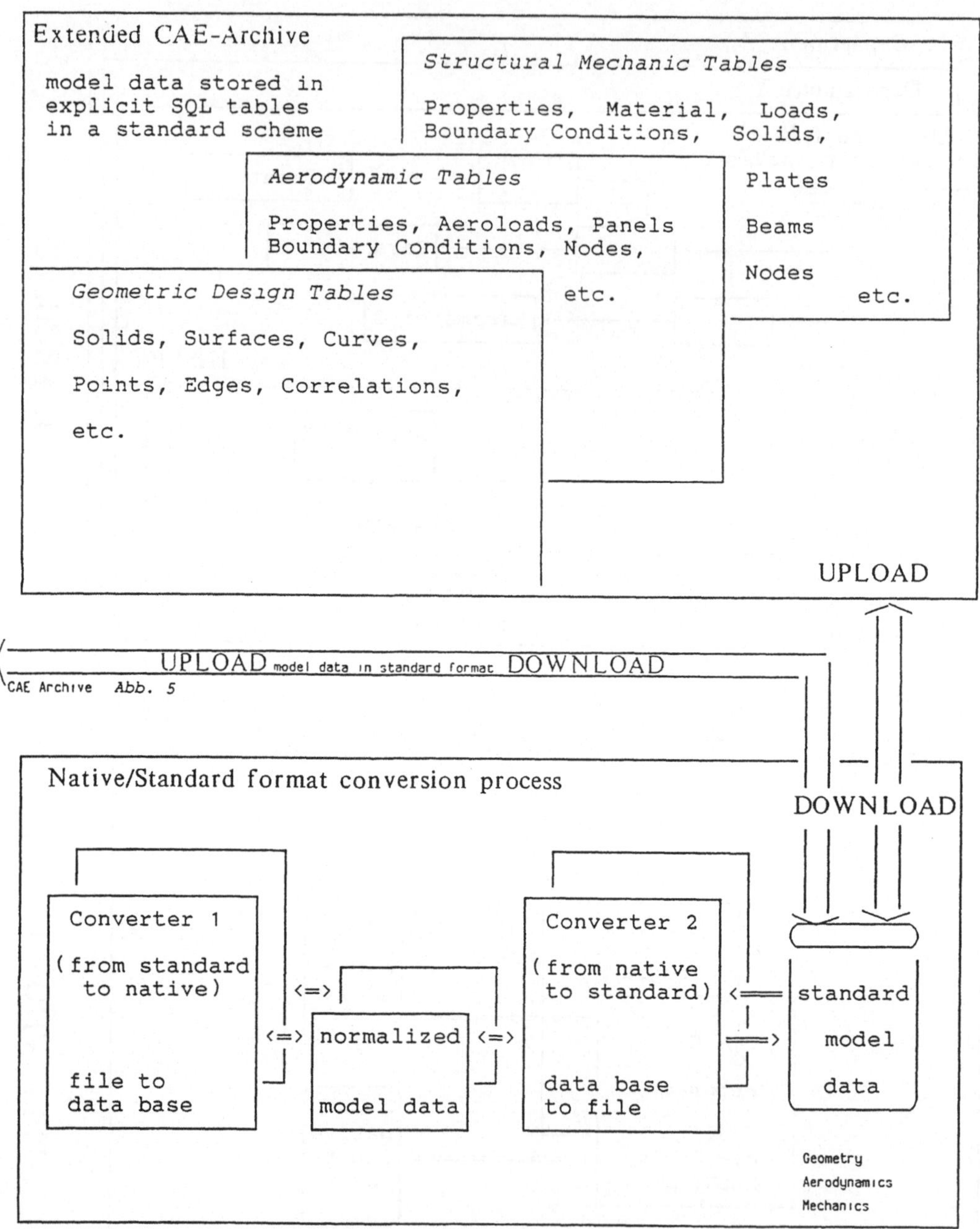

Abb. 6   Konzept für den zweiten Realisierungsschritt

EDAPLEX
An Object-Oriented Extension of DAPLEX for Engineering Applications

Alfons Kemper   Heike Stehle

Fakultät für Informatik
Universität Karlsruhe
7500 Karlsruhe
West Germany

Abstract

The last couple of years have shown an increased demand for database management systems for CAD/CAM applications. One such application, that we investigate in this paper is computer geometry. In this paper we first provide a brief introduction to geometric modelling from a database perspective. The functional data model with its database language DAPLEX is analyzed as a candidate for supporting computer geometry applications. It is argued that the functional model adequately supports the structural object orientation of geometrical applications but not the behavioral object orientation. Aside from structural representation of (engineering) objects one also needs the facility to integrate even computationally complex application-specific operations to manipulate the objects in the data model. Therefore, in EDAPLEX we propose some extensions to DAPLEX that consist of operations, control structures, and virtual functions. A prototype implementation of EDAPLEX has been carried out as a front end to the relational database system INGRES to benchmark EDAPLEX for two particular application areas: the boundary representation and the constructive solid geometry representation of solid objects.

Kurzfassung

Die letzten Jahre haben einen stark gestiegenen Bedarf an Datenbanksystemen für CAD/CAM Anwendungen gezeigt. Eine derartige Anwendung, die in diesem Forschungspapier untersucht wird, ist die Computergeometrie. In diesem Papier wird zunächst eine kurze Einführung in die geometrische Modellierung aus Datenbanksicht gegeben. Das funktionale Datenmodell mit der Datenbanksprache DAPLEX wird als Kandidat für die Unterstützung computergeometrischer Anwendungen analysiert. Es zeigt sich, daß das funktionale Modell die strukturelle Objektorientierung in geometrischen Anwendungen hinreichend unterstützt; nicht aber die verhaltensmäßige Objektorientierung. Neben der strukturellen Repräsentation von technischen Objekten werden aber auch Konzepte zur Integration von anwendungs-spezifischen Operationen in das Datenmodell benötigt. Deshalb wird in EDAPLEX eine Erweiterung von DAPLEX vorgeschlagen, die aus Operationen, Kontrollstrukturen und virtuellen Funktionen besteht. Eine Prototypimplementierung des EDAPLEX-Systems wurde als "Front-End" des relationalen Datenbanksystems INGRES durchgeführt, um Laufzeituntersuchungen für zwei Anwendungsgebiete durchzuführen: die Modellierung von Körpern nach dem Begrenzungsflächenmodell und nach dem Volumenmodell CSG.

1   Introduction

Object-oriented database management systems are widely considered [10] a promising approach to support engineering applications, such as computer aided design and computer aided manufacturing (CAD/CAM). The need for an integrated database management system in this application domain is best characterized by the fact that today about 300 CAD/CAM systems exist [14,16] to support the manufacturing process at its various life cycle stages. But almost none of these systems can interface to one another because they all rely on their own customized file structure. A centralized database system together with representation standards could serve as an intergration tool to interface these modules to achieve a comprehensive system to support the design and manufacturing of engineering products throughout its entire life cycle.

In the literature various so called object oriented data models have been proposed. Dittrich [10] tries to categorize these systems and distinguishes basically two degrees of object orientation: *structural object orientation* and *behavioral object orientation*. Structural object orientation means that the database system allows the user to structurally model external objects as (whole) units within the underlying data model. But this kind of object orientation does not necessarily facilitate the manipulation of objects in a fashion that is familiar to the user, e.g. the engineer. This requires a behaviorally object oriented database system in which new operations on the structural representation of objects can be specified within the data model.

In this paper we present the design of EDAPLEX, an object oriented database system designed for engineering (CAD/CAM) applications. We envision EDAPLEX as the centralized data repository in an integrated CAD/CAM system [14]. The functional data model [26] with its database language DAPLEX as proposed by Shipman [25] forms the basis of EDAPLEX. Another database language based on the functional model is FQL [3].

DAPLEX provides the structural object orientation of our database system. External objects are mapped onto (possibly several) different entity types, each entity type consisting of a collection of functions. DAPLEX functions can either represent attributes of an entity type if they return an atomic value or they can model relationships among different entities. In this case the functions return entities of a particular type as a result. The DAPLEX entities provide a mechanism for inheritance [33] by defining an entity type to be a subtype of another (super) entity type. All the functions of the superentity are thus inherited by the subentity. This way one can build *abstraction hierarchies* [28] where subentities are refinements of the superentities. DAPLEX functions can be concatenated and can therefore span over several levels of an abstraction hierarchy to combine entities of the different abstraction levels to form the composed entity.

In addition to the structural object orientation imposed by DAPLEX we also provide behavioral object orientation in EDAPLEX. This is achieved by integrating a facility to define even computationally complex operations in the functional data model. For this purpose we have extended the DAPLEX syntax by some control structures and arithmetic operators to let the user define his customized object manipulations as operations associated to the entity types.

Other proposals for object oriented database management systems include [19], in which the authors propose an interface between an object oriented programming language – Smalltalk – and an object management system to store persistent objects. A methodology of an object-oriented programming environement with a coupling to a database facility is described in [34]. ADT-INGRES [31] integrates new user defined data types in the form of abstract data types, i.e. data types with associated customized operations, in the flat relational model. RAD [21] constitutes a very similar approach in extending the normalized relational model. In R^2D^2 [15,13] an abstract data type facility is integrated in the nested relational model NF^2 [6,22,24].

Thus the internal representation of an ADT consists of a clustered nested relation, thereby preserving the structure of an external object even at the internal system levels. This simplifies the specification of new operations on the abstract data types. [11,2,1] constitute systems that are based on extensions to the Entity-Relationship model [4]. IRIS [9] and PROBE [8] are two ongoing research projects that are – just like EDAPLEX – based on the functional data model. One of the main objectives in PROBE is to support new storage structures for geometric data.

The remainder of this paper is organized as follows. First – in section 2 – we give a very brief overview of the intended application domain of EDAPLEX, geometric modelling. Then, in section 3, we demonstrate the structural modelling capabilities of DAPLEX by implementing database schemas for the boundary representation and the constructive solid geometry model. In section 4 we investigate the data manipulation facilities of DAPLEX for computer geometry applications by specifying some example queries. In section 5 the extensions to DAPLEX are demonstrated on some computer geometry application examples. Section 6 describes the prototype implementation of EDAPLEX. Section 7 concludes this paper with an outlook in the future research problems.

2 Computer Geometry as an Application Example

Computer Geometry is the discipline of computer science that deals with the representation and manipulation of geometric objects in a computer. In [14,20] it is explained that there are basically two representation formats for solid geometric objects that are feasible to support by a geometric database system. These representation models are the (1) *boundary representation* (BR) and the (2) *constructive solid geometry* (CSG). In the following we will briefly overview the characteristics of these two representations – for more details the interested reader is referred to [12,16,23].

2.1 Boundary Representation

In the boundary representation a geometric object is represented by its bounding *faces*, each face is described by its bounding *edges* and each edge, in turn, is modelled by its *end-vertices*. Thus, for each geometric object we have an abstraction hierarchy analogous to Figure 1 where we show the boundary representation for a cuboid. We distinguish between the topological and the metric information of a particular object.

2.2 Constructive Solid Geometry

The CSG scheme is a volumetric representation of geometric objects. In this approach an object is described as a composition of a few primitive objects. The composition is achieved via motional or combinatorial operators. Example operators are the (regularized) union, intersection, and difference of two solid objects. Motional operators are, for example, rotate and scale. The description of a geometric object in CSG format is a tree which is shown for the example object "bracket" in Figure 2. In the CSG tree each non-terminal node represents an operation, either a rigid motion or a combinatorial (set) operator. Terminal nodes either represent a motion argument or a primitive object. Each primitive object is described by its parameters, such as length, width, and height, as well as its relative position. In our example we have used only two primitive objects: cuboid and cylinder.

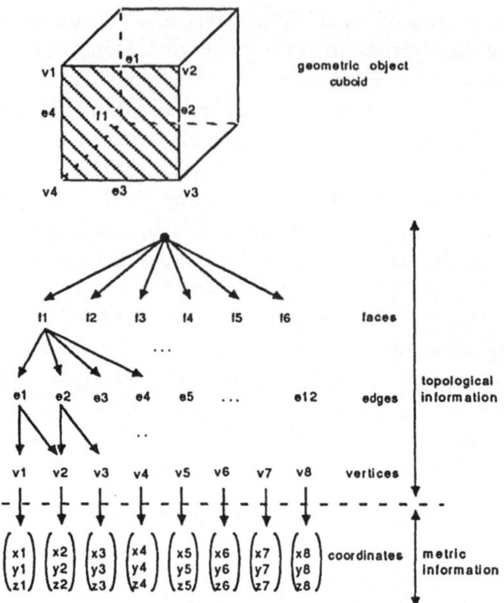

Figure 1: Boundary Representation of a Cuboid

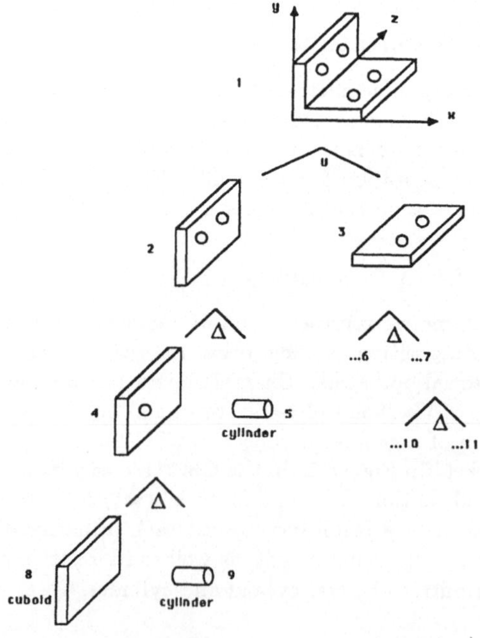

Figure 2: CSG Representation of a Bracket

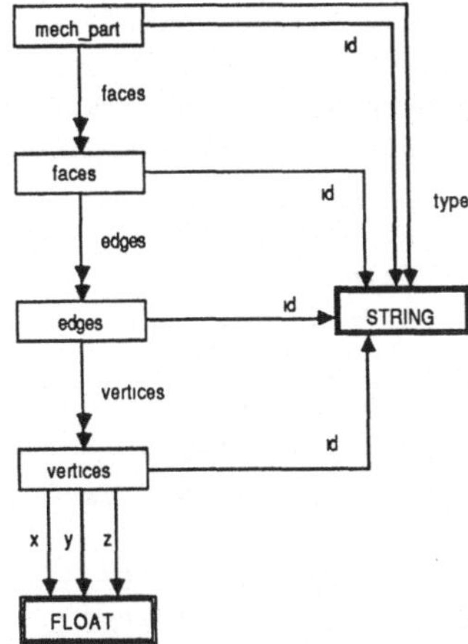

Figure 3: Graphical Representation of the Functional BR Schema

3 Functional Database Schemas

The functional data model DAPLEX [25] provides the structural basis of our object oriented engineering database system EDAPLEX. In this section we want to demonstrate the structural modelling concepts of DAPLEX for computer geometry applications. We will discuss possible schema definitions for the BR and CSG representations. Subsequently we investigate the data manipulation constructs of DAPLEX with respect to computer geometry.

3.1 Schema Definition for the Boundary Representation

In Figure 3 we show a graphical representation of a possible functional BR schema. This schema corresponds directly to the abstraction hierarchy that is inherent in the BR representation as demonstrated in the previous section. It consists of the user-defined entities *mech_part*, *faces*, *edges*, and *vertices*. Each of these entities is identified by a function *id* which returns as a result a string. STRINGs – just like FLOATing point numbers – are predefined entities in DAPLEX, which is denoted in the graphical representation by a double box.

In Figure 4 we define the functional schema of Figure 3 in DAPLEX syntax. The first statement declares an entity set, which is always expressed as a (multi-valued) function without any argument. In the functional data model we distinguish *single-valued* and *multi-valued* functions, denoted by a single or a double arrow, respectively. For example, the function declaration

```
DECLARE edges(faces) =>> edges
```

defines a multi-valued function that references the (set of) *edges* entities bounding a certain face. In DAPLEX it is not required to have unique names for functions and entities. Thus we could define a function and an entity set with the same name – in our particular case edges is such an example. Although all functions in this example have only one argument *multiple* argument functions may be defined as well.

3.2 Schema Definition for the CSG Representation

In Figure 5 we show the graphical representation of a possible functional representation of the constructive solid geometry tree. This functional schema is defined in DAPLEX syntax in

```
DECLARE mech_part() =>> ENTITY
DECLARE id(mech_part) => STRING
DECLARE type(mech_part) => STRING
DECLARE faces(mech_part) =>> faces

DECLARE faces() =>> ENTITY
DECLARE id(faces) => STRING
DECLARE edges(faces) =>> edges

DECLARE edges() =>> ENTITY
DECLARE id(edges) => STRING
DECLARE vertices(edges) =>> vertices

DECLARE vertices() =>> ENTITY
DECLARE id(vertices) => STRING
DECLARE x(vertices) => FLOAT
DECLARE y(vertices) => FLOAT
DECLARE z(vertices) => FLOAT
```

Figure 4: DAPLEX Schema Definition of the Boundary Representation

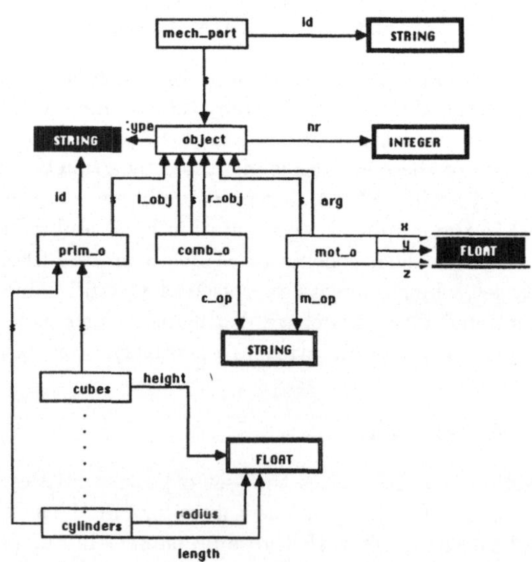

Figure 5: Graphical Representation of the Functional CSG Schema

```
DECLARE object() =>> ENTITY
DECLARE id(object) => INTEGER
DECLARE type(object) => STRING

DECLARE mech_part() =>> object
DECLARE id(mech_part) => STRING

DECLARE comb_o() =>> object
DECLARE l_obj(comb_o) => object
DECLARE r_obj(comb_o) => object
DECLARE c_op(comb_o) => STRING

DECLARE mot_o() =>> object
DECLARE arg(mot_o) => object
DECLARE m_op(mot_o) => STRING
DECLARE x(mot_o) => FLOAT
DECLARE y(mot_o) => FLOAT
DECLARE z(mot_o) => FLOAT

DECLARE prim_o() =>> object
DECLARE id(prim_o) => STRING

DECLARE cubes() => prim_o
DECLARE height(cubes) => FLOAT

DECLARE cylinders() => prim_o
DECLARE height(cylinders) => FLOAT
DECLARE radius(cylinders) => FLOAT
```

Figure 6: DAPLEX Schema Definition of CSG

Figure 6. The functional CSG representation demonstrates the capabilities of the functional data model to handle *abstraction* in the form of *aggregation* as well as *generalization* [28]. Aggregation is achieved just by defining several functions for one entity type. The entity type *object* is defined to be a generalization of the entity types *mech_part*, *comb_o* (combinatorial object), *prim_o* (primitive object), and *mot_o* (motion object). In other words, e.g. *prim_o* and *mot_o* are *specializations* of the super-type *object*. Therefore, these specializations inherit all the functions that were defined for the entity type *object*, i.e., *nr* and *type*. In addition, entities of type *prim_o* possess the function *id*. We induce one more level in the *generalization hierarchy* for primitive objects (prim_o) which are defined to be generalizations of the two entity types *cubes* and *cylinders*, each containing some more functions to describe the primitive objects of the particular type. In the graphical representation of Figure 5 we denote the super/sub-type relationship of two entity types by an arrow $\rightarrow$ from the subtype to the supertype.

3.3 Derived Functions to Provide for Conceptual Abstraction

In Daplex it is possible to define *derived* functions, i.e., functions that are specified in terms of explicitly declared functions on the object (entity) types. Some examples of such derived functions based on the BR schema of Figure 4 are given below:

```
\* vertex belonging to edge *\
    DEFINE vbte(vertices) =>> INVERSE OF vertices(edges)
\* edge belonging to face *\
    DEFINE ebtf(edges) =>> INVERSE OF edges(faces)
\* face belonging to mechanical part *\
    DEFINE fbtmp(faces) =>> INVERSE OF faces(mech_part)
```

Then one could, for a given vertex, find all mechanical parts that share a particular bounding vertex by using the derived functions as follows:

```
FOR THE vertices SUCH THAT ...
    FOR EACH X IN fbtmp(ebtf(vbte(vertices)
            PRINT(id(X))
```

Another example – a bit more meaningful in the context of computer geometry – is to define the combined surface of a mechanical part as the sum of the surfaces of its bounding faces [1]:

```
DEFINE combined_total(mech_part) =>
    TOTAL(surface(faces) OVER faces(mech_part))
```

Thus, by means of derived functions one can define local user views which are conceptual abstractions of the underlying global database schema. A problem results in the attempt to update such derived functions, e.g., the function combined_total is not updatable.

4   Data Manipulation

In this section we want to survey the standard DAPLEX data retrieval and manipulation constructs with respect to computer geometry applications.

4.1   Non-Recursive Data Retrieval

In the first example query we want to retrieve all the bounding vertices of a particular mechanical part, say the *mech_part* entity with id "X" which is represented in the functional BR schema of Figure 4. This DAPLEX query demonstrates the concatenation of functions, thereby reconstructing an (external) object that was segmented over various entity types. The variable V in this query iterates over all *vertices* entities belonging to the particular mechanical part, which are referenced by the function concatenation:

```
vertices(edges(faces(mech_part)))
```

For each such vertex the query prints the id, the X, Y, and the Z coordinates.

```
FOR THE mech_part SUCH THAT id(mech_part)="X"
        FOR EACH V IN vertices(edges(faces(mech_part)))
            BEGIN
            PRINT(id(V))
            PRINT(x(V))
            PRINT(y(V))
            PRINT(z(V))
            END
```

---

[1]This, of course, requires the existence of the function surface(faces)$\Rightarrow$FLOAT

The second query, shown in Figure 7, which is also based on the functional BR schema of Figure 4, retrieves the complete abstraction hierarchy of the mechanical part "X" corresponding to the boundary representation shown in Figure 3. This query demonstrates the nesting of the *FOR EACH ...* language construct of DAPLEX.

```
FOR THE mech_part SUCH THAT id(mech_part)="X"
        BEGIN
        PRINT(type(mech_part))
        FOR EACH F IN faces(mech_part)
            BEGIN
            PRINT(id(F))
            FOR EACH E IN edges(F)
                BEGIN
                PRINT(id(E))
                FOR EACH V IN vertices(E)
                    BEGIN
                    PRINT(id(V))
                    PRINT(x(V))
                    PRINT(y(V))
                    PRINT(z(V))
                    END
                END
            END
        END
```

Figure 7: Retrieval of a Complete Boundary Representation

4.2 Non-Recursive Data Manipulation

In Figure 8 we want to demonstrate the DAPLEX data manipulation statements, in particular with respect to inserting new entities into the given CSG schema of Figure 6. In this example we first insert a new motion object with the nr "2". Note, that *nr* is a function that is inherited from the supertype *mech_part*. Furthermore, we specify that the motion object is generated by a scaling operation about the vector (2,1,1) of a particular *cubes* object, i.e., a primitive object.

Then, in the second part of the insertion process we generate a combinatorial object that consists of a union of some particular cube with the previously generated motion object, i.e. the r_obj function is assigned the mot_o object previously generated. The statement "INCLUDE tmpobj()=comb_o" allows to reference this particular object by a function call *tmpobj()* with no arguments, i.e. tmpobj is merely a reference to this object. This reference is then used in the statement "INCLUDE mech_part = THE tmpobj()" where this particular *tmpobj* entity is included in the set mech_part. This shows that an entity can very well belong to two different (sub)entity sets, e.g. tmpobj belongs to comb_o and to mech_part both of which are subtypes of object. Wegner [33] states that the ability of entities to belong to two (or more) different types provides a better basis for modelling the real world because – depending on the context – the same entity will exhibit different behavior. This means, depending on the context, our entity tmpobj will respond to different functions.

```
DEFINE tmpobj() =≫ comb_o
FOR A NEW mot_o
    BEGIN
    LET nr(mot_o) = 2 (inherited function from object)
    LET type(mot_o) = "motion"
    LET m_op(mot_o) = "scale"
    LET x(mot_o) = 2.0
    LET y(mot_o) = 1.0
    LET z(mot_o) = 1.0
    LET arg(mot_o) = THE cubes SUCH THAT ...
    FOR A NEW comb_o
        BEGIN
        LET nr(comb_o) = 3
        LET type(comb_o) = "comb"
        LET c_op(comb_o) = "union"
        LET l_obj(comb_o) = The cubes SUCH THAT ...
        LET r_obj(comb_o) = mot_o
        INCLUDE tmpobj() = comb_o
        END
    END
INCLUDE mech_part() = THE tmpobj()
LET id(THE tmpobj() AS mech_part) = "bracket − no holes"
```

Figure 8: Insertion of an Object in CSG Representation

We note that the insertion is a rather tedious process in DAPLEX because all the functions
that are defined on the entities have to be explicitly initialized when a new entity is generated.
Only derived functions are not to be initialized since they are computed from other functions.

4.3 Recursive Data Retrieval

DAPLEX also provides language concepts for recursive data retrieval. An example operation,
where this would be needed, is to retrieve all subobjects of a given mechanical part from the
CSG tree. This query is carried out as follows:

```
DEFINE obj(object) =≫ { l_obj(object AS comb_o),
                        r_obj(object AS comb_o),
                        arg(object AS mot_o) }
DEFINE all_obj(object) =≫ TRANSITIVE OF obj(object)
FOR THE mech_part SUCH THAT id(mech_part) = "X"
    FOR EACH X IN all_obj(mech_part) AS prim_o
        PRINT(id(X))
```

First, the derived function *obj* for the entity type *object* is defined. This function retrieves
to a given object the immediate successors (children) in the CSG tree which represents the
parent object. In case the object is of type comb_o these are the *l_obj* (left object) and
the *r_obj* (right object) entities. This is specified by the "AS comb_o" clause in the above
declaration. If the entity is a motion object then the function *arg* is applied to reference the
immediate successor object. Over this derived function obj we then perform the transitive
closure operation to retrieve the complete CSG tree in the function *all_obj*. From this tree we

then extract all those objects that are geometric primitives, i.e. prim_o entities. This, again, is achieved with the "AS prim_o" clause which restricts the set to only primitive objects.

5 Extensions of DAPLEX for Engineering Applications

5.1 Expressive Power of DAPLEX Functions

In summary, functions in the functional data model facilitate the definition of entity types and relationships among different entities. It is also possible to characterize these relationships as:

- sub/supertype relationships, i.e. if A is a subtype of B then A is declared as DECLARE A() =≫ B.

- one to one relationships, which are defined as single-valued functions which are denoted in DAPLEX as ⟹.

- general many to many (M:N) relationships are modelled as multi-valued functions denoted by the symbol =≫.

As pointed out in [10,15,13] it is not sufficient in engineering applications to merely support the structural modelling of objects. Engineering objects usually have a set of characteristic operations associated. These operations should correspond to the standard manipulations of the objects as they are natural to the respective application domain. In Figure 9 we schematically outline the behaviorally object oriented model of the example object primitive_object in EDAPLEX.

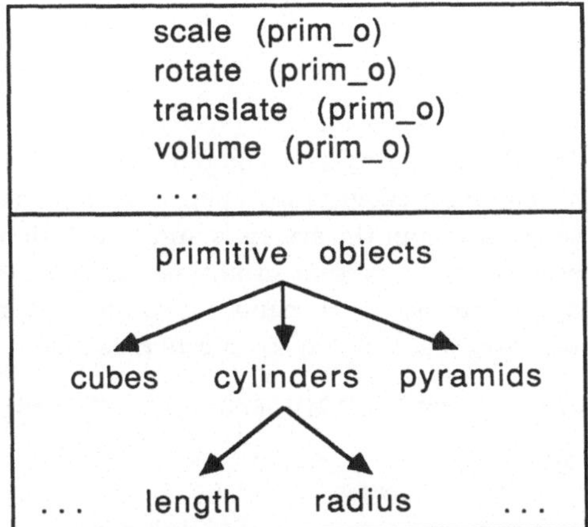

Figure 9: Behaviorally Object-Oriented Representation of an Example Object

Thus each object consists of a functional representation of its structure shown in the lower part of the figure. This representation consists of entity types and functions to model the relationships among entities. Furthermore entities contain functions returning atomic values to model properties (attributes) associated with the respective objects. The user interface then consists of a set of operations to access and manipulate the objects of this particular type. In our case the user interface consists of geometric standard transformations, e.g. rotation and translation, to manipulate geometric primitives of type cuboid, cylinder, or pyramid.

Thus the behavioral orientation resembles an abstract data type facility [13] [2]. The principle of information hiding would require the user to manipulate database objects only by applying operations that belong to the interface of an object type. But this is not yet enforced in EDAPLEX, where the user could theoretically apply any kind of DAPLEX data manipulation to the objects. This, of course, may lead to integrity violations of the database if, for example, the user updates one particular vertex of a cuboid representation the system cannot guarantee that the resulting object is still a cuboid. Whereas the predefined operations, e.g. rotate, scale, and translate, would ensure that the object will remain a valid cuboid representation.

In [25] it is suggested that DAPLEX be embedded in a high level programming language, as it was subsequently realized in ADAPLEX [27]. Thus computationally complex operations which cannot be specified in the rather limited syntax of DAPLEX should be carried out as an application program in ADAPLEX.

In our opinion this approach is only feasible for the so-called standard database applications. In technical applications this approach would suffer from the following severe shortcomings:

- inefficient data handling, transfer of data items over costly system interfaces

- tedious operation specification because the user has to reconstruct his database entities in the application program

In EDAPLEX we propose a facility to allow the database administrator to define application specific operations on the objects stored in the functional database. In a first step we propose an extension of the DAPLEX database language to define these operations. In order to gain efficiency it should be investigated how to migrate some of the more frequently used operations down to lower levels of the DBMS and thus avoiding the transfer of data elements over costly system interfaces to the outermost DAPLEX interface. In this case an operation would have to be specified in terms of a higher level programming language – most likely in the implementation language of the system – and then the new operation would have to be linked to the database system.

5.2 Operations in EDAPLEX

Let us now show how DAPLEX is extended to be able to specify even computationally complex operations. This language feature is especially helpful for rapid prototyping of an appliaction, whereas the (more tedious) specification of the operation in the system's implementation language would promise to be more efficient. Actually, in the present prototype implementation of EDAPLEX, as described in section 7, all operations are implemented in C and not in the DAPLEX extension. The syntax for defining operations associated to objects is as follows [29]:

```
DEFINE OPERATION <opid> "(" [<formal param. list>] ")" RETURNS [SET OF} <typeid>
        "{"
            {<declaratives>}
             <imperatives>
            {<imperatives>}
            "RETURN""" ("<expr>")"
        "}"
```

An example operation that implements the translation of vertices can then be specified as follows:

---

[2]This model somewhat resembles the abstract data type approach that one of the authors previously proposed for the nested relational model [15]

```
DEFINE OPERATION translation(v:vertices;a,b,c:FLOAT) RETURNS vertices
            { LET x(v) = TOTAL(x(v),a)
              LET y(v) = TOTAL(y(v),b)
              LET z(v) = TOTAL(z(v),c)
              RETURN(v) }
```

Then translating a rigid solid object represented in boundary representation is achieved as follows:

```
FOR THE mech_part SUCH THAT name(mech_part) = ...
        FOR EACH X IN vertices(edges(faces(mech_part)))
            LET X = translation(X, 1, 1, 1)
```

To translate a whole object could, alternatively, be specified as an operation:

```
DEFINE OPERATION transl_obj(vset: SET OF vertices;a,b,c:FLOAT)
                                        RETURNS SET OF vertices
    { FOR EACH X IN vset
          BEGIN
              LET x(X) = TOTAL(x(X),a)
              LET y(X) = TOTAL(y(X),b)
              LET z(X) = TOTAL(z(X),c)
          END
      RETURN(vset) }
```

Translating a particular object stored in our functional BR database is then done by:

```
FOR THE mech_part SUCH THAT id(mech_part) = "cube"
        LET vertices(edges(faces(mech_part))) =
                    transl_obj(vertices(edges(faces(mech_part))), 1, 1, 1)
```

Analogously we could implement the other two standard geometric transformations, i.e. scaling and rotation.

5.3 Virtual Functions in EDAPLEX

Let us consider the following problem: to a given primitive object, say a cube, we want to be able to access the volume. One possible solution would be to declare a function *volume* as follows:

```
DECLARE volume(cubes) ==> FLOAT
```

Then the database user has to initialize this function for each cubes-entity that is inserted into the database as follows:

```
FOR THE cubes SUCH THAT id(cubes) = "X"
        LET volume(cubes) = 20
```

This solution leads to inconsistent data, if we consider the following scaling operation:

```
FOR THE cubes SUCH THAT id(cubes) = "X"
        LET cubes = scale(cubes, 2, 1, 1)
```

To avoid these inconsistencies one could define volume as an operation:

```
DEFINE OPERATION volume(c:cubes) RETURNS FLOAT
    { FOR THE X IN vertices(edges(faces(c))) SUCH THAT
                        id(X) = "v1"
        FOR THE Y IN vertices(edges(faces(c))) SUCH THAT
                        id(Y) = "v2"
            RETURN(MULT(distance(X,Y),
                    MULT(distance(X,Y),distance(X,Y))) }
```

This approach may lead to a poor system performance because every time the operation volume is invoked its value has to be recomputed. Therefore we propose the concept of *virtual functions*. These functions are automatically initialized by the system upon creation of a particular object, e.g. a cube. The virtual function is then only recomputed when the object is manipulated by operations belonging to the user interface of the object type. Here we could even specify which data manipulation operations actually require a recomputation of the virtual function. In the case of the cubes the operations

- rotate

- translate

actually leave the virtual function *volume* invariant. Only the operation

- scale

would require a recomputation of the volume.

6 Prototype Implementation of EDAPLEX

In the present project we have carried out an experimental prototype implementation of EDAPLEX to benchmark the system for some characteristic engineering applications. EDA-PLEX was implemented as a front end to the relational database management system INGRES [32]. The overall architecture of our prototype implementation is shown in Figure 10. In this prototype implementation we use the EQUEL [30,7] language which is an embedding of QUEL in the programming language C. The EDAPLEX functions and operations which were described in the preceding sections of this presentation are implemented as EQUEL subroutines. The set of EDAPLEX function and operations and the EQUEL programs to input mechanical objects in boundary- or CSG-representation constitutes an object oriented interface for any graphics application program that uses our system as a data repository.

The system is based – as shown in Figure 10 – on a relational schema for the BR and for the CSG representation, respectively. The schema for the boundary representation consists of the relations:

```
mech_part [ mp_id,mname,type,... ]
f_bel_to_mp [ f_id,mp_id ]
edges [ e_id,vertex1,vertex2 ]
e_bel_to_f [ e_id,f_id ]
vertices [ v_id,x,y,z ]
```

The relations f_bel_to_mp (*faces belonging to mechanical part*) and e_bel_to_f (*edges belonging to face*) model the relationships among the particular entity types. The entity identifiers, e.g. mp_id (mechanical part id.), f_id (face id.), e_id (edge id.), and v_id (vertex id.) are so called

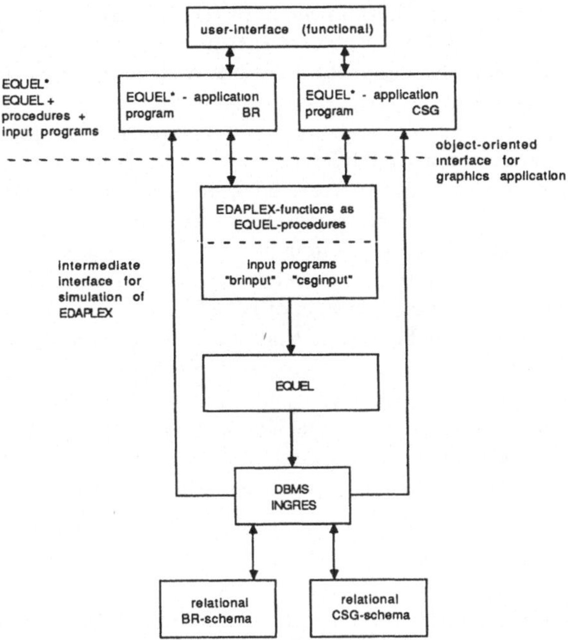

Figure 10: Architecture of the EDAPLEX Prototype as a Front End to INGRES

surrogates [5] for the entities. These surrogates are system-wide unique and are, as proposed in [18,17], generated by the system. One possible way to generates these identifiers, which was taken in our implementation, is to take the processor id. concatenated by the time of creation, thereby making the surrogates unique even across computer networks. Thus the surrogate attributes of the relations are not controlled by the user.

The CSG representation is stored in an analogously defined relational schema:

```
object [ o_id,nr,type, ... ]
mech_part [ o_id,mname, ... ]
comb_o [ o_id,op,l_obj,r_obj ]
mot_o [ o_id,op,arg,x,y,z ]
prim_o [ o_id,pname, ... ]
  ...
```

Again, o_id is a system generated surrogate which is then used to reference a particular object within the various relations.

7   Conclusions

In this presentation we have described EDAPLEX, an extension of DAPLEX for engineering applications. We analyzed the DAPLEX language constructs for some particular engineering application: computer graphics. The main conclusion was that DAPLEX adequately supports the structural modelling of objects that typically occur in computer graphics.

Therefore, we chose DAPLEX as the basis for the engineering database system EDAPLEX. In addition to the DAPLEX constructs entities and functions we integrated facilities to define even computationally complex operations and virtual functions (basically precomputed operations) in EDAPLEX.

The proposed system was implemented for experimental purposes as a front end to the relational database system INGRES in order to evaluate the concepts for two geometrical representation schemes: constructive solid geometry and boundary representation. Unfortunately this kind of system architecture leads to a rather poor system performance because all EDAPLEX functions and operations had to be implemented as EQUEL subroutines. For example, it requires about 10 sec. to retrieve the complete CSG tree for an object consisting of 12 subobjects in the current version of EDAPLEX.

The reason for this inefficiency is that the operations are specified at rather costly high-level system layers, where the data items involved have to be passed over several internal system interfaces. One way of upgrading the system performance would be to migrate the operations to lower system levels, thus avoiding the costly transfer of the data elements over costly interfaces. Of course, this would lead to a more complex specification of operations which could then only be done by the system administrator.

References

[1] D. S. Batory and A. P. Buchmann. Molecular objects, abstract data types, and data models: a framework. In *Proc. VLDB Conf.*, pages 172–184, 1984.

[2] D. S. Batory and W. Kim. Modeling concepts for VLSI CAD objects. *ACM Trans. Database Syst.*, 10:322–346, 1985.

[3] P. Bunemann and R. Frankel. FQL: a functional query language. In *Proc. ACM SIGMOD Conf. on Management of Data*, pages 52–58, Boston, Jun 1979.

[4] P. Chen. The Entity Relationship model: toward a unified view of data. *ACM Trans. Database Syst.*, 1(1):9–36, Mar 1976.

[5] E. Codd. Extending the relational database model to capture more meaning. *ACM Trans. Database Syst.*, (4):397–434, Dec 1979.

[6] P. Dadam et al. A DBMS prototype to support extended NF^2 relations: an integrated view on flat tables and hierarchies. In *Proc. ACM SIGMOD Conf. on Management of Data*, pages 376–387, 1986.

[7] C. Date. *A Guide to INGRES*. Addison Wesley, 1987.

[8] U. Dayal et al. Simplifying complex objects: the PROBE approach to modelling and querying them. In H. Schek and G. Schlageter, editors, *Informatik Fachberichte No. 136*, pages 17–38, Springer, Berlin, 1987.

[9] N. P. Derret, D. H. Fishman, W. Kent, P. Lyngbaek, and T. A. Ryan. An object-oriented approach to data management. In *Proc. COMPCON*, pages 330–335, 1986.

[10] K. R. Dittrich. Object-oriented database systems: the notion and the issues. In *Proc. Intl. Workshop on Object Oriented Database Systems*, pages 2–6, Pacific Grove, Ca., Sep 1986.

[11] K. R. Dittrich, W. Gotthard, and P. C. Lockemann. Complex entities for engineering applications. In *Proc. 5th Entity-Relationship Conference*, North Holland, 1986.

[12] J. Foley and A. van Dam. *Fundamentals of Interactive Computer Graphics*. Addison Wesley, 1983.

[13] A. Kemper. Abstract datatypes in geometrical databases. In *Proc. Twentieth Ann. Hawaii Intl. Conference on System Sciences*, pages 453–465, Kona, Jan 1987.

[14] A. Kemper. CAM databases: requirements and survey. In *Proc. Nineteenth Ann. Hawaii Intl. Conference on System Sciences*, pages 363–378, Honolulu, Jan 1986.

[15] A. Kemper, P. C. Lockemann, and M. Wallrath. An object-oriented database system for engineering applications. In *Proc. ACM SIGMOD Conference on Management of Data, San Francisco*, pages 299–311, May 1987.

[16] A. Kemper and M. Wallrath. An analysis of geometric modelling in database systems. *ACM Computing Surveys*, 19(1):47–91, Mar 1987.

[17] R. A. Lorie et al. Supporting complex objects in a relational system for engineering databases. In W. Kim, D. Reiner, and D. S. Batory, editors, *Query Processing in Database Systems*, pages 145–155, Springer, Berlin, 1985.

[18] R. A. Lorie and W. Plouffe. Complex objects and their use in design transactions. In *Proceedings of Database Week*, pages 115–121, San Jose, May 1983.

[19] D. Maier, A. Otis, and A. Purdy. Object-oriented database development at Servio Logic. *IEEE Database Engineering*, 8(4):58–65, 1985. A similar paper appeared in ACM Sigmod Conf. 1984.

[20] A. Meier. Applying relational database techniques to solid modelling. In *Informatik Fachberichte Nr. 94*, pages 50–67, Springer, Berlin, 1985.

[21] S. L. Osborne and T. E. Heaven. The design of a relational database system with abstract data types for domains. *ACM Trans. Database Syst.*, 11(3):357–373, Sep 1986.

[22] P. Pistor and F. Andersen. Designing a generalized NF^2 data model with an SQL-type language interface. In *Proc. Twelfth VLDB Conf.*, pages 278–285, 1986.

[23] A. A. G. Requicha. Representations for rigid solids: theory, methods, and systems. *ACM Computing Surveys*, 12(4):437–464, Dec 1980.

[24] H. J. Schek and P. Pistor. Data strucures for an integrated database management and information retrieval system. In *Proc. VLDB Conf.*, pages 197–207, Mexico City, 1982.

[25] D. Shipman. The functional data model and the data language DAPLEX. *ACM Trans. Database Syst.*, 6(1):140–173, March 1981.

[26] E. Sibley and L. Kershberg. Data architecture and data model considerations. In *Proc. IFIPS Nat. Computer Conference*, pages 85–96, Dallas, Jun 1977.

[27] J. Smith, S. Fox, and T. Landers. Reference manual for ADAPLEX. Report of Computer Corporation of America, 1981.

[28] J. Smith and D. Smith. Database abstractions: aggregation and generalization. *ACM Trans. Database Syst.*, 2(2):105–133, Jun 1977.

[29] H. Stehle. *EDAPLEX: An Extension of the Functional DATA Model DAPLEX for Computer-Geometry Applications (in German)*. Master's thesis, Universität Karlsruhe, D-7500 Karlsruhe, Dec 1986.

[30] M. Stonebraker, editor. *The INGRES Papers: Anatomy of a Relational Database System.* Addison Wesley, 1985.

[31] M. Stonebraker, B. Rubenstein, and A. Guttman. Application of abstract data types and abstract indices to CAD databases. In *Proceedings of Database Week*, San Jose, May 1983.

[32] M. Stonebraker, E. Wong, P. Kreps, and G. Held. The design and implementation of INGRES. *ACM Trans. Database Syst.*, 1(3):189–222, Sep 1976.

[33] P. Wegner. Perspectives on object-oriented programming. Unpublished manuscript, Dec 1986.

[34] S. Zdonik and P. Wegner. Language and methodology for object-oriented database environments. In *Proc. Nineteenth Hawaii Intl. Conf. on System Sciences*, pages 378–387, Honolulu, Jan 1986.

Using an NF² Data Base System for Modeling of CIM Data

Martin Dürr   Martin Huck   Alfons Kemper   Mechtild Wallrath

Universität Karlsruhe
Fakultät für Informatik

ABSTRACT

In the past database management systems have been used predominantly in business applications. A rather new application domain for DBMS are the so called non-standard applications, of which we consider the CAD/CAM applications in the present work. We first describe the basic object classes of a particular CAD/CAM application area, a manufacturing cell A top down design methodology is presented which supports the hierarchical modeling of a database application. This methodology is applied to conceptually model the manufacturing cell as an Entity-Relationship schema The ER schema is then transformed into the NF² data model, a nested relational data model that allows attributes of type relation and list. Special emphasis was put on the preservation of the hierarchical structure of the manufacturing cell within the NF² schema, thus achieving a very natural model with a high degree of data clustering. A critical evaluation of the NF² data modeling concepts with respect to engineering applications concludes this work.

KURZFASSUNG

Wahrend in der Vergangenheit Datenbanksysteme fast ausschließlich in kommerziellen Anwendungen eingesetzt wurden, haben sich in neuerer Zeit die sogenannten Nicht-Standard Anwendungen zu einem eigenen Teilgebiet entwickelt Als eine dieser Anwendungen betrachten wir in dieser Arbeit den CAD/CAM Bereich. Ziel dieser Betrachtungen ist es, den Ansatz der strukturell objektorientierten Datenmodellierung auf seine Tauglichkeit bezüglich der Darstellung von technischen Objekten zu untersuchen. Die Ausgangsbasis dieser Betrachtungen bilden die Objekte einer Fertigungszelle, die mit Hilfe einer geeigneten *top-down* Entwurfsmethodik in ein konzeptuelles Modell ubertragen wurden Das hieraus gewonnene E-R-Diagramm wurde in einem nächsten Schritt in ein NF² Datenmodell transformiert. Dieses nicht normalisierte relationale Datenmodell erlaubt eine einfache Modellierung von hierarchischen Beziehungen mittels geschachtelter Relationen Bei allen ausgefuhrten Transformationen wurde insbesondere darauf Wert gelegt, die den Objekten innewohnende Struktur zu erhalten Nur dieser Ansatz erlaubt dem System zusammengehörige Daten physisch benachbart auf dem Hintergrund speicher abzulegen, um die Zugriffszeiten zu minimieren Den Schluß der Arbeit bildet eine Zusammenfassung der gewonnenen Erfahrungen

---

The work described in this paper was done within the R²D² (A **R**elational **R**obotics **D**atabase System with extensible **D**atatypes) project. R²D² is a cooperation project among the IBM Scientific Center Heidelberg and the University of Karlsruhe, Fakultät für Informatik

1. INTRODUCTION

Non standard applications have reached a lot of interest in database research. Especially in those fields where different technologies integrate to one comprehensive concept there are often interfacing problems because of the customized file structures [Rembold 87]. For example, one can design a mechanical part using a CAD-system. Afterwards a numerical controlled machine is used for the manufacturing stage. The interface between the two systems normally is a file system. If CAD[1] and CAM[2] tools are developed by different vendors almost no communication between the modules is possible. One approach to solve this problem is to use a database system as a central data repository for the entire product life cycle.

Primarily because of the poor modeling concepts traditional database systems are not able to support the demands of such an application [Dittrich 86, Lockemann 85]. New data models shall help to overcome these problems. Our approach is to use an extension of the relational data model as a basis for our work. This extension was developed by Schek and Pistor [Schek 82] and is called NF^2. It is a nested relational database system and allows to define and manipulate nested relational data.

This paper is concerned with the sample CIM[3] object 'manufacturing cell' to demonstrate how this data model enables us to define complex hierarchically structured objects. Using traditional database systems, like the pure relational systems, one would have to spread the related information over different tables. Furtheron, these systems do not allow to incorporate a lot of semantic knowledge into the database schema. Thus the user has to transfer this knowledge into the application programs. All this leads to problems with respect to system performance and concistency control.

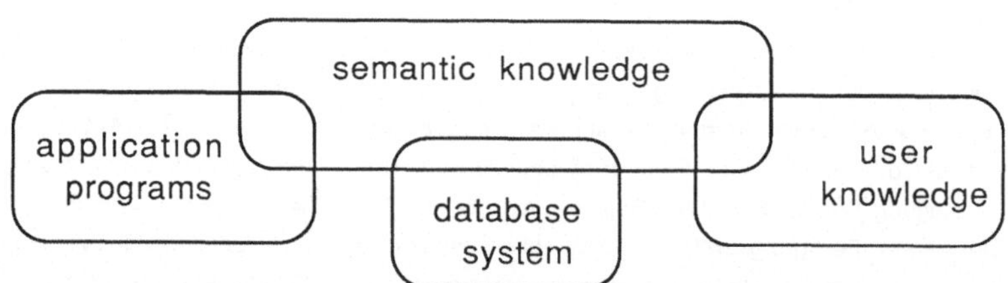

Fig. 1.1. Traditional Database System.

Our approach is to integrate the structural and semantic information into the database system as far as possible.

---

[1]**CAD** Computer **A**ided **D**esign

[2]**CAM** Computer **A**ided **M**anufacturing

[3]**CIM** Computer **I**ntegrated **M**anufacturing

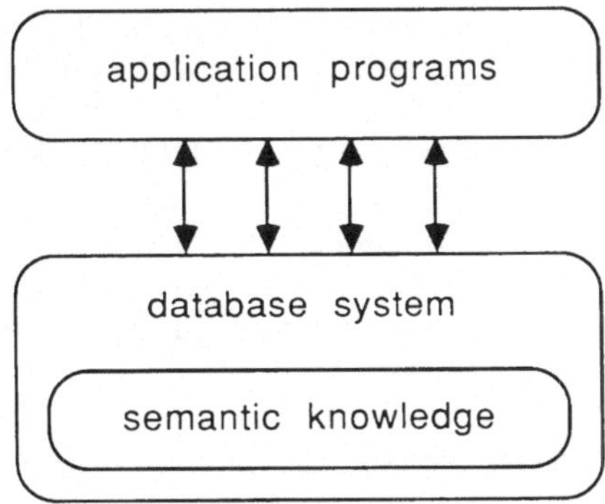

Fig. 1.2. Object Oriented Database System.

Together with a corresponding DML the engineer can use the database system as a powerful tool to support his application domain. This approach is not only useful in the context of CIM technologies but can also be applied to other fields of engineering applications.

2. THE NF² DATA MODEL

Extensions of existing data models always have the objective to enrich the current structure in order to fullfill the modeling requirements of new applications. The relational data model has very simple basic generic structures: tables. A table is a set (or multiset) of records (tuples) all of them having the same structure (type). The records consist of attributes of (possibly) different types. The classical relational model (1NF) assumes all tables to be in first normal form [Date 83]. The first normal form requires that every attribute has to be of atomic data type. This, however, makes it very difficult to handle complex objects because attributes that are most naturally modelled as record structures themselves must be assigned their own table. Therefore, the structure of a complex object is spread over different tables. To illustrate this drawback let us give an example: a robot has (among other things) a name and an arm. One would wish to include the description of the arm (having some axes and a gripper) into the attribute description of the robot's arm. In a classical relational database system (e.g. DB2 by IBM [Date 86]), which only allows atomic attributes, we cannot model the robot in such way but have to define two tables.

```
CREATE TABLE robots      ( name        : STRING(10),
                           arm         : INTEGER)

CREATE TABLE arms        ( arm_id      : INTEGER,
                           axis        : ...,
                           gripper     : ...)
```

The whole structure can then be reconstructed by joining the two tables using the following query:

```
SELECT    name, arm, axis, gripper
FROM      robots, arms
WHERE     robots.arm = arms.arm_id.
```

Schek and Pistor [Schek 82] proposed the NF^2 data model to overcome this drawback. In this model attributes can either be of atomic type or tables themselves. They extended SQL to support the definition and manipulation of hierarchically structured objects. In **HDBL** (**H**eidelberg **D**ata **B**ase **L**anguage) [Pistor 86, AIM-P 87] one can therefore define:

```
CREATE robots    SET(TUPLE(
                 name      : STRING(10),
                 arm       : SET(TUPLE(
                             arm_id     : STRING(10),
                             axis       : ...,
                             gripper    : ...
                             ))
                 ))
END
```

'SET(TUPLE(' corresponds to the 1NF 'TABLE'. To enhance the overall structure even more for technical applications HDBL includes another important concept: the concept of order. By defining a given table as 'LIST(TUPLE(' one can force the database to preserve the order of tuples within the table. HDBL even provides the possibility of including cardinalities (see chapter 'ARMS').

3. DESIGN METHODOLOGY

Working with standard database systems has led to a special kind of design methodology. An application is naturally divided into different views. Each view is then treated as an independent task, thus the division is used as a method for controling complexity. After the views have been developed separately (each of them described by an ER-diagram[4]) they are all integrated into one global ER-

---

[4]E-R refers to **E**ntity **R**elationship model [Chen 76].

diagram [Teorey 82]. The last step is to transform such a description into an existing data model with its corresponding DDL[5] syntax.

Using this method in the context of NF[2] one would not be able to exhaust the expressive power of the data model. The powerful concept of hierarchies has to be taken into account during the design process. Therefore it is better to use a *top down* approach instead of *divide and conquer.*
Top down development is a very popular approach in the area of software engineering [Balzert 82, Goos 82]. The basic steps are:
- First, one has to consider the application as one single entity that is described with some high level attributes.
- Second, every attribute that cannot be expressed using an atomic type is treated as a new entity. The refinement of this entity is done in quite the same way as shown in step one.
This approach will always yield a hierarchical tree structure as a final result. The root of this tree is the whole application whereas the leaves are always of atomic data type. The depth corresponds to the degree of refinement.

The final result might be the best to fit into the nested relational model of NF[2] but it may suffer from poor system performance. For example, redundancy within the tree structure may lead to difficult consistency control algorithms. Therefore, the last step is to take a close look at the global database schema to recognize bottlenecks that might slow down the future application programs (An example is given in chapter 'frames').

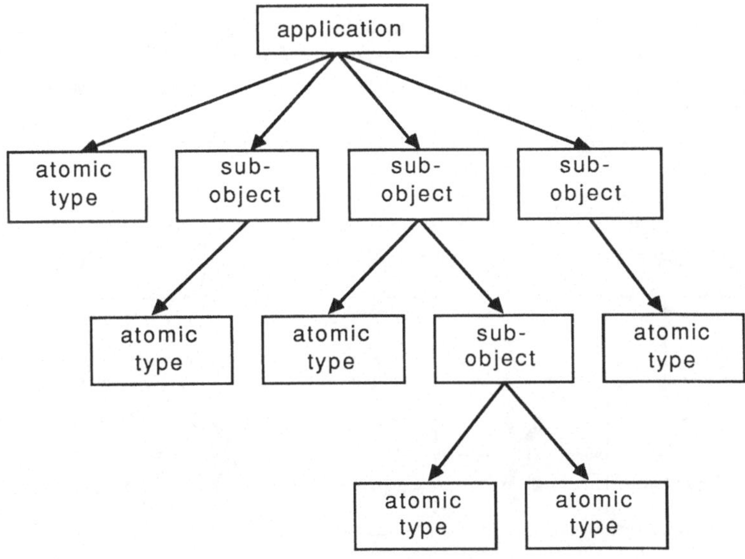

Fig. 3.1 Example of a Top Down Approach

---

[5]DDL   **Data Definition Language**

Top down design has the following advantages:
- The decomposition of the complex application helps to control complexity.
- Compared to other concepts of structuring complex problems the top down approach starts with the description of the objects that are the most important (top level). Details are considered in later design stages. Thus, one can look at the intermediate results to decide whether the description is detailed enough or not (easy control of the process of design).
- The refinement of the subparts can be done by different teams.
- Using the top down approach prevents the designer to get involved with details before the overall structure is outlined.
- Hierarchical structures are easy to understand. Not only the final results but also the refining steps are shown.
- Incremental refinement allows to use the top level description as a prototype that is refined if necessary.
- Substructures are not merged with higher level attributes.

Reading the next chapter one can see that the structure of the manufacturing cell is preserved during the conceptual design phase. The NF^2 schema thus is an equivalent representation of the generic structure of a cell.

4. THE BASICS OF CIM

Someone who has no experience in manufacturing planning research may find it difficult to understand the difference between CAD, CAM ,CAQ, CIM etc. This chapter does not give an exhaustive description about the whole application domain, rather will it give a short overview about the basics of CIM. The following schema illustrates the use of computer systems in a factory today.

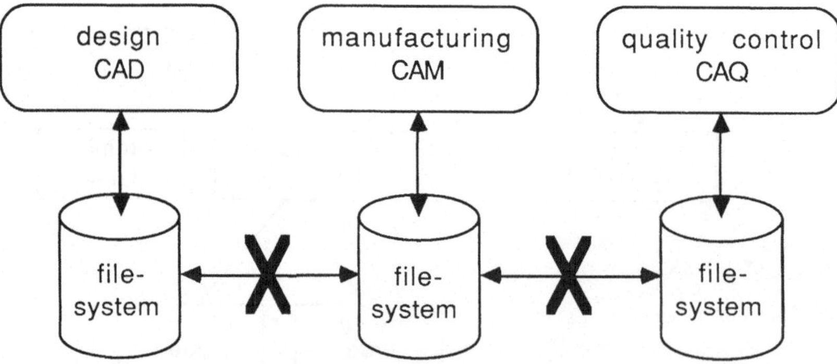

Fig. 4.1. Different Concepts of Computer Assistence.

One can see that every application has its own file system with information about the manufacturing product. The different file structures, however, do not allow direct data exchange between the applications. The product geometry, for example, that has been designed using a CAD system, must be converted into a technical drawing to allow to continue the manufacturing process. This technical drawing then has to be converted again back to a computer internal representation in order to develop a program on a numerical controlled machine [Rembold 87].

To overcome these problems all computer applications should be integrated to one closed concept: CIM. Data about the manufacturing product is stored in a shared database system. Every application retrieves its data from this database and supports other succeeding applications. The advantages of this approach are:
- No redundancy and thus easy consistency control.
- Optimization of plant control possible.
- Reduction of depot parts (computer controlled inventory).

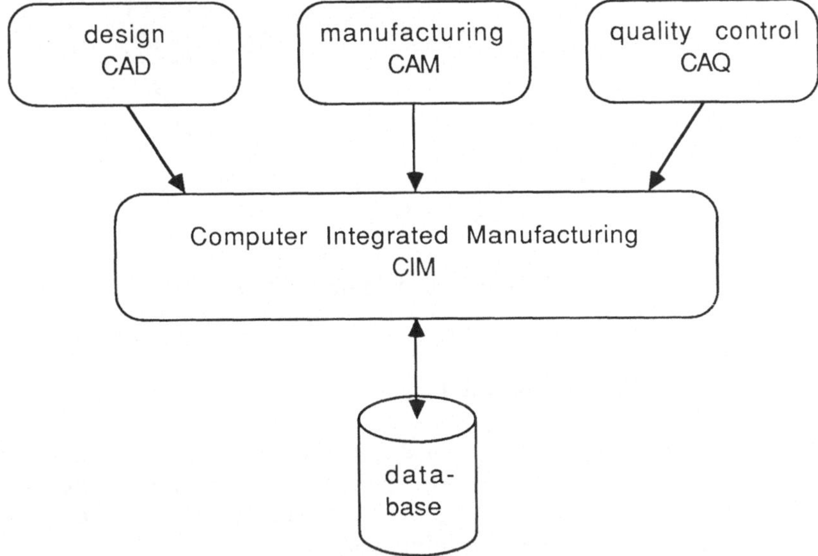

Fig. 4.2. Integrated CIM Concept.

Our topic within this context is the design of a database system to support the different applications. This paper uses a manufacturing cell as an example to illustrate the problems of modeling complex entities within a cell. A manufacturing cell is a portion within a manufacturing process that forms one manufacturing step.

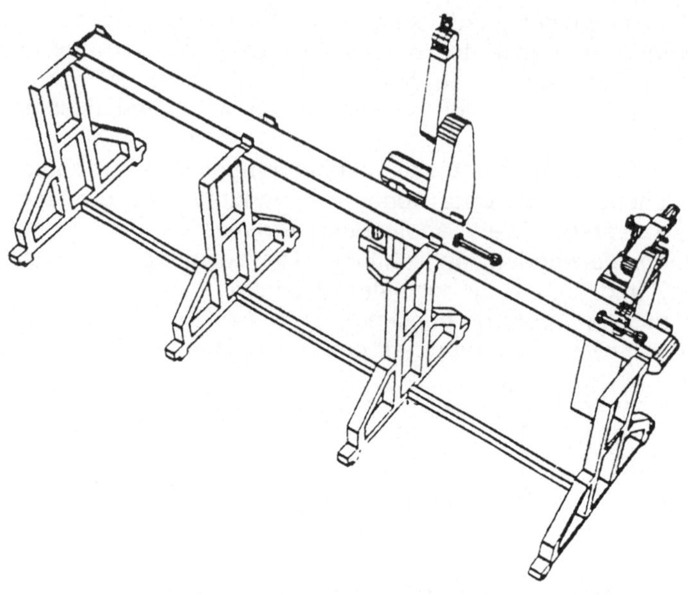

Fig. 4.3. Example of a Manufacturing Cell.

5. MANUFACTURING CELL

The central parts of manufacturing cells are robots. A cell, however, does not
only contain robots but also their peripherial devices, like supporting
equipment, assembly belts, etc. Therefore, the first step of modeling CIM data
has to be the analysis of a manufacturing cell.

A first classification would lead to the division into *robots* and *objects*
that are manipulated by the robot. There are, however, entities that do not
belong to the classes of robots or objects, e.g., sensors. There are internal and
external sensors within one cell. Internal sensors give information about the
status of the robots joint angles. So they belong to the robot and could be seen
as part of it. External sensors, however, collect information about the status of
non-robot supporting equipment. These sensors are not part of the robot but
part of the cell. This yields us a third object class within a cell: *sensors*. The
same holds for *frames* (A frame is a 4x4 matrix that is used to express
coordinate systems or references between them), *connections* (to allow
description of assembly operations) between objects or robot axes and
geometry information (see the following sections for details).
Thus our first hierarchy of the cell looks as follows:

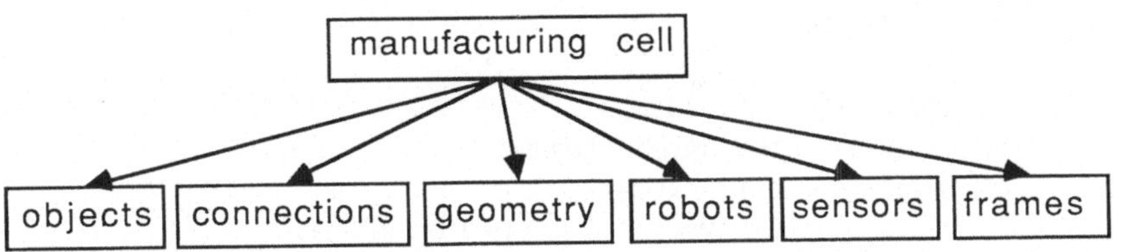

Fig. 5.1. Hierarchical Structure of a Manufacturing Cell.

The NF^2 schema basically consists of the same hierarchies. The top level object 'manufacturing cell' is described by seven lower level attributes. Thus we have:

```
cell :      SET(TUPLE(
            cell_id       : ...
            objects       : ...
            connections   : ...
            geometry      : ...
            robots        : ...
            sensors       : ...
            frames        : ...
            ))
```

Cell_id was added to identify a particular cell within the table.

5.1 GEOMETRIC OBJECTS

Modeling geometric objects is a well known technique where the attributes used depend on the particular application [Rembold 87]. Our object description uses just six of them: name (id), weight, material, ref_frame (position and orientation within the reference coordinate system), ref_coord (number of the reference coordinate system) and ref_geom (index within geometry subtable). Only the last three are worth a closer look. They are discussed in the paragraphs on *geometry* and *frames*.

```
objects :   SET(TUPLE(
            obj_id          : INTEGER,
            weight          : REAL,
            material        : STRING(10),
            ref_frame6      : TUPLE(
                             row1  :  LIST(4 FIX REAL),
                             row2  :  LIST(4 FIX REAL),
                             row3  :  LIST(4 FIX REAL),
                             row4  :  LIST(4 FIX REAL),
            ref_coord       : INTEGER,
            ref_geom        : INTEGER
            ))
```

5.2 CONNECTIONS

Assembling mechanical parts is the main task of a robot. Therefore, one has to take a close look at how to model the connection of several workpieces. 'Connected to' normally is a symmetric relation, but not in this context. If a robot has to manipulate two objects that are placed on top of each other it has to grip the one on the bottom to carry both of them. Therefore we distinguish *primary* and *secondary* objects. This is schematically shown in the following Entity-Relationship diagram:

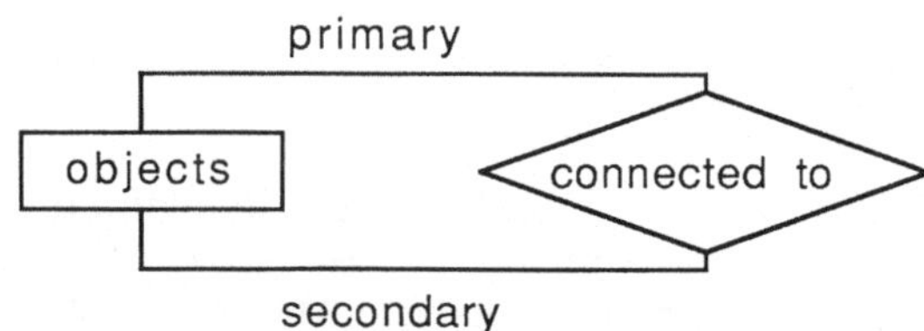

Fig. 5.2. Entity-Relationship Diagram of Relationship 'connected to'.

Of course, there are special cases where either no primary or no secondary object exists, e.g., welded objects are all primary. This leads to the following NF^2 schema.

```
connections : SET(TUPLE(
            con_id          : INTEGER,
            prim_obj        : LIST(INTEGER),
            sec_obj         : LIST(INTEGER)
            ))
```

---

[6] Being a 4x4 matrix one could define ref_frame as a nested list structure [ref_frame : LIST(4 FIX LIST(4 FIX REAL)]. The current implementation of AIM-P, however, does not allow this.

The relationship 'connected to' is recursive in nature because a primary object can itself be a secondary object with respect to a third object. This makes it difficult to manipulate this structure in NF² because NF² does not support the concept of recursive structures. To understand the structure of the schema, the representation of the following tower of cuboids is shown.

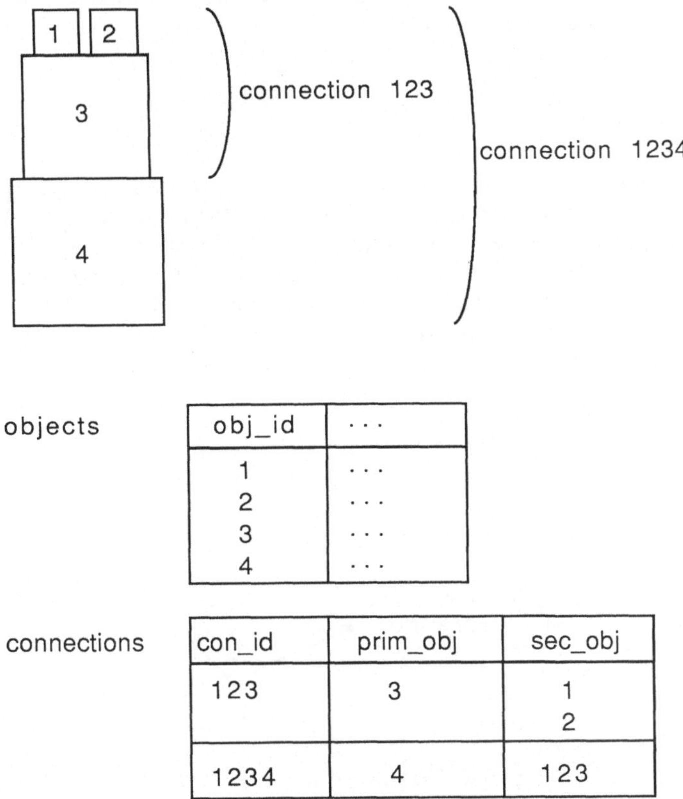

objects

obj_id	· · ·
1	· · ·
2	· · ·
3	· · ·
4	· · ·

connections

con_id	prim_obj	sec_obj
123	3	1 2
1234	4	123

Fig. 5.3. Tower of Cuboids.

Objects one to four are atomic objects because they are not the result of a connection of other objects. A connection of atomic objects can be treated like being an atomic object itself. Our example shows that the secondary object of connection no. 1234 is object no. 123 wich is a connection itself. This leads to a recursive structure. A query to list all atomic elements of a given connection thus leads to the computation of the transitive closure. This problem can only be solved by writing a PASCAL procedure. Pure HDBL (like NF²) does not support the definition and manipulation of recursive structures. The recursive structure, however, is the best to avoid redundancy and thus allows to avoid special consistency control algorithms.

Describing a connection as a list of primary and secondary objects is a very high level view. There are a lot of details that may have to be taken into account as well. One of them is the problem of touching faces. If several objects are connected one needs to know which faces touch because the gripper cannot reach these faces (or part of them) anymore. Another detail is the measure of stability. Welded objects, for example, can be moved at higher velocity than objects without any fixing. These facts, however, are not further treated here with respect to complexity.

5.3. GEOMETRY

CAD systems always have an internal model to represent the geometry of a given object. Two concepts are the most often used: constructive solid geometry (CSG) and boundary representation (BR) [Kemper 87 a]. CSG describes a complex object using some basic objects, like cylinder, cuboid etc. These basic elements are joined together using mathematical functions like union, intersection, and difference. For example, a hole is specified by subtracting a cylinder from the main element. The resulting object can then be manipulated like a basic element again.

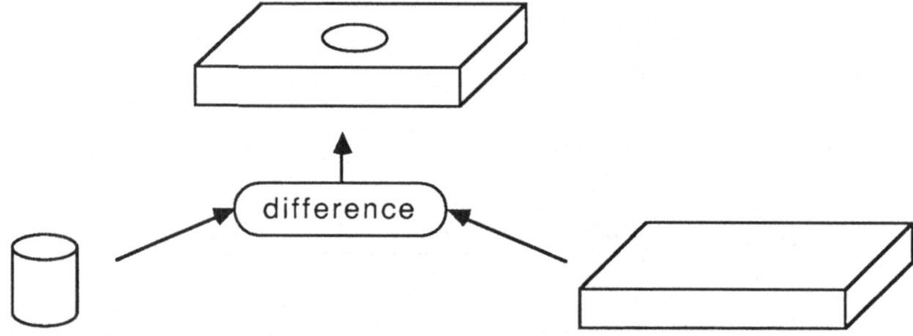

Fig. 5.4. Portion of a CSG Graph.

CSG clearly is a recursive structure and thus difficult to describe and manipulate using NF^2 and HDBL.

Another often used model is the boundary representation. It is a method to desribe an object's geometry using a hierarchical structure. This representation schema segments a solid object into its nonoverlapping faces. Each face, in turn, is modeled by its bounding edges and vertices. To get an impression of the internal structure let us have a look at the boundary representation of a cuboid:

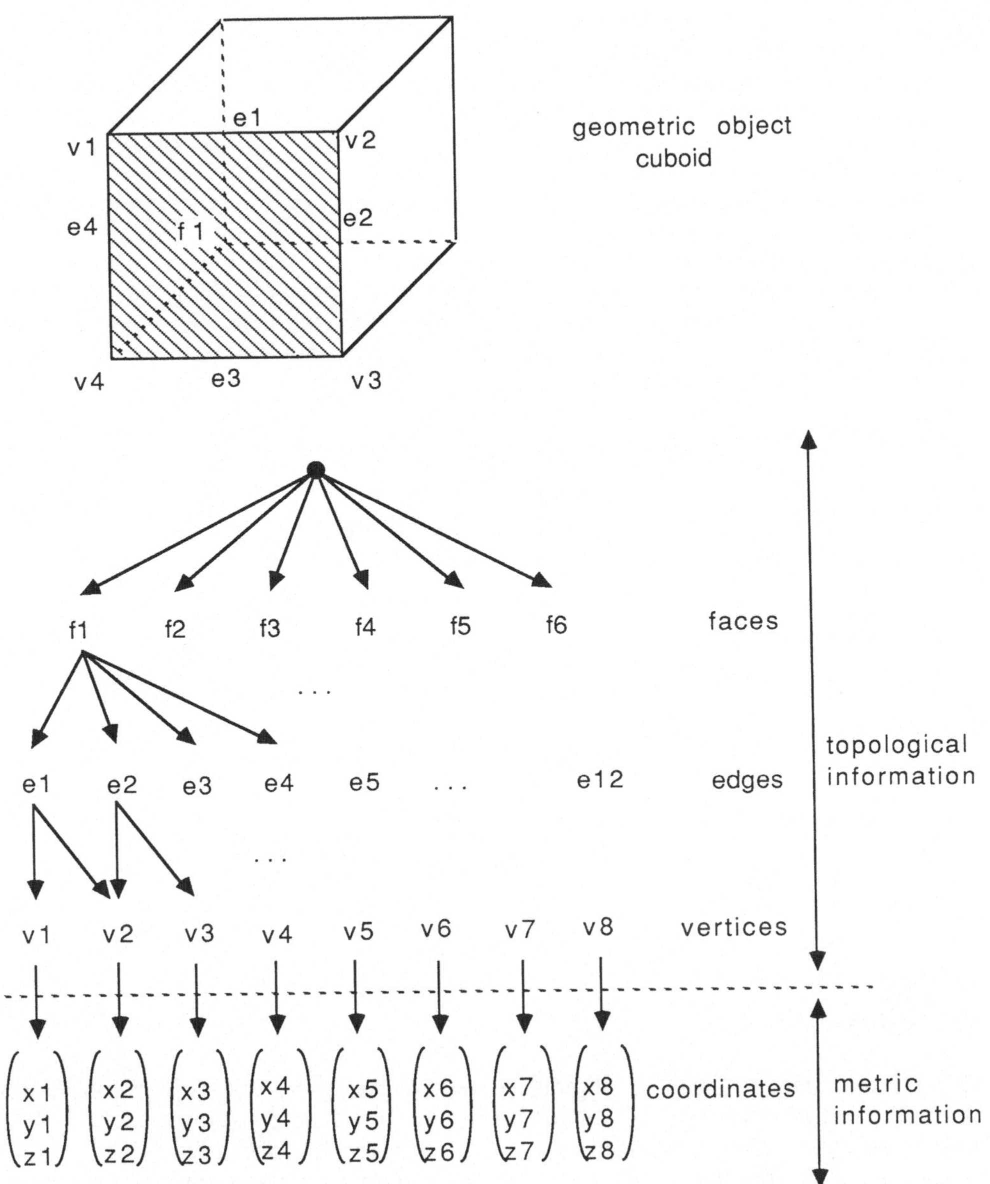

Fig. 5.5. Boundary Representation of a Cuboid.

We note that the hierachical structure fits into the concepts of NF^2. For the sake of nonoverlapping leaves, however, a lot of redundancy has to be accepted. One edge clearly has two vertices. But one vertex belongs to different edges (many to many relationship). Thus the geometric information of one vertex has

to be stored more than once when pressed into a strong hierarchical structure. This leads to some problems:
- geometric manipulation (if necessarry) is very expensive because of the duplicated information that has to be changed.
- rounding errors may lead to different coordinate values of one particular vertex within different branches.
- redundancy wastes computer storage and prevents the clustering of related data on the secondary memory.

To overcome these drawbacks topological and metric information are separated. Instead of the coordinate values the vertex description contains a reference into the table of coordinate values. Thus, only the value of this reference has to be duplicated. The metric information itself is unique. The defined NF^2 schema reflects the described structure.

```
geometry : SET(TUPLE(
            geo_id       : INTEGER,
            faces        : SET(TUPLE(
                face_id    : INTEGER,
                edges      : SET(TUPLE
                            edge_id    : INTEGER,
                            start_vertex : INTEGER,
                            end_vertex : INTEGER
                            ))
                )),
            metric       : SET(TUPLE(
                vertex_id : INTEGER,
                x          : REAL,
                y          : REAL,
                z          : REAL
                ))
        ))
```

5.4. ROBOTS

One of the most interesting objects of a manufacturing cell is the robot. It is a very illustrative example of a complex structured engineering object. We will see how the NF^2 concept allows to internally preserve this structure. Analogously to the top down approach of the cell we now divide the robot into two separate subobject descriptions: *arms* (construction) and *trajectories* (movement). Every part, in turn, is hierarchically structured and this leads to the following classification (details explained below).

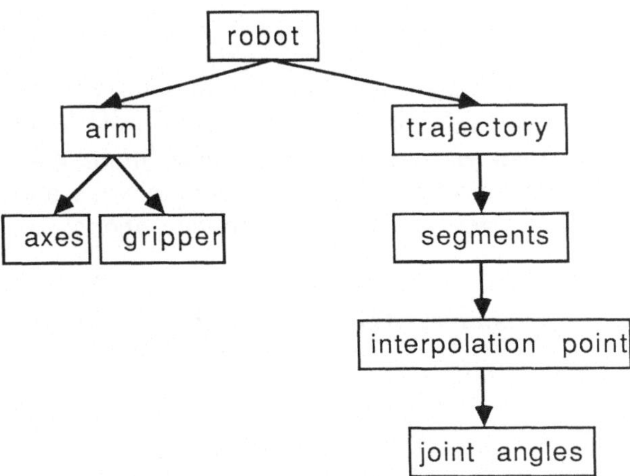

Fig. 5.6. Robot Classification.

The correspoding NF^2 schema looks as follows:

```
robots     : SET(TUPLE(
           robot_id    : INTEGER,
           name        : STRING(10),
           type        : STRING(10),
           no_deg_free : INTEGER,
           basis_coord : INTEGER,
           max_load    : REAL,
           precision   : REAL,
           arms        : SET(TUPLE(

                         ...
                         )),
           trajectories : SET(TUPLE(

                         ...
                         ))
           ))
```

We note that a robot has a variety of possible describing attributes. For simplicity of this presentation only a few are included here. Further attributes describing the robot depend on the particular application. Here, it is more useful to illustrate the hierarchical structure of our robot model. For example, trajectories (being a part of a robot description) can be represented as structured subtables.

5.4.1. ARMS

A robot typically has exactly one arm with one effector (gripper) mounted on it. Future developments will possibly lead to multi-arm, multi-effector robots. Therefore, the NF^2 schema will be defined to allow more than one arm on one robot. Each arm has a unique *id* within a robot, several *axes* and one *gripper*.
Portion of the NF^2 schema for the following configurations:
We demonstrate a

- single arm robot: arms : TUPLE([7]
                                         ...
                                         ),

- robot with two arms: arms : SET(2 TUPLE(
                                         ...
                                         ),

- robot with variable
  number of arms: arms : SET(TUPLE(
                                         ...
                                         ),

One can see how simple it is to include cardinalities within the schema and thus being able to specify some simple consistency constraints. Our global NF^2 schema is defined as:

```
arms        : SET(TUPLE(
              arm_id     : STRING(10),
              axes       : LIST(TUPLE(
                           ...
                           )),
              gripper    : TUPLE(
                           ...
                           )
              ))
```

5.4.1.1 AXES

To move the gripper a robot arm is divided into several axes like the human arm. The more axes a robot has the more flexible it can handle the gripper and the more computing power is needed for specifying movements of the arm. Each axis is called a *degree of freedom*. A typical robot has six axes, i.e. 6 degrees of freedom. Three of them are used to move the gripper to the desired position

---

[7] One could also declare it as   SET(1 TUPLE(

(x,y,z) and the rest to vary the orientation. An axis can either rotate or translate. Clearly, there are constraints like maximum velocity or acceleration. To get a uniform algorithm for trajectory planning each of the axes is assigned its own coordinate system that refers to the predecessor axis and forms the basis for the succeeding one. The first axis refers to the basis of the robot. The last one is the reference coordinate system for the gripper. Thus all the coordinate systems form a chain. This makes it easy to compute the position of the gripper from the values of the joint angles.

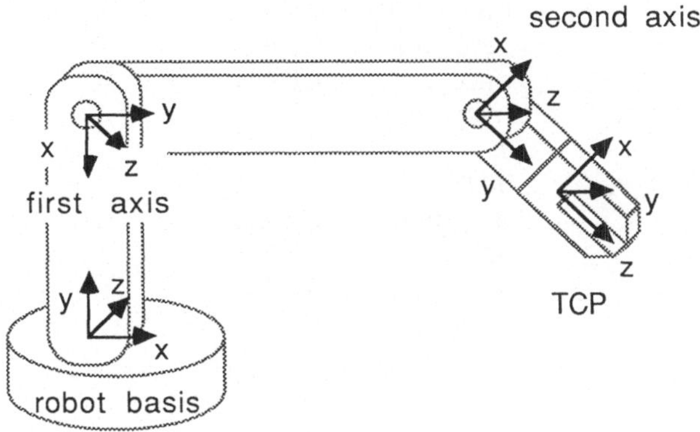

Fig. 5.7.Kinematic Chain of a Robot.

A special method is used: the method of representing coordinate systems and spatial references by 4x4 matrices[8] [Blume 86] (detailed description in chapter 'frames'). A spatial reference (translation and rotation) is called a *frame*. To specify this 4x4 matrix typically six values are needed. Three of them give the translations along the coordinate axes (x,y,z) and three of them for the rotations around the axes. Because of some agreements only four parameters are needed to specify a frame of a robot axis. These parameters are called a, s, theta, alpha. [Blume 86]. The frame describing references between two axes of a robot is called a *DH-matrix*.
Thus we get the following schema:

---

[8]This method was first introduced by Denavit and Hardenberg.

```
axes        : LIST(TUPLE(
              type_deg_free : STRING(10),
              a                : REAL,
              s                : REAL,
              theta            : REAL,
              alpha            : REAL,
              constraints      : TUPLE(
                                 max_angle : REAL,
                                 min_angle : REAL,
                                 zero_angle : REAL,
                                 max_veloc : REAL,
                                 max_accel : REAL
                                 ),
              actual_val       : TUPLE(
                                 act_angle  : REAL,
                                 act_veloc  : REAL,
                                 act_accel  : REAL,
                                 act_frame  : INTEGER,
                                 act_conf   : TEXT(10)
                                 )
              ))
```

'Type_deg_free' simply describes whether the axis is able to translate or rotate. Constraints help to check for boundary violations. 'Act_val' represents the current state of the robot whereas act_frame is a reference into the table of frames (look there for a detailed description). Act_conf is an indicator whether the joint configuration is in upward or downward position [Mohrholz 86].

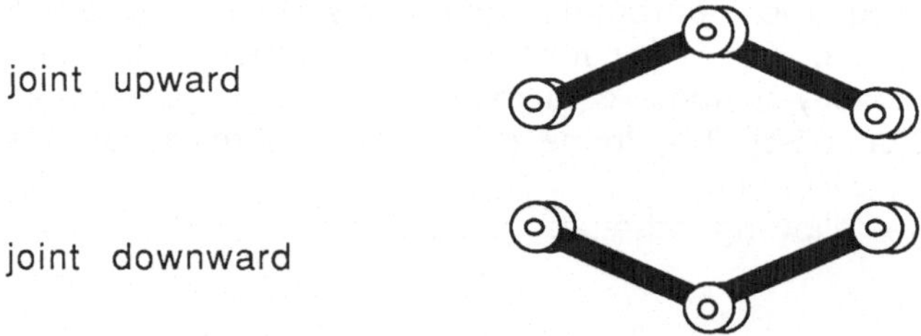

Fig. 5.8. Joint Configurations.

5.4.1.2 GRIPPER

There is a large variety of grippers currently available, like grippers with two or more fingers, those with special sensors installed, and so on. A generic description of every possible gripper would be very intricate and difficult to understand. Therefore, we chose to restrict the class of grippers that we want to model. The current schema allows to describe a two finger parallel gripper with constraints like maximum gripper force and so on. This makes it easy to handle and to understand. The purpose of this paper is not an exhaustive description of robot grippers. Rather we want to investigate whether special database systems are more useful in some way or another.

The position and the orientation of a gripper is normally referred to as the **T**ool **C**enter **P**oint **(TCP)**.

```
gripper   : TUPLE(
              gripper_type : STRING(10),
              boundaries[9]  : TUPLE(
                              max_val   : REAL,
                              min_val   : REAL,
                              zero_val  : REAL,
                              max_force : REAL,
                              max_width : REAL
                              min_width : REAL
                              ),
              act_width    : REAL,
              TCP_coord    : INTEGER
              )
```

5.4.2 TRAJECTORIES

A very important issue when working with a robot is specifying the trajectory of its gripper. A lot of research capacity has been spent on investigating data structures for storing and handling of trajectory information [Blume 86, Rembold 87]. The concept of *divide and conquer* is widely used here and leads to a natural hierarchy. A trajectory is segmented into several *segments*, each of them described by special parameters and a list of *interpolation points*. Our schema identifies a trajectory by a unique id (within one robot description), a comment (to describe the task that is performed by executing this trajectory) and a list of segments.

```
trajectories : SET(TUPLE(
              traj_id   : INTEGER,
              comment   : TEXT(50),
              segments  : LIST(TUPLE(

                          . . .
                          ))
              ))
```

---

[9]The current implementation does not allow to use an identifier twice within one NF^2 schema, therefore we chose 'boundaries' instead of 'constraints'.

Every segment has a predecessor and a successor segment, except for the first and the last segment. The TCP-frame at the end of a segment has to be the same as the one at the beginning of the successor segment. Therefore, the order of the segment within one relation is very important. The AIM-P database system allows to preserve the given order by using the 'LIST(' statement.

```
segments : LIST(TUPLE(
        seg_type   : STRING(10),
        seg_time   : REAL,
        start_par  : TUPLE(
                    start_gr_val : REAL,
                    start_veloc  : LIST(3 FIX REAL),
                    start_accel  : LIST(3 FIX REAL)
                    ),
        end_par    : TUPLE(
                    end_gr_val : REAL,
                    end_veloc  : LIST(3 FIX REAL),
                    end_accel  : LIST(3 FIX REAL)
                    ),
        int_point  : LIST(TUPLE(
                    . . .
                    ))
        ))
```

A subtable list structure stores the information about the interpolation points. A point is specified by the gripper position and orientation (TCP-frame). To allow slow and fast movements within one segment it is necessary to store the current velocity and acceleration within the interpolation point and the time it takes for the robot to move to the next point.

```
int_point : LIST(TUPLE(
        TCP_frame : TUPLE(
                    r1  : LIST(4 FIX REAL),
                    r2  : LIST(4 FIX REAL),
                    r3  : LIST(4 FIX REAL),
                    r4  : LIST(4 FIX REAL)
                    ),
        gripper_val : REAL,
        PTP_time    : REAL,
        PTP_veloc   : REAL,
        PTP_accel   : REAL,
        joint_angles : LIST(TUPLE(
                    angle       : REAL,
                    joint_veloc : REAL,
                    joint_accel : REAL
                    ))
        ))
```

To support real time simulation we need an extended structure. Motion planning is a very time consuming task, because of the computing time that is needed to solve the 'inverse kinematic problem'[10]. Therefore, it is better to precompute these values and store the results in the database. The motion can then be repeated by simply retrieving the values of the joint angles. This retrieval operation can be done in real time, that means as fast as the robot is moving in reality. The data structure for storing the joint angles is a list within every interpolation point.

5.5. SENSORS

The description of sensors is very similar to that of grippers. A variety of different principles (optical, tactile, electrical sensors) is available and a comprehensive structure to capture all of them would be extremely intricate. An exhaustive description would lead to an unstructured number of atomic attributes. Some of these attributes only make sense to describe optical data (e.g. focus) and are not meaningful for other sensor principles. Approaches to classify and aggregate these descriptions have not led to final results yet [Morholz 86, Kaltenbach 87]. To use sensor information during the simulation of a manufacturing cell is only useful if the description of the cell itself is detailed enough. Such a description, however, would be very expensive and difficult to understand. Our approach is to mention some of the most important attributes to describe the sensor principle and geometry.

```
sensors   : SET(TUPLE(
            sensor_id   : INTEGER,
            principle   : STRING(10),
            max_output  : REAL,
            min_output  : REAL,
            internal    : BOOL,
            sensor_geo  : INTEGER
            ))
```

5.6. FRAMES

To avoid expensive manipulations of geometric descriptions and to provide for easy algorithms there are a lot of different coordinate systems within one cell. Each object has its own coordinate system to model the relative position of the objects vertices. Each objects coordinate system has a particular position and orientation (called spatial reference) within the basis coordinate system of the manufacturing cell. This reference is typically expressed using a 4x4 matrix (frame). The 4th dimension allows to model the metric information in homogeneous coordinates.

---

[10]The task of computing the joint angles out of a given TCP frame is called the 'inverse kinematic problem' .

A typical application would be that a user wants to know the distance of an object from the gripper's position. This information is needed to start the trajectory planning algorithm. This leads to the following problem: the coordinate system of the cell is an attribute on the highest level of the hierarchy. Its key might be a unique integer value. The coordinate system of the gripper (TCP) is part of the gripper description. The gripper itself is part of an arm and thus part of a robot. To identify this TCP an integer value is not enough. The key of this TCP is a combination of the path to find the gripper within the tree structure (robot_id, arm_id, etc.)   and the gripper id (integer). These different key concepts make it difficult to have references to different levels of the hierarchy.

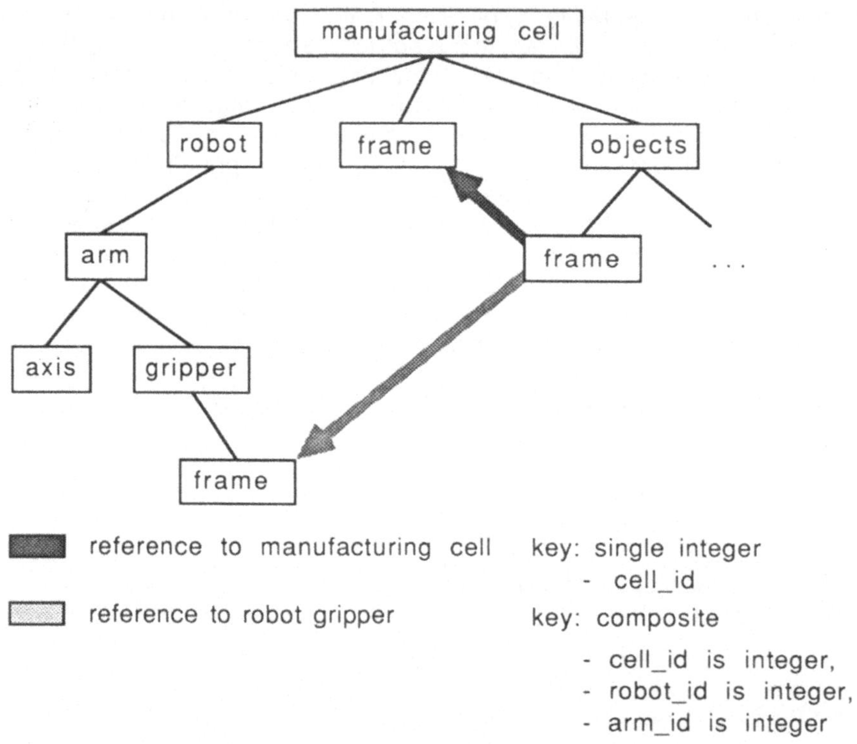

Fig. 5.9. References to different levels of the hierarchy.

Another problem is that of coordinate systems that are based on each other. One system refers to another (e.g. TCP to last axis), which itself refers to a third coordinate system (n^{th} axis to $(n-1)^{st}$ axis). Again we have the problem of how to specify such a 'based on' relationship. The solution of this problem is very easy: we use the classical relational data model (1NF). NF^2, being an extension of 1NF, supports unnested relations, too. All coordinate systems are stored in one table where the access using a key value is no problem. Instead of storing the 4x4 matrices within the hierarchical structure they are separated into their own class and referred to from within the hierarchical structure via join attributes. The disadvantage clearly is the loss of object structure. There is a tradeoff between structural expressive power and easy manipulation. Coordinate systems, especially those of the robots axes, are manipulated very frequently. Therefore the loss of structure can be accepted[11] in order to enhance the system performance.

Describing spatial references using 4x4 matrices is very common. The fourth dimension allows to specify translations using matrix multiplication instead of addition. Rotation is done by multiplication too. One single arithmetic operation to combine translation and rotation is the advantage. The 4x4 matrix is split into a rotating (column one to three) and translating part (column four). For detailed information about the transformation process and the structure of the 4x4 matrix see [Blume 86]. If several coordinate systems are based on one another the global spatial reference of the whole chain is the result of the multiplication of all 4x4 matrices along the chain. To obtain an absolute reference within the manufacturing cell the coordinate system of the cell itself is the basis of all other systems.

The separated subrelation to model frames has the following structure:

```
frames    : SET(TUPLE(
            frame_id    : INTEGER,
            frame_name : TEXT(50),
            based_on    : INTEGER,
            matrix      : TUPLE(
                        row_1  : LIST(4 FIX REAL),
                        row_2  : LIST(4 FIX REAL),
                        row_3  : LIST(4 FIX REAL),
                        row_4  : LIST(4 FIX REAL)
            ))
```

---

[11] In future application one would hide these decisions under an ADT definition The user then is no longer aware of different implementation concepts.

6. GLOBAL NF2 SCHEMA

The global NF2 schema is just the merge of all portions that have been described in the text above.

```
CREATE cell SET(TUPLE(
        cell_id      : TEXT(50),
        objects      : SET(TUPLE(
                obj_id   : INTEGER,
                weight   : REAL,
                material : STRING(10),
                ref_frame : TUPLE(
                        row1      : LIST(4 FIX REAL),
                        row2      : LIST(4 FIX REAL),
                        row3      : LIST(4 FIX REAL),
                        row4      : LIST(4 FIX REAL)
                ),
                ref_coord : INTEGER,
                ref_geom : INTEGER
                )),

        connections : SET(TUPLE(
                con_id    : INTEGER,
                prim_obj  : LIST(INTEGER),
                sec_obj   : LIST(INTEGER)
                )),

        geometry   : SET(TUPLE(
                geo_id   : INTEGER,
                faces    : SET(TUPLE(
                        face_id    : INTEGER,
                        edges      : SET(TUPLE
                                edge_id      : INTEGER,
                                start_vertex : INTEGER,
                                end_vertex   : INTEGER
                                ))
                        )),
                metric   : SET(TUPLE(
                        vertex_id : INTEGER,
                        x          : REAL,
                        y          : REAL,
                        z          : REAL
                        ))
                )),
```

```
robots          : SET(TUPLE(
        robot_id        : INTEGER,
        name            : STRING(10),
        type            : STRING(10),
        no_deg_free : INTEGER,
        basis_coord : INTEGER,
        max_load    : REAL,
        precision   : REAL,
        arms            : SET(TUPLE(
            arm_id  : STRING(10),
            axes        : LIST(TUPLE(
                type_degfree : STRING(10),
                a            : REAL,
                s            : REAL,
                theta        : REAL,
                alpha        : REAL,
                constraints  : TUPLE(
                    max_angle : REAL,
                    min_angle : REAL,
                    zero_angle : REAL,
                    max_veloc : REAL,
                    max_accel : REAL
                    ),
                actual_val   : TUPLE(
                    act_angle : REAL,
                    act_veloc : REAL,
                    act_accel : REAL,
                    act_frame : INTEGER,
                    act_conf  : TEXT(10)
                    )
                )),
            gripper : TUPLE(
                gripper_type : STRING(10),
                boundaries   : TUPLE(
                    max_val   : REAL,
                    min_val   : REAL,
                    zero_val  : REAL,
                    max_force : REAL,
                    max_width : REAL,
                    min_width : REAL
                    ),
                act_width    : REAL,
                TCP_coord    : INTEGER
                )
        )),
)),
```

```
trajectories : SET(TUPLE(
            traj_id   : INTEGER,
            comment : TEXT(50),
            segments : LIST(TUPLE(
                        seg_type : STRING(10),
                        seg_time : REAL,
                        start_par : TUPLE(
                                    start_gr_val : REAL,
                                    start_veloc  : LIST(3 FIX REAL),
                                    start_accel  : LIST(3 FIX REAL)
                                    ),
                        end_par  : TUPLE(
                                    end_gr_val  : REAL,
                                    end_veloc   : LIST(3 FIX REAL),
                                    end_accel   : LIST(3 FIX REAL)
                                    ),
                        int_point : LIST(TUPLE(
                                    TCP_frame   : TUPLE(
                                            r1 : LIST(4 FIX REAL),
                                            r2 : LIST(4 FIX REAL),
                                            r3 : LIST(4 FIX REAL),
                                            r4 : LIST(4 FIX REAL)
                                            ),
                                    gripper_val  : REAL,
                                    PTP_time     : REAL,
                                    PTP_veloc    : REAL,
                                    PTP_accel    : REAL,
                                    joint_angles : LIST(TUPLE(
                                            angle        : REAL,
                                            joint_veloc : REAL,
                                            joint_accel : REAL
                                             ))
                                    ))
                        ))
            )),

sensors      :            SET(TUPLE(
            sensor_id   : INTEGER,
            principle   : STRING(10),
            max_output : REAL,
            min_output : REAL,
            internal    : BOOL,
            sensor_geo  : INTEGER
            )),
```

```
frames      :            SET(TUPLE(
                         frame_id    : INTEGER,
                         frame_name  : TEXT(50),
                         based_on    : INTEGER,
                         matrix      : TUPLE(
                                       row_1 : LIST(4 FIX REAL),
                                       row_2 : LIST(4 FIX REAL),
                                       row_3 : LIST(4 FIX REAL),
                                       row_4 : LIST(4 FIX REAL)
                                       )
                         ))
      ))
```

7. TREE VERSUS GRAPH STRUCTURE

NF2 supports the definition and manipulation of nested relational data. The NF2 concept corresponds to hierarchical tree structures. Complex objects, however, incorporate structures that cannot be mapped into a NF2 table in a straight forward fashion. The following section first gives two examples where the tree structure is a handicap and then there are some proposals to overcome these restrictions.

PROBLEMS:

- The first drawback of NF2 is the *redundancy* that is required if some branches in the tree have to be duplicated for sake of the pure tree structure. NF2 simply does not support a reference concept to address some entity within another relation other than join attributes on the same hierarchy level. The hierarchical database system IMS, on the other hand, allows to have *one real* and some *virtual* branches within a hierarchy. These virtual branches are modeled using references to the real branch in which the data is actually stored [Date 83]. Duplicated information, however, should always be avoided with respect to memory space and consistency.
- The relational model (1NF) represents references by join attributes. Such attributes are called foreign keys. Their value identifies some entity within some other relation. Nested relations do not have such a uniform key concept. Not only the value of some key attribute is necessary to identify an entity but the path that leads to it within the tree structure is required. But how can one describe paths of different length in a uniform way? This would be required if there are references between entities on different levels of the hierarchy.

SOLUTIONS:

- The first proposal is to introduce a new type of attribute called *reference*. A surrogate[12] [Codd 79] would be the value of such an attribute. One could have different references to one entity and, thus, the topology of an NF^2 table no longer had to be simply a tree but it could be any possible graph[13]. This, in fact, would only be possible if the database system was changed.
- There is yet another solution that is feasible without changing the database system. As mentioned before, NF^2 incorporates 1NF, the classical relational model. Thus one could *extract portions of the graph* (that do not fit into the hierarchical structure) and store them in special relations. Surely some of the original application structure is lost when separating part of the complex object. But our experience shows that we need not have to separate much of the information to transform the remaining information into a pure hierarchical structure. An example of separating is the subtable *frames* that we created within the object *manufacturing cell*.

8. CONCLUSIONS

This last chapter gives an overview over the advantages and disadvantages of the NF^2 data model with respect to engineering applications.

ADVANTAGES

- HDBL is a powerful tool to define and manipulate complex objects that are hierarchically structured. It allows to incorporate a lot of semantic knowledge about the application into the database schema.
- Nested relations are a natural concept for modeling hierarchies.
- Easy control of referential integrity (within the tree).
- Pointer to parents and sons implicit.
- It provides for easy modeling by using well known *top down* development.
- Cardinalities that are included in the schema help to check boundary violations.
- The classical relational model can be seen as a special case of NF^2. Therefore NF^2 adopts most of the advantages of 1NF.
- Hierarchical description makes it easy to get an overview about the data structure (self describing schema).
- Information belonging to one object is clustered when stored.
- The model supports concepts like abstraction, aggregation and generalisation.

---

[12]A system created key to identify some entity within the whole structure.

[13]The surrogate concept does have disadvantages too. One of them is the loss of clustering on secondary memory.

Disadvantages

- Many to many relationships can only be modeled using join attributes or by including duplicated data items.
- There is no system-generated uniform key that identifies an entity within the hierarchical structure.

9. Abbreviations

ADT	Abstract Data Type
AIM-P	Advanced Information Management Prototype
BR	Boundary Representation
CAD	Computer Aided Design
CAM	Computer Aided Manufacturing
CIM	Computer Integrated Manufacturing
CSG	Constructive Solid Geometry
DBS/DBMS	Data Base (Management) System
DDL	Data Definition Language
DML	Data Manipulation Language
HDBL	Heidelberg Data Base Language
NF^2	Non First Normal Form
R^{2}D^2	Relational Robotics Database System with extensible Data Types
SQL	Structured Query Language
1NF	First Normal Form (classical relational data model)

10. References

AIM-P 87   Advanced Information Management Prototype
User Manual for the online interface of the
Heidelberg Data Base Language (HDBL).
IBM Scientific Center,
Heidelberg, West Germany.

Blume 86   Blume, C.
Programmiersprachen für Industrieroboter.
Vogel Verlag, 1986.

Balzert 82

Balzert, H.
Die Entwicklung von Software-Systemen.
Bibliographisches Institut,
Reihe Informatik, Bd. 34, 1982

Chen 76

Chen, P.
The Entity Relationship model:
towards a unified view of data.
ACM Transactions on Database
Systems 1 (1), 9-36, Mar 1976.

Codd 79

Codd, E.F.
Extending the Relational Database Model
to Capture More Meaning.
ACM Transactions on Database
Systems 4 (4), 397-434, Dec. 1979.

Date 83

Date, C.J.
An Introduction to Database Systems.
Addison-Wesley Publishing Company, 1983.

Dittrich 86

Dittrich, K.R.
Object-oriented database systems:
the notion and the issues.
Proceedings International Workshop on
Object-Oriented Database Systems,
Pacific Grove, Ca., Sept 1986, 2-6.

Goos 82

Goos, G.
Programmiertechnik.
Skriptum zur gleichnamigen Vorlesung an
der Universität Karlsruhe,
Wintersemester 82/83

Kaltenbach 87

Kaltenbach, J.
Datenbankzugriffe für wissensbasierte
Sensorsysteme in der Robotik.
Diplomarbeit an der Universität Karlsruhe,1987

Kemper 86

Kemper, A., Wallrath, M., Lockemann, P.C.
Ein Datenbanksystem für Robotikanwendungen.
Robotersysteme 2, 177-187,
Springer Verlag 1986.

Kemper 87a
Kemper, A., Wallrath, M.
An Analysis of Geometric Modeling
in Database Systems.
ACM Computing Surveys, Mar 1987

Kemper 87b
Kemper, A., Wallrath, M.
Konzepte zur Integration Abstrakter
Datentypen in R^2D^2.
Informatik Fachberichte Nr. 136, S. 344-359,
Springer Verlag, April 1987.

Kemper 87c
Kemper, A., Lockemann, P.C., Wallrath, M.
An Object-Oriented Database System
for Engineering Applications.
ACM SIGMOD Conf. on Management of DATA,1987

Lockemann 85
Lockemann, P.C. et al.
Anforderungen technischer Anwendungen
an Datenbanksysteme.
Informatik-Fachberichte,
Springer Verlag, Vol. 94, 1-26.

Meier 87
Meier, A.
Erweiterung relationaler Datenbanksysteme für
ingenieurwissenschaftliche Anwendungen.
Springer Verlag, 1987.

Mohrholz 86
Mohrholz, P.
Objekt-orientierte Datenbankunterstützung
für Robotersimulationen.
Diplomarbeit an der Universität Karlsruhe,1986

Pistor 86
Pistor, P. , Andersen, F.
Designing a generalized NF^2 model with an
SQL-type language interface.
Proc. of the Twelfth Intl. Conference on
Very Large Data Base Systems (VLDB),
Kyoto, Japan, August 1986, 278-285.

Paul 81
Paul, R.
Robot Manipulators.
The MIT Press Series in Artificial Intelligence.
Cambridge, Massachusetts and London,
England, 1981

Rembold 87   Rembold, U.
Computer Integrated Manufacturing.
Chapter 8, Marcel Dekker, 1987.

Schek 82   Schek, H.J., Pistor, P.
Data Structures for an Integrated Database
Management and Information Retrieval System.
Proc. of the Twelfth Intl. Conference on
Very Large Data Base Systems (VLDB),
Mexico City, 1982.

Teorey 82   Teorey, T.J., Fry, J.P.
Design of Database Structures.
Englewood Cliffs, New York,
Prentice Hall, 1982.

Tver 83   Tver, D. F., Bolz, R.W.
Robotics Sourcebook and Dictionary.
Industrial Press Inc., New York, 1983.

Datenmodelle für
VLSI-Entwurfsdatenbanken

P. Klahold, W. Wilkes
FernUniversität Hagen
Praktische Informatik I
Postfach 940
5800 Hagen 1

M. Ungerer
Technische Hochschule Darmstadt
Graphisch-Interaktive Systeme
Wilhelminenstr. 7
6100 Darmstadt

Abstract

Today's database systems are well-proved for business and administrative applications. They are less suited for non standard applications like VLSI-CAD because of their limited data models which are tailored to simple object structures. Thus, the complexity of CAD objects can only be represented indirectly. Modelling of VLSI-CAD data requires at least five basic structuring mechanisms: complexity, composition, versioning, representations and abstractions. From this point of view the paper outlines three exemplary VLSI data models. Afterwards it introduces the framework of an object-oriented data model offering all basic structuring mechanisms in an integrated way.

Zusammenfassung

Die heutigen Datenbank-Systeme haben sich in betriebswirtschaftlichen und administrativen Anwendungen hervorragend bewährt. Für den Einsatz in nicht-konventionellen Anwendungen, wie etwa im VLSI-CAD-Bereich, sind sie in ihrer heutigen Form jedoch weniger gut geeignet. Ein wesentlicher Grund dafür liegt in ihren eingeschränkten Datenmodellen, die auf einfache Objekt-Strukturen zugeschnitten sind und die die Komplexität von CAD-Objekten nur indirekt darstellen können. Die Modellierung von VLSI-CAD-Daten erfordert zumindest fünf grundlegende Strukturierungsmechanismen: Komplexität, Komposition, Versionierung, Repräsentationen und Abstraktionen. Im Lichte dieser Mechanismen skizziert das Papier exemplarisch drei VLSI-Datenmodelle und stellt die Grundzüge eines objekt-orientierten Datenmodells vor, das die grundlegenden Strukturierungsmechanismen in integrierter Weise anbietet.

1. Einleitung

Mit der zunehmenden Integration elektronischer Schaltungen, der wachsenden Verwendung neuer VLSI-Technologien und der damit stetig steigenden Komplexität der Entwurfsobjekte entstand eine Vielzahl von Werkzeugen zur (Teil-)Automation des Entwurfsprozesses. Eines der kritischen Probleme ist dabei die Verwaltung aller im Entwurfsbereich benötigten und anfallenden Daten. Unbestritten ist der Datenbankansatz - mit seinen Eigenschaften wie der anwendungsorientierten Datenstrukturierung, der Datenintegration, der Datenunabhängigkeit sowie der damit verbundenen Konsistenz der Daten - für VLSI-Entwurfsumgebungen geeignet. Generell wird jedoch die Integration der Anwendungen im Entwurfsbereich durch das Fehlen geeigneter und leistungsfähiger Datenhaltungssysteme erschwert.

Konventionelle Datenbanksysteme sind für das stark veränderte Anforderungsprofil des Elektronik-Entwurfs gegenüber dem kommerziellen Bereich weniger gut geeignet. Die Schwierigkeiten wurzeln sowohl in unzureichenden bzw. fehlenden Datentypen, den mangelnden Möglichkeiten der Datenstrukturierung als auch in der fehlenden Mächtigkeit der Datendefinitons- und Datenmanipulationssprachen.

Grundlegende Aufgaben bei der Entwicklung neuer Datenbanksysteme für den VLSI-Entwurf sind daher die Bereitstellung objektorientierter Datenmodelle sowie neuer Organisationsformen zur Verwaltung und Bearbeitung komplexer Objekte. Daher werden im folgenden Kapitel 2 zunächst die notwendigen Strukturierungsmittel für die Beschreibung von VLSI-Design-Daten vorgestellt. Anschließend werden im Kapitel 3 drei Datenmodelle zur Modellierung von Design-Daten skizziert und im Lichte der zuvor beschriebenen Strukturierungsmittel betrachtet:

1. Das EDIF-Format, das zwar eigentlich ein Transfer-Format darstellt, jedoch wesentliche Elemente eines Datenmodells beinhaltet (die Abbildungen dieses Formats auf ein relationales Datenbank-System und ein erweitertes ER-Modell werden ebenfalls beschrieben),
2. das CADLAB Datenmodell, das als Basis für ein VLSI-spezifisches Datenbank-System dient, sowie
3. das AIDA/ECIP-Datenmodell.

Schließlich werden im Kapitel 4 die Grundgedanken eines objekt-orientierten Datenmodells vorgestellt, das Grundmechanismen für alle Aspekte der Modellierung von VLSI-Design-Daten integriert anbietet.

2. Anforderungen an ein VLSI-Datenmodell

Eine entscheidende Rolle für die Akzeptanz von Datenmodellen aus Anwendersicht spielen die modellinhärenten Hilfsmittel zur Beschreibung der Semantik von Objektstrukturen. Sowohl bei der Datendefinition wie ihrer Manipulation sollte durch die Berücksichtigung der Semantik der Daten eine einfache Modellierung der Anwendung geboten werden und gleichzeitig ein hoher Grad an Konsistenz sichergestellt werden. Fünf wesentliche Aspekte sind bei der VLSI-Datenmodellierung zu unterscheiden:

Komplexität der Daten
Entwurfsdaten zeichnen sich durch eine heterogene Attributstruktur aus. Im Gegensatz zu konventionellen Anwendungen, wo die Objekte der realen Welt meist durch einfache Attribute beschrieben werden können, besitzen VLSI-Objekte eine heterogene Menge sowohl einfacher (z.B. Name des Entwurfs, Designer) als auch strukturierter Attribute (z.B. Ports, Geometrien). Dabei ist die Gesamtmenge der Informationen als ein Objekt anzusehen und damit die Einheit des Speicherns und Manipulierens.

Zusammensetzbarkeit von Objekten
In der Regel werden VLSI-Entwurfsobjekte durch den Zusammenbau aus mehreren Teilobjekten beschrieben. Die Teilobjekte selbst sind oft wieder in sich zusammengesetzte Objekte über mehrere Hierarchiestufen hinweg. Durch die Verwendung bekannter Objekte zum Aufbau komplexerer Objekte werden Aufgaben in Teilaufgaben zerlegt und der Entwurfsaufwand verringert. So kann beispielsweise ein Prozessorbaustein hierarchisch durch die Dekomposition in einzelne Bauteile beschrieben werden. Durch eine Referenz- oder Instanziierungsbeziehung entsteht eine komplexe Beziehungsstruktur zwischen eigenständigen Objekten der realen Welt. Diese Beziehung muß im Datenmodell explizit darstellbar sein. Insbesondere müssen feste Operationen zur Definition und konsistenten Manipulation ("referentielle Integrität") derartiger Objektstrukturen bereitgestellt werden.

Versionierung
Ein weiterer wichtiger Aspekt betrifft das iterative Vorgehen beim
Entwerfen. Während eines Entwurfsprozesses entstehen häufig mehrere
Versionen eines Objektes. Je nach Anwendung und semantischer Bedeutung
werden sie als Variante, Alternative, Revision, etc. bezeichnet. Daher
ist ein flexibles und mächtiges Versionskonzept erforderlich, das
diese unterschiedlichen Sichtweisen auf Versionen unterstützt und
deren Beziehungen auf geeignete Weise organisiert.

Repräsentationsebenen
Ein Chip-Entwurf wird üblicherweise in unterschiedlichen
Darstellungsformen beschrieben (z.B. Spezifikation, logische Verhal-
tensbeschreibung, Layout, Testdaten). Dadurch existieren verschiedene
Sichten (Reprasentationen) auf einen Entwurf. Die Zusammengehörigkeit
dieser Sichten zu einem Entwurfsobjekt und die vielfältigen
Beziehungen untereinander sind vom Datenbanksystem zu verwalten.

Abstraktionsformen
Haufig sind die Komponenten eines Entwurfsobjektes zunächst weder in
ihrer Struktur noch in ihrer Strukturausprägung vollstandig bekannt.
Die Tatigkeit des Konstruierens besteht gerade darin, in einem
Verfeinerungs- und Veränderungsprozeß Beschreibungen von neuen
Objekten zu erstellen. Dabei sind in der Regel Rahmenbedingungen zu
beachten, die z.B. durch die Einbettung der Objekte in die
Komponentenstruktur gegeben sind.
Ähnliches gilt für die notwendige Unterscheidung zwischen der
Schnittstelle und der Implementierung eines Entwurfsobjektes. Die
Unterscheidung dient dazu, bei einer Instanziierung nur die
benutzbaren Informationen (z.B. Pin-Beschreibung) zur Verfügung zu
stellen und die Informationen über die eigentliche Implementierung des
Objektes zu verbergen. Somit kann die Schnittstelle als Beschreibung
des Objekts auf einem höheren Abstraktionsniveau gesehen werden, und
durch schrittweise Verfeinerung entsteht schließlich die endgültige,
detaillierte Objektdarstellung.

3. Beispiele für VLSI-Datenmodelle

Im folgenden werden beispielhaft drei Ansätze für VLSI-Datenmodelle
skizziert. Insbesondere die zur Verfügung gestellten Möglichkeiten zur
Beschreibung der Objektstrukturen sollen dabei herausgearbeitet
werden.

3.1 EDIF-orientierte Datenmodelle

Fur den Transfer von Entwurfsdaten zwischen verschiedenen CAD-Systemen
und zu Fertigungssystemen stehen derzeit mehrere Formate in der
Diskussion, welche die Entwurfsdaten in einheitlicher Form beschreiben
und so in einer für Sender und Empfanger syntaktisch und semantisch
eindeutigen Weise spezifizieren. Das Transferformat EDIF ("Electronic
Design Interchange Format") [Edif87] gilt dabei als eine der
fortgeschrittensten und umfassendsten Standardisierungsvorhaben im
Elektronik-Bereich.

Obwohl EDIF als reines Datenaustauschformat konzipiert ist, sprechen
einige Gründe dafür, EDIF als Grundlage eines Datenmodells zu
verwenden:

  - EDIF bietet eine einheitliche, standardisierte Sicht auf den
    Großteil der während des Entwurfsprozesses anfallenden Daten.
  - Einige der in einem VLSI-Datenmodell zu berücksichtigenden
    Objektstrukturen sind in EDIF enthalten.

- Durch die Orientierung an einem anerkannten Transferfomat können
  Entwürfe ohne großen Aufwand für Postprozessoren in andere Formate
  konvertiert werden.
- Werkzeuge mit einer an EDIF orientierten internen Datenhaltung
  konnen relativ einfach an das Datenmodell angepaßt werden.

Beschreibung von EDIF

Eine EDIF Beschreibung stellt eine Hierarchie dar, die nach unten
immer detailliertere Informationen enthält und in der obersten Schicht
alle für einen oder mehrere Entwürfe notwendigen Daten zusammenfaßt.
Im wesentlichen ist die oberste Ebene eine Zusammenstellung von
Bibliotheken, die durch eine Technologiesektion beschrieben werden und
wiederum eine Menge von Zellen beinhalten.

Jede einzelne Zelle kann in verschiedenen Repräsentationen (Views)
dargestellt werden. Ein View kann als eine spezielle Sicht auf die
Informationen, die eine Zelle enthält, gesehen werden. EDIF stellt
zehn modellinhärente Sichten zur Verfügung: Behaviour, Document,
Graphic, LogicModel, Mask Layout, Netlist, PCBLayout, Schematic,
Stranger und Symbolic.

Jede View einer Zelle kann in eine Schnittstelle (Interface) und eine
Implementierung (Contents) unterteilt werden: Das Interface beschreibt
die Schnittstelle zwischen der Zelle und ihrer Umgebung. Diese
Schnittstelle legt die Konventionen fest, die bei der Kommunikation
zwischen einer Zelle und anderen Zellen, die diese Zelle benutzen,
einzuhalten sind. Das Interface kann daher als Abstraktion einer Zelle
bezeichnet werden. Die detaillierte Beschreibung einer Zelle, wie sie
aus der Perspektive der spezifizierten Sicht gesehen wird, erfolgt im
Contents. Dieser enthält die Einzelheiten, welche entsprechend der
Perspektive variieren können. Die einzelnen Komponenten können
entweder die tatsächliche Beschreibung der Zelle auf niederster Ebene
oder Instanzen anderer Zellen darstellen.

Die Bibliotheken sind nur eine flache Sammlung von Zellen. Die
Zusammensetzung einer Zelle aus anderen Komponenten wird durch einen
Instanziierungsmechanismus beschrieben. Er stellt die Beziehung von
Zellsichten zu Sichten existierender Zellen dar. Durch den
Instanziierungsmechanismus auf Sichtebene entstehen unterschiedliche
funktionelle Hierarchien. So führt z.B. die Darstellung des
Maskenlayouts einer Zelle zu einer anderen Dekomposition als die
Darstellung der funktionellen Beschreibung der gleichen Zelle. Jeder
Repräsentation entspricht also eine eigene Zellhierarchie, wobei die
einzelnen Zellhierarchien nicht notwendig isomorph sein müssen.
Beziehungen zwischen den Repräsentationen werden durch eine VIEW-Map
hergestellt. Die Verknüpfung von Zellen und ihren Komponenten wird
durch spezielle Konstrukte JOIN, etc. realisiert.

Obwohl EDIF wesentliche Konzepte zur Datenmodellierung wie die
Kompositionsbeziehung und die Darstellung von Repräsentationsformen
unterstützt, ist es derzeit noch nicht ausreichend für ein
vollständiges Datenmodell. Dieses resultiert zum einen daraus, daß
sich EDIF noch in der Entwicklung befindet, und zum anderen aus der
Tatsache, daß EDIF lediglich als Datentransferformat konzipiert ist.
Ein EDIF-orientiertes Datenmodell muß daher um einige Beschreibungs-
mechanismen ergänzt bzw. erweitert werden:

- EDIF erlaubt zwar die Beschreibung mehrerer Zellsichten gleichen
  Typs innerhalb einer Zelle. Hierdurch kann die Existenz
  unterschiedlicher Versionen ausgedrückt werden; ihre gegenseitigen
  Abhängigkeiten kann der Anwender jedoch nicht ausdrücken.

- Die in EDIF möglichen Repräsentationsformen sind fest definiert. Zusätzliche Views werden nicht unterstützt.
- Abstraktionsformen können nur elementar durch eine festvorgegebene Abgrenzung des Interfaces vom Contents beschrieben werden.
- EDIF ist auf die Beschreibung des technischen Entwurfes beschränkt. Eine Einbeziehung von Daten aus dem kaufmännischen Bereich, dem Design- und Projektmanagement oder dem eigentlichen Produktionsprozeß kann durch die vorgegebene starre Struktur nicht vorgenommen werden.

Die Implementierung eines EDIF-Datenmodells wurde von den Autoren unter Verwendung herkömmlicher Datenmodelle vorgenommen.

Abbildung von EDIF auf das relationale Datenmodell

An der FernUniversität Hagen wurde im Rahmen des E.I.S.-Projektes das EDIF-Format in ein relationales Datenbankschema abgebildet, das sich eng an der Klammerungsstruktur von EDIF orientiert [BoKS87]. Jedem EDIF-Statement wird ein Relationstyp zugeordnet; der Bezug zu den innerhalb eines Statements angesiedelten untergeordneten Statements wird durch die Ausnutzung von Fremdschlüsseln sichergestellt. Nur falls untergeordnete Statements keine weitere Schachtelung zulassen, werden mehrere EDIF-Klauseln in einem Relationstyp abgebildet.

Mit der vorgenommenen Abbildung steht damit eine rechnerinterne Darstellung aller Daten eines Entwurfes zur Verfügung. Die Vorteile des zugrundeliegenden Datenmodells liegen dabei in der erreichten Datenunabhängigkeit, den flexiblen Abfragemöglichkeiten sowie der Datensicherheit. Gleichzeitig werden jedoch auch die Einschränkungen des reinen relationalen Modells deutlich. Ein Objekt Zelle muß in einer Vielzahl von Relationen dargestellt werden. Dabei wird der Zusammenhang der einzelnen Relationen zu dem logischen Ganzen Zelle nicht durch das Datenmodell ausgedrückt, sondern muß von den einzelnen Anwendungen modelliert werden. Dies bedeutet, daß jede Anwendung die Beziehungen zwischen den einzelnen Informationen kennen muß und etwa beim Zugriff auf eine Zelle ca. 70 verschiedene Aufrufe von Funktionen des Basismodells verwenden muß.

In einer zweiten Ebene wird daher die reine Datenabbildung um Funktionen erweitert, die die Manipulation und das Retrieval von Daten auf der Basis von EDIF-Objekten erlauben. So werden z.B. Operationen angeboten, die den Zugriff auf die EDIF-Entities cell, view oder einzelne Sektionen von Views ermöglichen. Spezielle Löschoperationen gewährleisten die Konsistenz der Instancestruktur. Zusammen mit der Schemaabbildung bietet die zweite Ebene damit ein speziell auf das EDIF-Transferformat abgestimmtes Datenmodell. Die beliebige Integration neuer Objekttypen oder die Änderung von Beschreibungsmerkmalen existierender Objekttypen wird durch die Lösung nicht ermöglicht.

Abbildung von EDIF auf das EER-Modell

Eine weitere Möglichkeit stellt die Beschreibung VLSI-spezifischer Datenstrukturen durch Entity-Relationship Diagramme dar. An der TH Darmstadt wurde im Rahmen des E.I.S.-Projektes ein EDIF-orientiertes Schema für ein erweitertes Entity-Relationship Modell konzipiert [Unge86]. Mit dem zugrundegelegten Modell von Neumann [Neum83] lassen sich zusammengesetzte Objekte beschreiben. Das Modell bietet einen neuen Beziehungstyp "Referenzbeziehung" und entsprechende Zugriffs- und Manipulationsfunktionen, mit denen der Aufbau sogenannter "Kern-Entities" aus anderen Entities modelliert werden kann.

Damit kann die für EDIF typische Entwurfshierarchie - die Komposition von Zellen durch Instanzen anderer Zellen - beschrieben werden. Der komplexe Aufbau von EDIF-Objekten wird durch Eigentumsbeziehungen modelliert. Die vielfältigen Beziehungen in EDIF lassen sich durch normale Relations realisieren.

Obwohl das verwendete Modell mächtiger ist als das ER von Chen oder das relationale Modell, können wesentliche Aspekte nicht explizit augedrückt werden. So kann die Unterscheidung zwischen der Schnittstelle und der Implementierung einer Zelle nur über zusätzliche Attribute realisiert werden. Außerdem beschreibt das Modell nicht die Semantik unterschiedlicher Repräsentationen.

3.2 Das CADLAB-Datenmodell

Ein derzeit im CADLAB (Universität Paderborn/ Nixdorf Comp. AG) in der Implementierung befindliches VLSI-Datenhaltungssystem [KKMN87] basiert auf einem Netzwerkansatz. Unterschieden wird dabei zwischen primitiven und komplexen Objekten, wobei die komplexen Objekte durch Vater/Sohn-Beziehungen als Netzwerk primitiver Objekte entstehen. Ein ausgezeichnetes Objekt "Instanz" ermöglicht es, Zellhierachien aufzubauen. Mit Hilfe von Äquivalenzobjekten ist die Gruppierung von Objekten möglich. Die Versionierung von Objekten wird in Form eines Abhängigkeitsgraphen ermöglicht, wobei die physikalische Speicherung durch spezielle Delta-Objekte unterstützt wird.

Der Zugriff ist im CADLAB-Datenmodell nur auf komplexe Objekte möglich. Innerhalb eines komplexen Objektes muß mit Hilfe von Navigationsroutinen das Netzwerk primitiver Objekte bearbeitet werden. Hierzu stehen parametrisierbare Iteratorfunktionen zur Verfügung. Die Darstellung von Abstraktionsformen oder die Unterscheidung von Schnittstellen wird nicht unterstützt.

Auf dieses allgemein gehaltene Datenmodell lassen sich verschiedene VLSI-Datenschemata abbilden. Auch bei CADLAB ist die Nutzung eines EDIF-orientierten Modells geplant.

3.3 Das AIDA/ECIP Datenmodell

Als letztes Beispiel eines neuangelegten VLSI-Datenmodells soll kurz das in den EG-Projekten AIDA/ECIP diskutierte Modell [ECIP87] skizziert werden. Grundlegende Modellierungsmechanismen sind der aus dem relationalen Modell übernommene Entity-Begriff, die Verwendung beliebiger Beziehungstypen (1:n, n:m) sowie Mengen- und Listen-attribute zum Aufbau komplexer Objekte. Außerdem wird ein Referenz-mechanismus zur Definition von Objekt-Subobjekt Strukturen eingeführt, der es ermöglicht, sowohl lokale wie globale Objekte zu referenzieren. Aus der objekt-orientierten Welt werden zusätzlich Generalisierung-beziehungen sowie generische Objekte übernommen.

Die Einbettung eines Versionskonzeptes in das AIDA/ECIP Modell ist nicht vorgesehen. Die Modellierung von Repräsentationsformen wird den Anwendungen überlassen.

4. Grundzüge eines objekt-orientierten Datenmodells für VLSI-Objekte

Um VLSI-Daten in einer Datenbank abspeichern zu können, muß die Datenbank die oben beschriebenen Strukturierungsmechanismen (Komplexität, Komposition, Versionierung, Repräsentationen, Abstraktionsebenen) als Modellierungskonzepte zur Verfügung stellen.

Im folgenden werden die Grundzuge eines object-orientierten Modells vorgestellt, das diese Mechanismen in integrierter Weise anbietet.

Komplexität

Die grundlegenden Modellierungseinheiten bilden **Objekte**, die aus atomaren Attributen bestehen. Objekte (unterschiedlichen Typs) werden zusammen mit den Beziehungen, die zwischen ihnen definiert sind, zu einem Objekt höherer Ordnung, einem **komplexen Objekt** zusammengefaßt. Die Subobjekte eines komplexen Objektes können nicht nur atomar sondern auch komplex sein, wodurch geschachtelte Objekte entstehen, ähnlich den NF²-Relationen [Dada86], [ScSc86]. Die explizite Verwaltung von Beziehungen zwischen den Subobjekten dient zur Darstellung beliebiger n:m-Beziehungen (vgl. auch [BaKi85], [Mits87], [KKMN87], [KWUK87]).

Kompositionsbeziehung zwischen komplexen Objekten

Im VLSI-Design werden eigenständige Design-Objekte (Zellen) entwickelt, die dann beim Entwurf komplexerer Zellen als Komponenten benutzt werden. Es gibt zwei wesentliche Unterschiede zwischen einer Komponente und einem Subobjekt:

1. Komponenten sind **mehrfach verwendbar**, ein Zelle kann Komponente vieler verschiedener Zellen sein.
2. Komponenten sind nicht vollständig sichtbar, sie zeigen nur die Informationen, die zu ihrer Benutzung notwendig sind (**Interface**).

Eine **Komponente** wird durch die **Kompositions-Beziehung** an das übergeordnete Objekt, das **Kompositions-Objekt**, geknüpft. Durch die Etablierung einer Kompositions-Beziehung wird im Kompositions-Objekt ein virtuelles Subobjekt erzeugt, das die Komponente repräsentiert und im folgenden (virtuelles) **K-Subobjekt** genannt wird. Es macht genau die Informationen sichtbar, die für den Einbau der Komponente in das Kompositions-Objekt notwendig sind, üblicherweise also das Komponenten-Interface.

Im allgemeinen wird davon ausgegangen, daß das Interface keinen Änderungen unterliegt, die Implementierung jedoch beliebig geändert werden kann, solange das Interface davon nicht berührt wird. Somit können verschiedene Implementierungen zu einem Interface gehören, die Komponente liegt in mehreren Versionen vor.

Ein starrer Interface-Begriff bringt jedoch Probleme mit sich:

- Interfaces ändern sich in der Realität, somit muß mit ihren Änderungen umgegangen werden können.
- Es ist häufig unklar, welche Informationen tatsächlich zum Interface gehören: Bei einem Chip können etwa genau die Anschlußpins das Interface bilden, aber genausogut kann es Anwendungsfälle geben, in denen andere Informationen über die Komponente notwendig sind, um es in die jeweilige Informationsstruktur des Kompositions-Objektes einbauen zu können (etwa die Signaldurchlaufzeit für Zeit-Simulationen).
- Nicht alle Änderungen von Interfaces betreffen alle Kompositions-Objekte: Wird etwa in einem Modul eine neue Funktion hinzugefügt, so hat dies keinerlei Auswirkungen auf übergeordnetete Module, die ohne diese Funktion auskommen.

Aus diesem Grund ist sinnvoll, jedem Kompositions-Objekt eine spezielle Sicht auf die Komponente zu gewähren, statt allen Benutzern ein festgelegtes Interface zu dieser Komponente aufzudrängen. Diese Sicht kann individuell im Kompositions-Objekt definiert werden, es kann aber auch eine Vordefinition von Sichten vorgenommen werden, auf die in der Kompositions-Beziehung zurückgegriffen wird. Die Sicht bestimmt die Struktur des K-Subobjektes, und die Komponente "vererbt" ihre entsprechenden Subobjekte an das K-Subobjekt ("Aufwärtsvererbung").

Die Zuordnung einer Komponente zu einem Kompositions-Objekt kann auf verschiedene Arten erfolgen:

- explizit:
  Die Komponente wird über einen eindeutigen Schlüssel (Surrogat) festgelegt.

- implizit:
  Die Komponente wird durch spezielle Bedingungen festgelegt (z.B. Zellen in einer bestimmten Technologie). Die tatsächliche Zusammensetzung einer Zelle wird somit erst beim Zusammenbau bestimmt. Die Bedingungen (Constraints) legen jedoch bereits bestimmte Eigenschaften der später zu spezifizierenden Komponente fest. In diesem Fall stellt ein virtuelles K-Subobjekt somit keine Sicht auf eine konkrete Komponente dar, sondern es bildet eine abstrakte Sicht auf eine Menge möglicher Komponenten (siehe auch unten, Abstraktionsmechanismen).

Eine genaue Beschreibung dieses Modells komplexer Objekte und der Kompositions-Beziehung findet sich in [KSWi88].

Versions-Strukturen

Ein Design-Objekt besteht in mehreren Versionen (z.B. Implementierungen unter einer Schnittstelle). Diese Versionen entstehen z.T. während des Design-Prozesses, wo sie zur Dokumentation und zur Unterstützung des Entwicklungsprozesses benötigt werden (z.B. zur Verwaltung alternativer Entwürfe, zum Rücksetzen auf alte Versionen, etc.). Darüberhinaus dienen Versionen zur Darstellung des gesamten Lebenszyklus eines Design-Objektes: Die verschiedenen Freigabestufen eines Produktes, wie sie verschiedene Unternehmensbereiche sehen (z.B. Entwicklungsabteilung und Produktion), können als Versionen dieses Produktes dargestellt werden.

Die Verwaltung der Versionsmenge eines Objektes wird durch eine **Versions-Umgebung** vorgenommen [KSWi86], [Wilk87]. Eine Versions-Umgebung ist ein Verwaltungs-Objekt, das Design-Objekten unabhängig von ihrem Typ zugeordnet werden kann. Es prägt der Versions-Menge Graphen und Partitionen auf, wodurch Ordnungen und Gruppierungen von Versionen ermöglicht werden. Dies erlaubt z.B. die Definition von Ableitungsgraphen oder die Gruppierung von Versionen gemäß ihrer Position im Design-Zyklus (Arbeits-Version, vorläufige Version, freigegebene Version, etc.).

Um den Design-Zyklus eines Unternehmens definieren zu können, muß neben der strukturellen Organisation der Versionsmenge (Einordnung von Versionen in bestimmte Phasen) auch eine Ablauf-Organisation definiert werden können. Zu diesem Zweck bietet die Versions-Umgebung zwei Grundmechanismen an:

- Constraints auf Operationen ermöglichen es, die Ausführung von Operationen von Bedingungen abhängig zu machen oder ganz zu verbieten (etwa grundsätzliches Verbot von Updates - Änderungen nur durch Anlegen neuer Versionen möglich, oder spezifisches Verbot von Updates auf freigegeben Versionen, etc.).
- Komplexe Operationen ermöglichen es, bestimmte Abläufe vorzudefinieren und dem Benutzer damit genau die Aktionsmöglichkeiten an die Hand zu geben, die der geplanten Ablauf-Organisation entsprechen.

Im Zusammenhang mit der Komposition-Beziehung ergibt sich das Problem, daß bei der Festlegung einer Komponente nicht nur ein bestimmtes Objekt, sondern auch noch eine bestimmte Version dieses Objektes ausgewählt werden muß. Der Unterschied zwischen Objekten und Versionen ist jedoch nicht fixierbar: Objekte und Versionen können als unterschiedlich abstrakte Sichten verstanden werden, und wie der nächste Abschnitt zeigen wird, kann es mehr als diese zwei Abstraktions-Ebenen "Objekt" und "Version" geben.

Abstraktions-Mechanismen

Versionen eines Design-Objektes besitzen gemeinsame Eigenschaften. Gemeinsam ist ihnen zumindest die Eigenschaft, daß sie zu einem Design-Objekt gehören. Häufig wird davon ausgegangen, daß die Schnittstellen aller Versionen (bspw. einer Zelle) gleich sind. Diese Gemeinsamkeit der Versionen kann als "Objekt-Invariante" betrachtet werden.

Die Objekt-Invariante beschreibt, was das Design-Objekt im Unterschied zu anderen Design-Objekten ausmacht. Sie kann als ein Objekt aufgefaßt werden, das eine Abstraktion aller Versionen darstellt und damit das Design-Objekt und jede seiner Versionen repräsentiert. Geht man umgekehrt vom abstrakten zum speziellen vor, so bewirkt dieser Abstraktions-Mechanismus eine Vererbung der Objekt-Invariante in jede Version. Diese Vererbung findet auf der Ebene der Objekte statt, nicht auf der Klassenebene wie bei der Generalisierung in objekt-orientierten Sprachen oder semantischen Datenmodellen [MyBW80] [AlCO85]. Entsprechend werden auch nicht nur die Typ-Definitionen an die Versionen vererbt, sondern ebenso Attributwerte und Subobjekte. Die ererbten Daten sind für die Versionen unveränderbar, sie stellen die Rahmenbedingungen dar, unter denen die Version realisiert werden muß. Da dieser Abstraktionsmechanismus eine Anologie zur Generalisierung auf der Ebene der Objekte darstellt, wird er als **Objekt-Generalisierung** bezeichnet [Wilk87].

Wir haben oben schon gesehen, daß sich auch die Schnittstellen ändern können. Dies führt zu Versionen von Schnittstellen. Eine Veränderung einer Schnittstelle muß aber nicht unbedingt direkte Auswirkungen auf Nutzer dieser Komponente haben, da z.B. beim Hinzufügen von neuen Funktionen alte Module, die diese Funktionen nicht benötigen, davon gar nicht betroffen sind. Dies liegt daran, daß auch die Versionen einer Schnittstelle wieder unter einer abstrakteren Sicht gesehen werden können, die die gemeinsame Eigenschaften von Versionen von Schnittstellen beschreibt. Wir erhalten dadurch eine Objekt-Generalisierungs-Hierarchie, in der Objekte auf einer höheren Abstraktions-Ebene gemeinsame Eigenschaften von darunterliegenden Objekten beschreiben und ihre Daten an diese Objekte vererben.

Diese Hierarchie beschränkt sich natürlich nicht nur auf die Beschreibung der Gemeinsamkeiten von Schnittstellen, sie kann allgemein zur inhaltlichen Gruppierung von Versionsmengen benutzt werden, z.B. kann als Invariante die Technologie festgelegt werden, in der die Versionen einer Zelle gefertigt sind.

Insgesamt führt dies zu einer Relativierung des Versions-Begriffes, der lediglich die Beziehung zwischen zwei Ebenen der Objekt-Generalisierungs-Hierarchie beschreibt. Die verschiedenen Abstraktions-Ebenen dieser Hierarchie können insbesondere bei der Kompositions-Beziehung genutzt werden, da sie die Möglichkeit bieten, in frühen Design-Phasen Komponenten auf sehr abstrakten Niveau (wenig spezifiziert) zu betrachten und im Laufe des Design-Prozesses die spezialisiertere Sichten auf die Komponenten auszuwählen [BKSW87], wodurch der Kreis der moglichen Kandidaten immer weiter eingeschränkt wird.

Repräsentationen

Die Zusammenstellung der verschiedenen Sichten (Repräsentation) auf eine Zelle (Logik-Beschreibung, Layout, etc.) wird durch ein Konfigurations-Objekt gewährleistet. Ein Konfigurations-Objekt besteht aus Referenzen (Surrogaten) zu den verschiedenen Repräsentationen des zu konfigurierenden Objektes. Bei der Definition eines Konfigurations-Objektes muß insbesondere die Abhangigkeit zwischen verschiedenen Repräsentationen dargestellt werden, um automatische Ablaufe (Silicon-Compiler) oder automatische oder halbautomatische Konsistenzüberwachungen [Neum83] zu ermoglichen.

[AlCO85] A.Albano, C.Cardelli, R.Orsini: *Galileo: A strongly-Typed, Interactive Conceptual Language.* ACM TODS, Vol.10, No.2, June 1985

[BaKi85] D.S.Batory, W.Kim: *Modelling Concepts vor VLSI CAD Objects.* ACM TODS, Vol.10, No.3, September 1985

[BKSW87] T.Berkel, P.Klahold, G.Schlageter, W.Wilkes: *Modelling CAD-Objects by Abstraction.* Informatik Berichte der FernUni Hagen, Nr.74, Oktober 1987

[BoKS87] D.Bouillon, P.KLahold, G.Schlageter: *Entwurf einer EDIF-Schnittstelle zum relationalen Datenbanksystem INGRES.* in [Unge87]

[Dada86] P.Dadam, et.al.: *A DBMS Prototype to Support Extended NF2-Relations: An Integrated View on Flat Tables and Hierarchies.* Proc. SIGMOD, Washington D.C., May 1986

[ECIP87] ECIP Project Team: *Data modelling for VLSI-Design.* Proc. First open ECIP Seminar, Brussels 1987

[EDIF87] EDIF Steering Committee: *EDIF Electronic Design Interchange Format Version 2 0 0.* Electronic Industries Association 1987

[KKMN87] G.Kachel, Th.Kathoefer, B.Martin, B.Nelke: *Das Datenhaltungskonzept der CADLAB-Workstation.* in [Unge87]

[KSWi86] P.Klahold, W.Wilkes, G.Schlageter: *A General Model for Version Management in Databases.* Proc. VLDB, Kyoto, August 1986

[KSWi88] P.Klahold, W.Wilkes, G.Schlageter: *Complex and Composite Objects in CAD Databases.* Internes Papier, FU Hagen, 1988

[Mits87] B.Mitschang: *MAD - ein Datenmodell für den Kern eines Non-Standard-Datenbanksystems.* Proc. BTW, Darmstadt, April 1987

[KWUK87] P.Klahold, W.Wilkes, M.Ungerer, D.Köhler: *Darstellung von Design-Objekten in relationalen Datenbanken.* Proc. 3. E.I.S. - Workshop, Bonn, 1987

[MyBW80] J.Mylopoulos, P.A.Bernstein, H.K.T.Wong: *A Language Facility for Designing Database-Intensive Applications.* ACM TODS, Vol.5, No.2, June 1980

[Neum83] T.Neumann: *On Representing the Design Information in an Common Database.* Proc. SIGMOD, Engineering Design Applications, San Jose, May 1983

[ScSc86] H.-J.Schek, M.Scholl: *The Relational Model with Relation-Valued Attributes.* Information Systems, Vol.11, No.2, 1986

[Unge86] 9M. Ungerer: *Ein Datenmodell für EDIF auf der Basis des erweiterten Entity-Relationship Modells.* Proc. 2. E.I.S. - Workshop, Bonn 1986

[Unge87] M. Ungerer (Hrsg.): *CAD-Schnittstellen und Datentransferformate im Elektronik-Bereich.* Springer Verlag 1987

[Wilk87] W. Wilkes: *Der Versionsbegriff und seine Modellierung in CAD/CAM-Datenbanken.* Dissertation FU Hagen 1987

Der Einsatz von Prolog-Werkzeugen
für Geo-Datenbanken

H.-J. Appelrath, H. Lorek
Universität Oldenburg
Fachbereich Informatik
Postfach 2503
D-2900 Oldenburg

Zusammenfassung

Diese Arbeit beschreibt einen Ansatz, Prolog-Werkzeuge und DB-Technologie zur Repräsentierung und Manipulation geowissenschaftlicher Objekte einzusetzen.

Dabei gehen wir von zwei Randbedingungen aus: eine Modellierung des betrachteten Weltausschnitts erfolgt in einem erweiterten Entity-Relationship-Modell (EERM) und die Abspeicherung der Geo-Objekte geschieht in Grid-Files. Diese Randbedingungen stellen keine wesentliche Einschränkung dar, als um Abstraktionskonzepte erweiterte Entity-Relationship-Modelle als geeignete Beschreibungssprachen für geowissenschaftliche Objektklassen akzeptiert sind und sich das Grid-File zur Speicherung von Geo-Objekten bewährt hat.

Diese Arbeit schildert in Kapitel 1 die Modellierung geowissenschaftlicher Daten in einem EERM und stellt Architektur, Schnittstellen und Grid-File-Objektspeicherung des von uns an der ETH Zürich entwickelten Geo-DB-Systems PROGEO vor.
Kapitel 2 beschreibt ausführlich die grundlegenden Konsistenzkonzepte, Definition und Update von Geo-Schemata sowie die Manipulation ihrer Objekte.
In Kapitel 3 zeigen wir, wie Prolog-Werkzeuge die in der Modellierung geforderten Definitions- und Manipulationsmöglichkeiten realisieren. Dabei legen wir besonderen Wert auf die Flexibilität bezüglich modell- und schema-inhärenter, sowohl system-definierter als auch benutzer-spezifischer Konsistenzanforderungen, die sich alle mit Hilfe von Prolog einheitlich realisieren und verifizieren lassen. Eine kurze Bewertung der PROGEO-Erfahrungen schliesst die Arbeit ab.

Abstract

PROGEO provides Prolog tools for the representation and manipulation of geo scientific objects. We make two assumptions: the modeling of the geo objects is done in an extended entity relationship model and the geo objects are stored in a Grid-File. These assumptions are no strong restrictions because entity relationship models including abstraction mechanisms are sufficient to model geo schemas. Furthermore the Grid-File is an adequate data structure for accessing geo objects.
In chapter 1 we present the used entity relationship model and architecture, interfaces as well as object management of PROGEO. In chapter 2 we discuss concepts for the definition and manipulation of schemas and objects (of the schemas). The main chapter 3 shows how one can define and manipulate geo schemas as well as update and retrieval geo objects using Prolog tools. We focus on the flexibility of defining and testing triggers which correspond to schema- and model-inherent, system-defined and user-specific constraints.

Schlüsselwörter: Prolog, Geo-DB, Modellierung, Konsistenz

1. ER-Modellierung und das System PROGEO

<u>1.1 Ein erweitertes Entity-Relationship-Modell</u>

Für Nicht-Standard-DB allgemein haben sich herkömmliche Datenmodelle und die darauf aufbauenden Datenmanipulationssprachen als unzureichend erwiesen ([BLPI]). Dies gilt insbesondere für Geo-Anwendungen (siehe z.B. [HARE], [APP1]), auf deren Betrachtung wir uns im folgenden beschränken werden. Viele Autoren (u.a. [LINE], [SCHE]) versuchen daher mit semantisch reicheren Datenmodellen Weltausssschnitte mit Geo-Objekten angemessener zu repräsentieren und zu manipulieren. Dabei basieren die Versuche häufig auf dem von Chen eingeführten *Entity-Relationship-Modell*. Dazu wird dieses Modell um *Abstraktionskonzepte* erweitert, um in einem so erweiterten *Extended-Entity-Relationship-Modell* (EERM) z.B. auch Hierarchien und Kompositionen von Objektklassen darstellen zu können. Das in dieser Arbeit zugrundegelegte, von [LINE] übernommene EERM stellen wir kurz vor.

<u>Objektklassen, Beziehungen, Attribute</u>

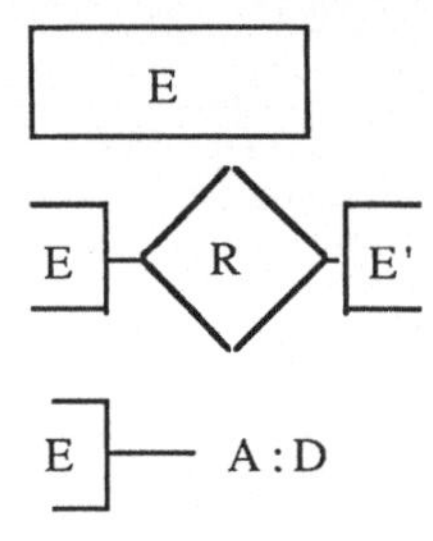

Objektklasse E: enthält Objekte vom Typ E

Beziehung R zwischen Objektklassen E und E'
(n-stellig mit n >= 2 vom Typ R)

Attribut A der Objektklasse E (auch Beziehungen können Attribute haben);
A Attributname, D Datentyp der Attributwerte
Attribute können über bestehende Beziehungen an andere Objektklassen "vererbt" werden

<u>Spezielle Beziehungen (Struktur-Beziehungen) zwischen Objektklassen</u>

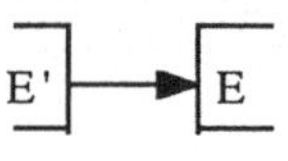

Generalisierung/Spezialisierung: E ist Generalisierung von E' (d.h. alle Objekte von E' gehören auch zu E) bzw. E ist Spezialisierung von E
<u>Bem.</u> Vererbbare Attribute der Objektklasse E werden an die Objektklasse E' "vererbt". E' kann aber durchaus eigene, nicht zu E gehörende Attribute besitzen.

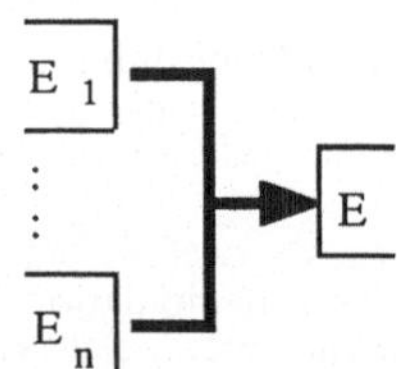

Partitionierung: E ist Generalisierung zu jeder Objektklasse $E_1, ..., E_n$; $E_1 ... , E_n$ sind paarweise disjunkt und bestimmen zusammen E vollständig, d.h. jedes Objekt aus E gehört zu genau einem E_i, $i \in \{1, ... ,n\}$

<u>Komplexe Objektklassen und ihre Kompositionsmöglichkeiten</u>

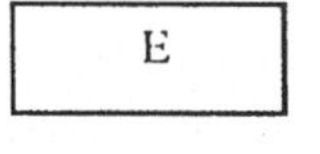

Komplexe Objektklasse E, die aus - evtl. selbst wieder komplexen - Objektklassen zusammengesetzt ist; um solche komplexen Objektklassen zu bilden, stehen folgende, ebenfalls Struktur-Beziehungen definierende Kompositionsmöglichkeiten zur Verfügung

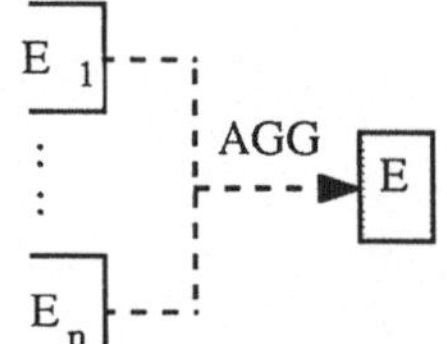

Aggregation: die komplexe Objektklasse E setzt sich zusammen (wird aggregiert) aus den Objektklassen $E_1 ,..., E_n$

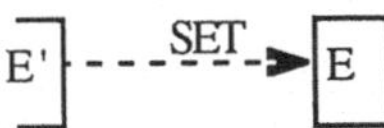

Mengenbildung: die komplexe Objektklasse E enthält als Elemente Objekte der Objektklasse E'

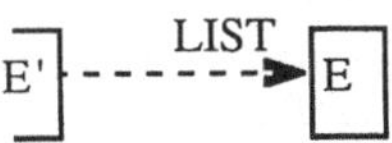

Listenbildung: die komplexe Objektklasse E enthält als Elemente Objekte der Objektklasse E', die - zusätzlich zu der Elementeigenschaft bei der Mengenbildung - eine feste Reihenfolge bezüglich E besitzen (Position des Elements innerhalb der Liste)

1.2 Geowissenschaftliche Modellierung im EERM

Wir verdeutlichen das EERM anhand eines Schemas für geowissenschaftliche Objekte und verwenden dabei ein Beispiel, auf das wir in dieser Arbeit durchgängig zurückgreifen (siehe Abb. 1).

Als hierarchisch höchste Objektklasse wird die Klasse *Geo-Objekt* eingefügt. Sie enthält das Attribut Klasse (Hinweis auf die Klassenzugehörigkeit des Objekts) und die vererbbaren Attribute *Name* und *Lage*, die sich in jeder Spezialisierung wiederfinden.

Bem. Für die übrigen Objektklassen fehlen zur besseren Übersicht Attributangaben.

Das Schema enthält Generalisierungen (z.B. Grünfläche zu Wald), eine Partitionierung (Strasse), eine Mengenbildung (Stadt), eine Aggregation (Fluss) und eine Listenbildung (Autobahn) und damit Beispiele für sämtliche vorgestellten Struktur-Beziehungen und Kompositionsmöglichkeiten.
Nicht explizit im Schema dargestellt, aber implizit vorhanden, sind verschiedene *geometrische* - sowohl topologische wie metrische - Beziehungen zwischen den Objektklassen, wobei der geometrische Grundtyp einer Klasse die möglichen Beziehungsarten bestimmt. Auf die Berücksichtigung "thematischer", d.h. nicht-strukturell begründeter Beziehungen wollen wir in dieser Arbeit verzichten.

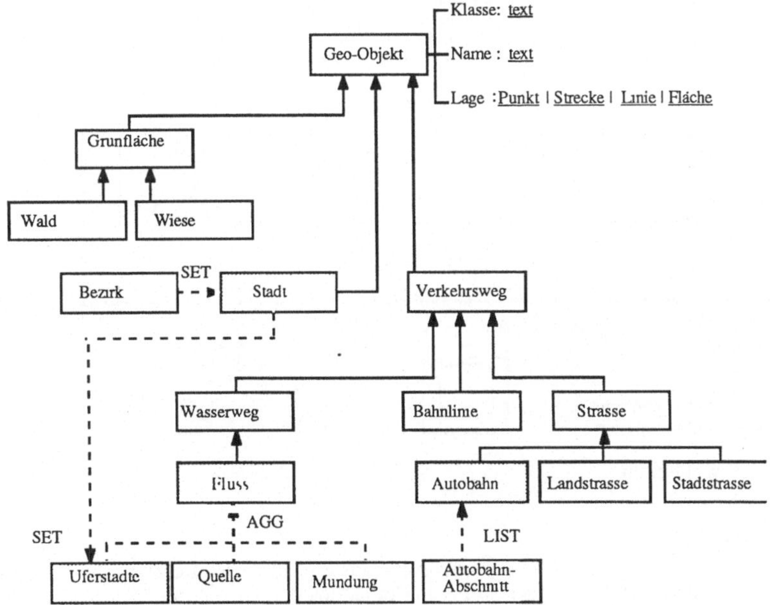

Abb. 1 Ein Geo-Schema

1.3 Das Geo-DB-System PROGEO

1.3.1 Architektur
PROGEO ist der Prototyp eines Prolog-basierten *Geo-DB-Systems*. Abb. 2 zeigt die wesentlichen
Entwurfsentscheidungen anhand der PROGEO-Architektur, die wir nachfolgend kurz erläutern.
Die Implementierung von PROGEO basiert auf einer bereits in anderen Projekten bewährten abstrakten
Modula-2-Maschine (Host), die die *Portabilität* der erstellten Software bezüglich der Rechner Lilith,
Macintosh und sun-3 sicherstellt.
PROGEO selbst besteht auf der obersten Hierarchiestufe aus den drei Komponenten
    UserInterface   (stellt die *Benutzerschnittstelle* von PROGEO dar),
    InferenceEngine (zur Definition und Manipulation von *Geo-Schemata* und zum Update und Retrieval
                        von *Geo-Objekten* jeweils mit Unterstützung eines Prolog-Interpreters) und
    GeoBase   (zur *physischen Verwaltung* der Geo-Objekte durch das Grid-File-System).

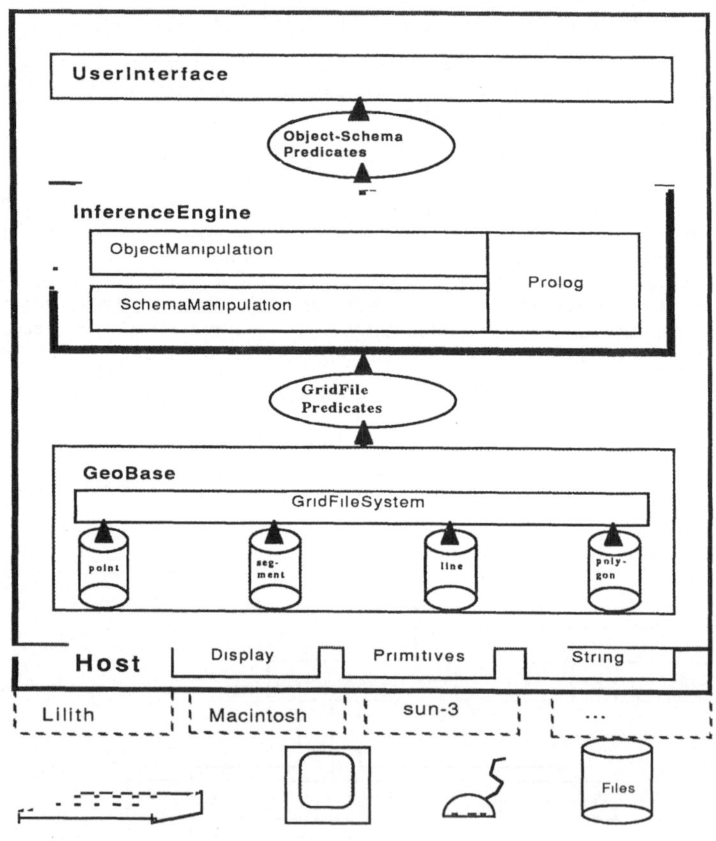

Abb. 2 PROGEO-Architektur

1.3.2 Interne Schnittstellen
Object-SchemaPredicates (siehe Abb. 2) - als reine Prolog-Schnittstelle zwischen UserInterface und
InferenceEngine realisiert - stellt zwei Klassen von Prädikaten zur Verfügung:
        SchemaManipulation.PDF: Definition, Update und Retrieval von <u>Schemata,</u>
        ObjectManipulation.PDF: Update und Retrieval von <u>Objekten.</u>

Bem. Vergleichbar einem Modula-2-Definitionsmodul sind für PROGEO in <KomponentenName>.PDF (PDF steht für Prolog-Definitionsmodul) die jeweils zu einer Komponente gehörenden Prädikate beschrieben.

Die Funktionalität der zwei Sub-Komponenten der InferenceEngine, *SchemaManipulation* und *ObjectManipulation*, ist also jeweils durch ein PDF festgelegt, dessen Prädikate mit Hilfe eines Prolog-Interpreters ("Herz" der Komponente InferenceEngine) verifiziert werden. Dieser, auf Vorarbeiten von [MULL] basierende *Interpreter* erlaubt durch einen effizienten Anschluss von *Modula-2*, Prolog-Prädikate in Modula-2 zu programmieren und in Prolog-Programme zu integrieren.

Die Schnittstelle zwischen InferenceEngine und GeoBase, *GridFilePredicates* (siehe Abb. 2), ist ebenfalls eine reine Prolog-Schnittstelle. Sie bietet in GridFilePredicates.PDF (Zugriff auf Geo-Objekte im Grid-File) die gewünschten Operationen für die physische Objekt-Verwaltung, die im nachfolgenden Abschnitt erläutert werden.

1.3.3 Physische Speicherung der Geo-Objekte
Wir haben uns aus pragmatischen Gründen (Verfügbarkeit eines entsprechenden externen Datenverwaltungssystems) entschieden, die Objekte bezüglich ihrer geometrischen Grundtypen (Punkt, Strecke, Linie, Fläche) geordnet - und nicht von ihrer Semantik, d.h. Klassenzugehörigkeit beeinflusst - in einer *punkt-orientierten* Datenstruktur abzulegen.
Zur Verwaltung von Punkten sind in der Literatur zahlreiche Datenstrukturen vorgeschlagen worden, wobei sich das *Grid-File* ([NIEV]) und auf ihm basierende Vorschläge als sehr geeignet erwiesen haben ([SIWI]). Auch wir nutzen in PROGEO Grid-Files zur Speicherung der Geo-Objekte, während wir die Schema-Informationen im *Hauptspeicher* verwalten.

[HINR] zeigt, wie man auch Objekte mit Dimensionen (Strecke, Linie, Fläche) mit Hilfe des Grid-Files ablegen kann, indem solche k-dimensionalen Objekte durch k Intervalle (*Container*, bounding box) approximiert und als Punkte im 2k-dimensionalen Raum repräsentiert werden.
Mit diesem Ansatz können mit einer einheitlichen, punkt-orientierten Datenstruktur und darauf definerten Operationen auch Manipulationen nicht-0-dimensionaler Objekte realisiert werden. Gegenüber Verfahren, die Linien und Flächen als n-fache Verkettungen von Strecken und damit auch wieder von Punkten darstellen, hat die Container-Methode i.a. deutliche Effizienzvorteile und eine feste, nur von der Dimension der gespeicherten Objekte abhängige Datenstruktur.

Alle Geo-Objekte lassen sich somit in vier Grid-Files verwalten: ein 4-dimensionales Grid-File für Punkt-Objekte, ein 6-dimensionales Grid-File für Strecken-Objekte, ein 10-dimensionales Grid-File für Linien-Objekte und ein 10-dimensionales Grid-File für Flächen-Objekte.
Die jeweilige *Grid-File-Dimension* ergibt sich aus der Anzahl der zur Bestimmung des jeweiligen geometrischen Grundtyps notwendigen Punktkoordinaten (für Punkte 2, für Strecken 4, für Linien und Flächen jeweils 8) plus jeweils zweier Dimensionen für die Attribute Klasse und Name. Zusätzlich nutzen wir in allen vier Grid-Files die Möglichkeit zur Vereinbarung eines sogenannten *Nicht-Schlüssel-Felds* (hier werden z.B. bei Linien und Flächen die tatsächlichen Koordinaten des Objekts notiert), das keinen Einfluss auf die Dimensionierung hat.

Wir haben die von [HINR] in einer Modula-2-Schnittstelle spezifizierten Grid-File-Operationen (insertGF, deleteGF, retrieveGF und errorGF) für die benötigten Geo-Objekte in Prolog realisiert, wobei für jede der vier Operationen in GridFilePredicates ein entsprechendes Prädikat angeboten wird.

2. Modellierung von Geo-Datenbanken

2.1 Konsistenzebenen und -konzepte

Wie in Informationssystemen üblich unterscheiden wir zwei *Konsistenzebenen* (siehe Abb. 3):

> *modell-inhärente* Konsistenz (durch Wahl des Datenmodells - hier EERM - festgelegtes Konsistenzverständnis, dem alle Schemata des Modells genügen müssen),

> *schema-inhärente* Konsistenz (Extensionen eines festgelegten Schemas, d.h. durch Instantiierung der Objektklassen mittels konkreter Objekte entstehende Zustände, werden in erlaubte - durch Updates erreichbare - und verbotene - durch Updates nicht erreichbare - Extensionen unterschieden).

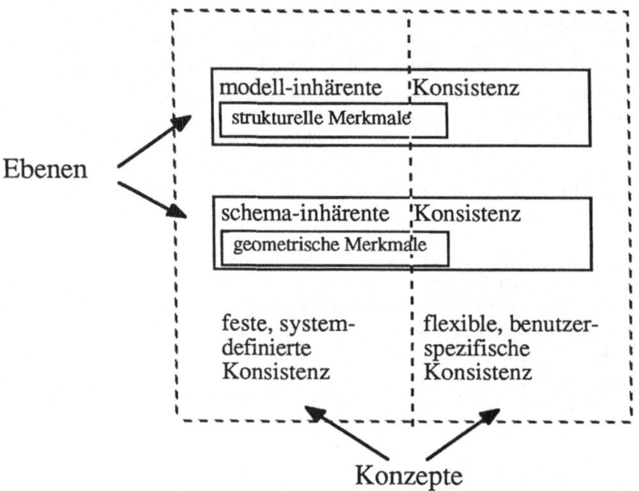

Abb. 3 Konsistenzebenen und -konzepte

In Ergänzung zu vielen *Konsistenzkonzepten* differenzieren wir orthogonal zu den vorgestellten Konsistenzebenen (siehe Abb. 3)

> vom *System* vorgegebene, *unverzichtbare* ("hardwired") Konsistenzregeln und
> vom *Benutzer* selbst oder für ihn definierte, *flexible* Konsistenzregeln.

Diese Differenzierung betrifft sowohl die Modell- als auch die Schemaebene.
Schema-inhärente Konsistenzanforderungen lassen sich - neben der Trennung in system- und benutzerdefiniert - in solche, die geometrische, und solche, die nicht-geometrische Merkmale betreffen, unterscheiden (siehe Abb. 3).

Geometrische Merkmale sind z.B. Vollständigkeit der Überdeckung einer Gesamtfläche durch paarweise disjunkte Teilflächen oder die Existenz von Strecken und deren Anfangs- und Endpunkten als notwendige Voraussetzung für die Existenz einer Linie. Solche geometrischen Eigenschaften - besser die Überwachung ihrer Einhaltung - sollen sicherstellen, dass topologische und metrische Merkmale erfüllt sind.
Metrische Merkmale zielen dabei auf die Abmessung von Objekten (z.B. Distanz, Länge, Umfang, Inhalt) in einem, durch das Koordinatenkreuz genormten Bezugssystem, während *topologische* Merkmale die Lagebeziehung der Objekte untereinander betreffen (z.B. Berührung, Nachbarschaft, Umschliessung).
Probleme geometrischer Konsistenzanforderungen und Möglichkeiten zu ihrer Lösung beschreibt neben anderen Aspekten der geometrischen Datenverarbeitung [MEIE].

Nicht-geometrische Merkmale betreffen stärker die Semantik der Objekte, d.h. alle nicht die Abmessung und Lage der Objekte betreffenden "Sachaussagen". Wir wenden uns in dieser Arbeit nur nicht-geometrischen Konsistenzanforderungen zu, da sie - im Gegensatz zu den geometrischen - gut durch Prolog-Werkzeuge unterstützt werden können.

Auf der Ebene modell-inhärenter Konsistenzanforderungen lassen sich *strukturelle* und *nicht-strukturelle* Merkmale betreffende Anforderungen differenzieren (siehe Abb. 3). Strukturelle Merkmale resultieren i.a. aus Eigenschaften der Struktur-Beziehungen Generalisierung und Partitionierung bzw. der Bildung komplexer Objektklassen. Diese Eigenschaften sind meist system-seitig zu prüfen und werden seltener im Bereich vom Benutzer beeinflussbarer Konsistenzanforderungen benötigt.
Nicht-strukturelle Merkmale von Schemata hingegen sind - vergleichbar den nicht-geometrischen Eigenschaften von Objekten - eher semantischer, vom Inhalt der Objektklassen abhängiger Natur und sollten insofern auf jeden Fall flexibel und benutzer-spezifisch anpassbar sein.
Diese Anforderungen wollen wir mit den gleichen *Prolog-Werkzeugen* wie auf der Schema-Ebene auch auf der Modell-Ebene erreichen.

Die Behandlung der Konsistenzregeln geschieht so, dass bei einem Update des Schemas bzw. eines Objekts zunächst die system-seitig vorgegebenen Konsistenzregeln überprüft werden und ein Update nur zulässig sein kann - und damit ein neuer konsistenter Zustand erreichbar -, wenn alle in den Konsistenzregeln aufgestellten Anforderungen erfüllt sind.

Darüberhinaus werden - soweit vorhanden - die benutzer-spezifischen Konsistenzregeln geprüft. Sowohl die system- als auch die benutzer-spezifischen Regeln lassen sich als Test-Aktions-Paare (*Trigger*) definieren. Trigger haben die Form

```
TRIGGER < name >        /* eindeutige Bezeichnung                      */
    ON < update >       /* betroffenes Update                         */
      IF < condition >  /* modell- bzw. schema-bezogene Bedingung     */
        THEN < action > /* Reaktion bei Erfüllung der Bedingung       */
```

In dieser Art verwenden wir Trigger auch zur Konsistenzsicherung im System KOFIS, einem integrierten Dokumenten- und Wissensverwaltungssystem ([APP2]).
Bei einem Update des Schemas werden alle modell-inhärenten, beim Update eines Objekts alle schema-inhärenten Regeln überprüft, die vom Update (Überprüfung des Ausdrucks < update >) betroffen sind. Dazu werden die in < condition > festgelegten Bedingungen (i.a. und-oder-verknüpfte Tests von Schema bzw. Schema-Extension) verifiziert und im positiven Fall der Konsistenzverletzung die in < action > spezifizierte Reaktionsweise angestossen. Grundsätzlich sind in < condition > bzw. < action > beliebige Prolog-Prädikate erlaubt.

Dabei steht mit

> <u>Ablehnung</u> des Updates,
> Ausführung des Updates und <u>Information</u> des Benutzers,
> Ausführung des Updates und <u>Frage</u> nach weiteren (Benutzer-) Updates bzw.
> Ausführung des Updates und Ausführung system-initiierter <u>Folge-Updates</u>

ein ausreichender Katalog flexibler, vom Benutzer bestimmbarer Reaktionsweisen zur Verfügung. Jedes Folge-Update impliziert natürlich eine Prüfung aller Konsistenzbedingungen bezüglich des durch dieses Folge-Update erreichten Zustandes.

<u>Bsp.</u> (eines Triggers, der die Antisymmetrie der Generalisierungs-Beziehung im *Schema* festlegt)

```
TRIGGER Antisymmetrie der Generalisierung
    ON INSERTION <class-1> "ist Generalisierung von" <class-2>
      IF <class-2> "ist Generalisierung von" <class-1>
        THEN REJECT.
```

Dieser Trigger ist ein Beispiel für eine strukturelle Merkmale betreffende Konsistenzanforderung, die als feste, vom System vorgegebene modell-inhärente Konsistenzanforderung zu verstehen ist.

<u>Bsp.</u> (eines Triggers, der das Einfügen eines Objektes an Bedingungen knüpft)

    TRIGGER Waldschonung
      ON INSERTION Autobahn-Abschnitt Abs
        IF Wald(W) AND distanz(W, Abs) $\leq$ 2 km
          THEN INFORM THE USER ("Abs ist ökologisch bedenklich, da der Wald W im Abstand
          von weniger als 2 km existiert").

Dieser Trigger definiert eine schema-inhärente Konsistenzforderung, ist eher benutzer-spezifisch, berücksichtigt aber ein geometrisches Merkmal (Distanz), was verdeutlicht, dass geometrische Merkmale nicht nur in system-definierten Konsistenzregeln relevant sind (vergl. Abb. 3).

<u>Bem.</u> Mit Triggern lassen sich *alle* Konsistenzanforderungen,
        modell- oder schema-inhärent,
        system-seitig vorgegeben oder benutzer-spezifisch formuliert,
        geometrische oder nicht-geometrische Merkmale betreffend,
        strukturelle oder nicht-strukturelle Merekmale berücksichtigend,
formulieren.
Ob sie aber tatsächlich als Trigger realisiert, und vor allem ob sie in Prolog übersetzt und bezüglich ihrer Einhaltung durch einen Prolog-Interpreter getestet werden, ist nicht zuletzt eine Frage der *Performance*, mit deren Verschlechterung man die gewonnene Flexibilität und Modularität erkauft.
Für PROGEO haben wir bisher trotzdem den Weg, <u>alle</u> Konsistenzanforderungen in Prolog zu realisieren, gewählt.
Im Projekt KOFIS ([APP2]) haben wir uns hingegen entschieden, alle system-definierten, vom Benutzer nicht beeinflussbaren Konsistenzbedingungen "fest" in einer prozedural in Modula-2 implementierten Komponente einzuschliessen und nur die flexiblen, benutzer-spezifischen Konsistenzbedingungen als Trigger in Prolog zu realisieren.

2.2 Definition und Update von Geo-Schemata

Da ein Geo-Schema immer mindestens die Klasse Geo-Objekt enthält - d.h. nie leer sein kann -, beginnt jede Schema-Definition mit der automatischen, d.h. system-initiierten Definition der Objektklasse Geo-Objekt mit den Attributen Klasse, Name und Lage.
Dann schliessen sich Anweisungen an, mit denen schrittweise von Oberklassen zu Unterklassen und von komplexen zu einfachen Klassen das Schema vervollständigt werden kann.
Das Update eines bereits bestehenden Schemas kann mittels folgender sechs Funktionen geschehen:
      Einfügen , Löschen und Ändern von Klassen,
      Einfügen , Löschen und Ändern von Beziehungen,
von denen wir die beiden ersten bezüglich einiger Konsistenzkonzepte kurz diskutieren werden.

Einfügen von Klassen

Beim Einfügen von Klassen wird ein neuer, bezüglich des Schemas eindeutiger Name für die zu definierende Objektklasse festgelegt. Dann wählt man einen der vier möglichen geometrischen Grundtypen Punkt, Strecke, Linie oder Fläche für diese Klasse aus. Durch diese beiden Anweisungen sind die zwei verpflichtenden, aus Geo-Objekt geerbten Attribute Name und Lage spezifiziert. Nun können weitere, geerbte und klassen-spezifische Attribute durch ihren Namen und jeweiligen Typ vereinbart werden. Schliesslich können die Beziehungen zwischen bereits bestehenden Klassen und der gerade definierten neuen Klasse beschrieben werden.
Bei der Vereinbarung der Attribute sind jeweils eindeutige Angaben bezüglich *geerbter* (ausser den aus Geo-Objekt automatisch geerbten), *vererbbarer* und *eigener* Attribute zu machen.

<u>Bsp.</u> <u>Einfügen einer Klasse</u> Luftstrasse
      <u>mit dem geometrischen Grundtyp</u> Linie
         <u>mit den eigenen Attributen</u> länge <u>vom Typ</u> real, höhe <u>vom Typ</u> real
           <u>mit der Beziehung</u> Generalisierung <u>zu der Klasse</u> Verkehrsweg.

Die an die Operationen zur Schema-Manipulation gestellten modell-inhärenten Konsistenzanforderungen können sehr unterschiedlich sein. Wir können deshalb immer nur *Beispiele* möglicher Konsistenzanforderungen (manchmal zur Verdeutlichung auch als Trigger formuliert) vorstellen.
Beim Einfügen von Klassen sollte eine system-definierte Konsistenzregel z.B. verbieten, dass die Klasse Geo-Objekt zu einer Spezialisierung der eingefügten Klasse wird.

<u>Bsp.</u> TRIGGER Geo-Objekt darf nicht Spezialisierung werden
      ON INSERTION <class>
         IF <class> "ist Generalisierung von" Geo-Objekt
        THEN REJECT.

Eine benutzer-definierte Konsistenzregel könnte z.B. dafür sorgen, dass der Benutzer darauf hingewiesen wird, wenn eine *Poly-Hierarchie* auftritt: die eingefügte Klasse wird Generalisierung einer Klasse, die bereits Spezialisierung bezüglich einer anderen Klasse ist.

<u>Bsp.</u> TRIGGER Hinweis auf Poly-Hierarchie
      ON INSERTION <class-1>
        IF <class-1> "ist Generalisierung von" <class-2> AND
          <class-2> "ist Spezialisierung von" <class-3>
        THEN INFORM THE USER ("Durch die Einfügung von
          <class-1> als Generalisierung von <class-2> erhält <class-2>
          neben <class-3> eine zweite Generalisierung").

<u>Löschen von Klassen</u>

Nachfolgend wollen wir verschiedene Fälle von Lösch-Operationen auf Klassen einschliesslich einiger Vorschläge für mögliche Konsistenzanforderungen betrachten.

1. Löschen der Klasse <u>Geo-Objekt</u> wird abgelehnt.

2. Löschen einer Klasse wird abgelehnt, falls diese Klasse noch <u>Objekte enthält</u>.

3. Löschen einer Klasse E, die <u>Spezialisierung</u> von E' ist (aber nicht innerhalb einer Partitionierung).

   a) Falls E weder Generalisierung bzw. Partitionierung noch komplexe Objektklasse ist, d.h. E ist ein "Blatt" im Geo-Schema, wird E gelöscht. Mit dem Löschen der Klasse E ist gleichzeitig das Löschen der Generalisierungs-Beziehung zu E' impliziert.

   b) Falls E Generalisierung von E" ist, wird E (mit den Beziehungen zu E' und E") gelöscht und E" Spezialisierung von E'.

   c) Falls E Partitionierung von E_1",...,E_n" ist, wird E (mit den Beziehungen zu E_1", ... ,E_n") gelöscht und die E_1",...,E_n" werden jeweils einfache Spezialisierungen von E'.

   d) Falls E komplexe Objektklasse ist, wird der Benutzer gefragt, ob sich die Aggregation bzw. Mengen- bzw. Listenbildung auf E' fortsetzen soll (die Klasse Geo-Objekt allerdings sollte durch eine solche Operation nie komplexe Objektklasse werden).

      d_1) Falls ja, wird E (wiederum einschliesslich der Beziehungen) gelöscht, E' zu einer komplexen Objektklasse und die Beziehung AGG (bzgl. der aggregierten Klassen) bzw. SET bzw. LIST (jeweils zu der Klasse, aus der die Elemente stammen) zu E' aufgebaut.

      d_2) Falls nein, werden die Klasse E und die AGG-Beziehungen bzw. die SET- bzw. die LIST-Beziehung zu E gelöscht. Wenn dadurch eine Klasse ohne Beziehung übrig bleibt, wird auch diese gelöscht.

4. Löschen einer Klasse E, die innerhalb einer <u>Partitionierung</u> gemeinsam mit E_1, ... , E_m Spezialisierung von E' ist.

   <u>Bem.</u> Diesen Fall - wie auch die folgenden - wollen wir nicht weiter differenzieren.

5. Löschen einer Klasse E, die gemeinsam mit E_1, ...,E_m zur <u>Aggregation</u> der Klasse E' führt.

6. Löschen einer Klasse E, die als Element (einer <u>Menge</u> von Objektklassen) einer komplexen Objektklasse E' auftritt.

7. Löschen einer Klasse E, die als Element (einer <u>Liste</u> von Objektklassen) einer komplexen Objektklasse E' auftritt.

8. Löschen einer Klasse E, die in einer beliebigen, nicht durch die Fälle 3. - 7. beschriebenen Beziehung zu E' steht.

Alle in dieser Fallunterscheidung auftauchenden Konsistenzanforderungen lassen sich durch Trigger formulieren. Als Beispiele mögen die beiden folgenden Trigger für die Fälle 1 und 2 dienen:

<u>Bsp.</u>   TRIGGER Geo-Objekt muss vorhanden sein (Fall 1)
        ON DELETION Klasse (Geo-Objekt)
          IF true /* Bedingung, die immer gilt */
          THEN REJECT.

<u>Bsp.</u>   TRIGGER Klassen mit Objekten müssen erhalten bleiben (Fall 2)
        ON DELETION <class>
          IF card(<class>(X)) > 0
          THEN REJECT.

<u>2.3 Update von Geo-Objekten</u>

Beim Update von Objekten bezüglich im Geo-Schema existierender Objektklassen lassen sich das Einfügen eines Objekts (INSERT), das Löschen eines Objekts (DELETE) und das Ändern von Daten eines bestehenden Objekts (MODIFY) unterscheiden, wovon wir kurz auf einige Konsistenzüberlegungen zu den beiden ersten Operationen eingehen.

<u>Einfügen eines Objekts</u>

Beim Einfügen (Instantiieren) eines Objekts erfolgt auf jeden Fall die unverzichtbare, system-seitig festgeschriebene Prüfung, ob alle in der Beschreibung der zum einzufügenden Objekt gehörenden Objektklasse geforderten Eigenschaften (z.B. Angabe aller Attribute, Überprüfung der Wertebereiche insbesondere bezüglich des geometrischen Grundtyps) erfüllt sind.
Darüberhinaus sind aus dem geometrischen Grundtyp des Objekts bzw. seiner Objektklasse folgende metrische und topologische Konsistenzanforderungen zu berücksichtigen, deren Prüfung teilweise komplexer Algorithmen bedarf (siehe z.B. [MEIE]).
Weitere Konsistenzanforderungen sind im wesentlichen davon abhängig, welche Beziehungen die zum Objekt gehörende Objektklasse zu anderen Klassen aufweist. So bedeutet das Einfügen eines Objekts in die Klasse E, die Spezialisierung einer Klasse E' (Generalisierung oder Partitionierung) ist, dass das Objekt auch in E' - und evtl. weiteren Generalisierungen von E bzw. E' bis hin zur obersten Klasse Geo-Objekt - einzufügen ist bzw. über E' und entsprechende Oberklassen logisch zugreifbar sein muss.

<u>Bem.</u> Diese Konsistenzregel legt nur Anforderungen auf der *logischen*, nicht auf der *physischen* Ebene fest, d.h. die Frage, wo - und ob evtl. redundant - Objekte tatsächlich gespeichert sind, ist davon unberührt.

<u>Löschen eines Objekts</u>

Auch das Löschen eines Objekts zieht meistens umfangreiche Berechnungen metrischer und topologischer Merkmale der betroffenen Objekte nach sich.
Vergleichbar den Folgerungen aus einer Einfüge-Operation, die sich auf mit der betroffenen Objektklasse in Beziehung stehende Objektklassen fortpflanzen, hängen die konkreten Konsistenzanforderungen von der Art der Beziehung ab. So kann sich z.B. das Löschen eines Objekts in einer Klasse auf alle Generalisierungen bzw. Partitionierungen fortsetzen, wenn das Objekt "generell" nicht mehr existent sein, d.h. im gesamten betrachteten Weltausschnitt in keiner *Rolle* (Klassenzugehörigkeit) mehr auftauchen soll.
Da die Entscheidung zwischen "Löschen des Objekts nur in dieser Klasse" und "Löschen zusätzlich in weiteren Klassen" nicht grundsätzlich system-seitig entscheidbar ist, sollten dafür Trigger in der Klasse benutzer-definierter Konsistenzbedingungen vereinbart werden. Die Trigger enthalten im Aktionsteil Fragen an den Benutzer, ob die automatisch aus dem Schema über die Struktur-Beziehungen ermittelten Klassen vom Löschen betroffen sein sollen oder nicht.
Ein anderer Fall ist das Löschen des letzten Objekts einer Klasse. Dies sollte mindestens einen Hinweis an den Benutzer implizieren oder sogar das Löschen der Objektklasse (das Löschen auf der Objektebene löst ein Löschen auf der Schemaebene aus) anbieten, gefolgt von evtl. weiteren Folge-Updates.

3. Prolog-Werkzeuge für Geo-Datenbanken

3.1 Prolog zur Konsistenzsicherung

In diesem Abschnitt werden wir erläutern, wie wir einen Prolog-Interpreter (als *Unifikations-* und *Backtracking*-Maschine) zur Realisierung von Update und Konsistenzsicherung auf Schema- und Objektebene nutzen können.
Die grundlegende Idee ist die, dass wir den Prolog-Interpreter beweisen lassen, dass durch ein Schema- bzw. Objekt-Update eine Inkonsistenz bezüglich der als Trigger vereinbarten modell- bzw. schema-inhärenten Konsistenzanforderungen eintritt. *Inkonsistenz* liegt dann vor, wenn für mindestens einen Trigger
    1) das in ON <update> spezifizierte Update durchgeführt werden soll,
    2) die in IF <condition> angegebenen Bedingungen erfüllt sind und
    3) die in THEN <action> beschriebene Aktion ein REJECT beinhaltet.

Wenn wir also z.B. den Trigger

```
TRIGGER Waldschonung
   ON INSERTION Autobahn-Abschnitt Abs
      IF wald(W) AND distanz(W, Abs) ≤ 2 km
         THEN INFORM THE USER ("Der Autobahn-Abschnitt Abs ist ökologisch
                               bedenklich, da der Wald W im Abstand
                               von weniger als 2 km existiert").
```

in Prolog als ein Prädikat

```
waldschonung(W) :- insertion(autobahnabschnitt(Abs)),   /* betroffenes Update    */
                   wald(W),                              /* schema-inhärente      */
                   distance(W, Abs) =< 2,                /* Bedingung             */
                   write('Der Autobahn-Abschnitt '),     /* Reaktion              */
                   write( Abs), write(' ist ökologisch bedenklich, '),
                   write(' da der Wald '), write(W),
                   write(' im Abstand von weniger als 2 km existiert').
```

definieren, können wir dieses Prädikat - wie alle anderen einem Trigger entsprechenden Prädikate - durch ein Prolog-Programm testen. Dieses Prolog-Programm nutzt folgende *Kontrollstrategie*:

- wir führen das gewünschte Update "vorläufig" aus,
- wir testen, ob durch dieses Update bzw. evtl. Folge-Updates eine Inkonsistenz auftritt,
- wenn ja, nehmen wir das Update "zurück" (d.h. wir führen das vorläufige nicht aus) und behalten den alten konsistenten Zustand,
  wenn nein, führen wir das bisher nur vorläufige Update endgültig aus und erreichen einen neuen konsistenten Zustand.

Die zeitlich abgestimmte Kombination aller betroffenen Trigger und die koordinierte Berücksichtigung benutzer-seitiger oder system-initiierter Folge-Updates (insbesondere das Zurücknehmen vorläufiger Updates) wird - wie [APES] bereits zeigt - vom Prolog-Backtracking sehr gut unterstützt. Für den Fall einer Einfüge-Operation macht dies der nachfolgende Prolog-"Programmrahmen" deutlich.

```
/* 1. Fall: das einzufügende Objekt ist bereits vorhanden                          */
inconsistent(insertion(Clause)):-
         call(Clause),
         !,
         fail.                     /* Antwort no, d.h. keine Inkonsistenz           */


/* 2. Fall: das Einfügen des Objekts kann nicht ausgeführt werden                   */
inconsistent(insertion(Clause)):-
         try_update1(insertion(Clause)).


/* 3. Fall: das Einfügen des Objekts führt zu einem konsistenten Zustand            */
inconsistent(insertion(Clause)):-
         try_update2(insertion(Clause)).
```

```
try_update1(insertion(Clause)):-
        retract(nr(I)),               /* zähle Upates, damit pro Update jeder   */
        J is I + 1,                   /* Trigger nur einmal getestet wird        */
        assert(nr(J)),
        update(insertion(Clause,I)),  /* vorläufiges Update                      */
        !,
        prove_inconsistency(I),       /* prüfe alle zu Update I nocht nicht      */
        !,                            /* getesteten Trigger                      */
        del_update(insertion(Clause,I)), /* lösche vorläufige Updates            */
        .........


try_update2(insertion(Clause)):-
        del_update(insertion(Clause,I)), /* ersetzte das vorläufige             */
        update(Clause),               /* durch das endgültige Update             */
        !,
        fail.                         /* Antwort no, d.h. keine Inkonsistenz     */

prove_inconsistency(I):-              /* Inkonsistenz kann durch einen der       */
        trigger1(I).                  /* Trigger trigger1 bis triggern           */
prove_inconsistency(I):-             /* gezeigt werden. I garantiert, dass      */
        trigger2(I).                  /* nur die Trigger für dieses Update        */
        ............                  /* matchen, die noch nicht geprüft          */
prove_inconsistency(I):-              /* wurden.                                  */
        triggern(I).
```

Der entscheidene Vorteil einer Prolog-basierten Konsistenzsicherung ist die *Flexibilität*. Anders als bei einem *prozedural* versteckten Konsistenzverständnis, dessen Änderung umfangreiche Eingriffe in einen bestehenden Algorithmus erfordert (und deshalb häufig unterbleibt), können bei der (*deklarativen*) Prolog-Lösung an isolierter, wohl identifizierbarer Stelle Trigger eingefügt, gelöscht und geändert werden, meist ohne Einfluss auf die übrigen Trigger. Hier wäre der Einsatz eines Prolog-Systems mit einem *Modularisierungskonzept* hilfreich, um die Unabhängigkeit der Konsistenzregeln zu unterstützen.
Diese *Anpassungsfähigkeit* an veränderte Randbedingungen des betrachteten Weltausschnitts oder an bezüglich des Konsistenzverständnisses geänderte Benutzerwünsche macht die Qualität der durch einen Prolog-Interpreter gestützten Konsistenzsicherung aus. Fehlende Effizienz des Algorithmus kann zumindest partiell durch Nutzung des Modula-2-Anschlusses des Interpreters kompensiert werden, indem ineffiziente Prolog-Prädikate in Modula-2 realisiert werden.

3.2 Prolog für den Grid-File-Zugriff

Alle Geo-Objekte sind in Grid-Files abgespeichert und mit Hife von in Modula-2 realisierten Prolog-Prädikaten zugreifbar. In GridFilePredicates.PDF (siehe Abschnitt 1.3) wird das verlangte Verhalten der Prädikate für unterschiedliche Instantiierungen der Variabeln beschrieben. Folgende Prädikate werden von dieser Prolog-Schnittstelle zur Verfügung gestellt.:

```
insertGF(Lage(Klasse, Name, A1,..,An))    /* Objekt ins Grid-File einfügen        */
deleteGF(Lage(Klasse, Name, A1,..,An))    /* Objekt aus Grid-File löschen          */
retrieveGF(Lage(Klasse, Name, A1,..,An))  /* Retrieval von Objekten aus Grid-File  */
errorGF(ErrorText)                         /* Fehlertext der letzten Operation      */
```

Für die Prädikate insertGF, deleteGF und retrieveGF gilt : Lage spezifiziert den geometrischen Typ (Punkt, Strecke, Linie oder Fläche), Klasse gibt die das Objekt betreffende Klasse an und Name ist ein eindeutiger Bezeichner für dieses Objekt. Die Parameter $A_1,..,A_n$ hängen von dem unter Lage angegebenen geometrischen Grundtyp ab. Bei einem Punkt werden zwei Koordinaten und eine Liste aller Attributwerte verlangt, während man bei einer Fläche die Koordinaten des das Objekt umschliessenden Rechtecks, eine Liste aller tatsächlichen Punktkoordinaten der Fläche und eine Liste aller Attributwerte angeben muss.
Welche Variable wann instantiiert sein müssen, hängt von dem gewählten Prädikat ab. Beim Aufruf des Prädikats insertGF z.B. müssen alle Variablen instantiiert sein. Der Aufruf von retrieveGF erlaubt hingegen an fast allen Stellen uninstantiierte Variabeln. Mit Hilfe von "*range-*" bzw. "*partial-match*-queries" ist es auch hier möglich, ein exaktes Prolog-Verhalten zu erreichen.

Das Einfügen eines Objektes der Klasse Luftstrasse in ein Grid-File hat z.B. die folgende Form:

```
insertGF(linie(luftstrasse,AX5,1.2,1.4,10.5,6.7,    /* Klasse, Name, Container-Punkte    */
          [1.2,1.4,4.7,5.5,8.6,6.1,10.5,6.7],    /* Koordinaten der Linienpunkte    */
          [1000.89,10255]])).    /* Attributwerte für Höhe und Länge    */
```

Beim Einfügen und Löschen von Objekten werden nur die durch die Definition der Grid-Files festgelegten Konsistenzanforderungen geprüft (z.B. der Wertebereich von Koordinaten). Alle weiteren Anforderungen sind an dieser Stelle bereits geprüft.

3.3 Prolog für Schema-Definition und -Update

Bei der Bearbeitung von Schemata unterscheiden wir zwischen der *Definition* eines *initialen* Schemas und dem *Update* eines *bestehenden* Schemas. Diese Differenzierung basiert auf der Entscheidung, in der Definitionsphase eines Schemas keine Konsistenzprüfungen durchzuführen (grössere Freiheitsgrade bei der Schema-Erstellung), während beim Update eines bestehenden Schemas alle relevanten Trigger geprüft werden. Das initiale Schema wird in einer sogenannten *"Schema-Faktenbasis"* als hauptspeicher-residentes File in der Prolog-internen Datenbasis abgelegt.

Zur Definition von Schemata stehen folgende Prädikate in SchemaManipulation.PDF (vergl. Abschnitt 1.3) zur Verfügung.

1) **schema**(Schema-Name).
   Schema-Name wird als Name eines neuen Schemas festgelegt.
2) **contains**(Schema-Name, Klassen-Name).
   Klassen-Name ist eine Klasse im Schema Schema-Name .
3) **class**(Klassen-Name,Geo-Grundtyp,[(Attr-Name$_1$,Typ$_1$),..,(Attr-Name$_n$, Typ$_n$)]).
   Für jede Klasse eines Schemas wird ein Fakt eingefügt, das Name, geometrischen Typ und Attribute des Objektes mit dem jeweiligen Typ festlegt.
4) **inheritence**(Klassen-Name$_1$,Klassen-Name$_2$, [Attr-Name$_1$, ..,Attr-Name$_n$]).
   Legt fest , welche Attribute die Klasse Klassen-Name$_1$ von Klasse Klassen-Name$_2$ erbt. Dies ist notwendig, da nicht automatisch alle Attribute einer höheren Klasse geerbt werden.
5) **gen**(Klassen-Name$_1$,Klassen-Name$_2$).
   Legt fest, dass die Klasse Klassen-Name$_1$ eine Generalisierung der Klasse Klassen-Name$_2$ ist.
   part(Klassen-Name$_0$, [Klassen-Name$_1$,..,Klassen-Name$_n$]).
   Definiert eine Partitionierungs-Beziehung zwischen Klasse Klassen-Name$_0$ und den Klassen Klassen-Name$_1$,...,Klassen-Name$_n$.
   agg(Klassen-Name$_0$, [Klassen-Name$_1$,..,Klassen-Name$_n$]).
   Besagt, dass die komplexe Klasse Klassen-Name$_0$ aus den Klassen Klassen-Name$_1$,...,Klassen-Name$_n$ aggregiert wird.
   set(Klassen-Name$_1$, Klassen-Name$_2$).
   Die Klasse Klassen-Name$_1$ steht in der Mengen-Beziehung zu Klasse Klassen-Name$_2$, d.h. Klassen-Name$_1$ besteht aus einer Menge von Objekten der Klasse Klassen-Name$_2$.
   list(Klassen-Name$_1$, Klassen-Name$_2$).
   Analog zu set, nur handelt es sich um eine Listenbildung (Ordnung der Elemente).
6) **rel**(Klassen-Name$_1$, Rel, Klassen-Name$_2$, [Attr-Name$_1$, ..,Attr-Name$_n$]).
   Die Klasse Klassen-Name$_1$ steht in Beziehung Rel zu Klasse Klassen-Name$_2$. Die Beziehung rel hat die Attribute Attr-Name$_1$, ..,Attr-Name$_n$.

Das nachfolgende Beispiel soll verdeutlichen, wie man mit den aufgeführten Prädikaten ein Schema definieren kann (das Beispiel orientiert sich am Geo-Schema aus Kapitel 1).

<u>Bsp.</u>
```
     schema(s1).                          /* Schema-Name                      */

     contains(s1, grünfläche)             /*************************/
     contains(s1, wald).                  /* Ausschnitt der zum     */
     contains(s1, wiese).                 /* Schema gehörenden      */
     contains(s1, stadt).                 /* Klassen                */
     contains(s1, bezirk).                /*************************/
```

```
:
class(grünfläche, fläche, []).          /************************/
class(wald, fläche,[]).                 /* Teil der Fakten,      */
:                                       /* die zum Schema gehörende */
:                                       /* Klassen definieren    */
class(verkehrsweg, Linie, []).          /************************/
                                        /* inheritence-Fakten werden */
                                        /* nicht gebraucht, da in diesem */
                                        /* Beispiel keine Attribute vor- */
                                        /* kommen                */
gen(grünfläche, wald).                  /* Generalisierungen     */
gen(grünfläche, wiese).
gen(verkehrsweg, strasse).
part(strasse,[autobahn, landstrasse, stadtstrasse]). /* Partitionierung */
set(stadt, bezirk).                     /* Set-Beziehung         */
list(autobahn, autobahnabschnitt).      /* List-Beziehung        */
```

Bem. Die Konvention, dass die Klasse Geo-Objekt immer im Schema vorkommen muss und ausserdem Generalisierung jeder Klasse ist, kommt in der Definition nicht zum Ausdruck.

Nachdem ein initiales Schema erstellt wurde, kann dieses erweitert (insert), reduziert (delete) oder geändert (modify) werden. Alle zum Schema-Update diskutierten Operationen stehen dazu zur Verfügung.
Der Aufbau der Prolog-Programme (in 3.1 skizziert) zur Realisierung der Operationen auf Schema- und Objektebene ist sehr ähnlich. Zunächst werden Syntax und Semantik der Eingabe überprüft. Im positiven Fall wird versucht, die gewünschten Operationen für das Schema bzw. auf Objekt-Ebene durch Updates von Fakten in der Schema-Faktenbasis bzw. Updates auf Objekten im Grid-File zu ändern. Wie in Abschnitt 3.1 ausgeführt werden auf allen "Stufen" (also auch bei notwendigen Folge-Updates) alle Trigger getestet, bis ein Trigger ergibt, dass das Update nicht durchgeführt werden kann (Inkonsistenz, da REJECT im Aktionsteil), oder bis kein Trigger mehr feuert (Konsistenz).

Zum Einfügen einer Klasse z.B. steht eine einfache, mit Prolog-Operatoren definierte Sprache zur Verfügung:

> **insert_class** <Klassen-Name> **into** <Schema-Name>
>   **inherit** [<Attr-Name$_1$>,.., <Attr-Name$_n$>] **from** <Generalisierung>
>   **as** (punkt l strecke l linie l fläche)
>   **with_attr** [(<Attr-Name$_1$> : <Typ$_1$>),.., (<Attr-Name$_m$> : <Typ$_m$>)]
>   **related_to**[<Klassen-Name$_1$> : <Rel$_1$> : [<Attr-Name$_{11}$>,.., <Attr-Name$_{1p}$>]
>   ,.., <Klassen-Name$_q$> : <Rel$_q$> : [<Attr-Name$_{q1}$>,.., <Attr-Name$_{qr}$>]]

Wird eine Klasse von einem Benutzer eingefügt, so sind folgende Tests (T) und Aktionen (A) notwendig.

- (T1) ist <Klassen-Name> ein gültiger, noch nicht vorhandener Name für eine Klasse?,
- (T2) ist <Schema-Name> Name eines bestehenden Schemas?,
- (T3) existiert die Klasse <Generalisierung> und enthält deren Definition die zu erbenden Attribute? ,
- (T4) ist die bei **as** angebene Lage (punkt l strecke l linie l fläche) gültig?,
- (T5) sind alle Typen gültig?,
- (T6) existieren die Klassen, zu denen Beziehungen <Rel> geschaffen werden sollen?

Wenn die Tests (T1)-(T6) positiv ausfallen, sind folgende Aktionen erforderlich:

- (A1) Einfügen eines Fakts **contains**, das <Klassen-Name> als Klasse des Schemas <Schema-Name> ausweist,
- (A2) Einfügen eines Fakts **class**, das die Definition der einzufügenden Klasse enthält,
- (A3) Erzeugen aller Struktur-Beziehungen (gen, part, list, usw.).
- (A4) Einfügen eines Fakts, das die zu erbenden Attribute enthält.

Ein Ausschnitt des entsprechenden Prolog-Programms sieht wie folgt aus (es wird vorausgesetzt, dass alle in der Sprache vorkommenden Schlüsselwörter als Operatoren definiert sind):

```
insert_class Klasse into Schema inherit Inher_Liste from Gen-Klasse
 as Lage with_attr Attr_Type_Liste related_to Rel_Liste :-
              atom(Klasse), not(class(Klasse,_,_)),                    /* T1 */
              atom(Schema), schema(Schema),                           /* T2 */
              class(Gen-Klasse,List), all_inheritence(Gen-Klasse,List),
              subset(Inher_Liste,List),                               /* T3 */
              correct_Geo_Type(Lage),                                 /* T4 */
              all_types_correct(Attr_Type_Liste),                     /* T5 */
              all_relation_exist(Rel_Liste),                          /* T6 */
              update(schema(Schema, Klasse)),                         /* A1 */
              update(class(Klasse, Lage, Attr_Type_Liste)),           /* A2 */
              update_relations(Rel_Liste),                            /* A3 */
              update_inheritance(Inher_Liste).                        /* A4 */


correct_Geo_type(Lage) :-
              (Lage = punkt);(Lage = strecke);(Lage = linie);(Lage = fläche).
       :
all_inheritence(K, L):-
              inheritence(K, K2, L2),
              add(L2, L),
              all_inheritence(K2, L).
```

Alle mit *update* beginnenden Prädikate bewirken, dass alle relevanten Trigger (system- und benutzer-
spezifische) geprüft werden, bevor eine Klasse endgültig in die Schema-Faktenbasis eingefügt wird. Die
Prädikate, die nicht vollständig aufgeführt wurden, überprüfen die verlangten Eigenschaften (oder führen
Updates durch) für *alle* Elemente der Liste, die als Parameter übergeben wurden.
Prolog erlaubt, alle Tests und Aktionen so zu formulieren, dass sie leicht änderbar und erweiterbar sind.
Durch Hinzufügen oder Ändern von Regeln und Triggern (und nur dadurch) kann ein verändertes
Konsistenzverständnis schnell erreicht werden.

3.4 Prolog für das Objekt-Update

Beim Instantiieren eines Objekt einer Klasse versucht der Prolog-Interpreter, das Objekt und die
Klassenbeschreibung zu 'matchen'. Stimmen die Klassenbeschreibung und das einzufügende Objekt
diesbezüglich nicht überein, so wird das Objekt abgelehnt. Im positiven Fall werden alle für das Einfügen
relevanten schema-inhärenten Konsistenzbedingungen getestet, indem das in 3.1 vorgestellte Prolog-
Programm alle entsprechenden System- und Benutzer-Trigger überprüft. Verläuft auch diese Prüfung
positiv, so wird das Objekt schliesslich mit Hilfe der vorgestellten Prädikate in ein Grid-File abgelegt.
Auch hier soll als Beispiel aus ObjectManipulation.PDF wieder das Einfügen eines Objekts vorgestellt
werden. Zunächst ein Vorschlag für die Syntax der ensprechenden Manipulationssprache:

```
insert_object  <Objekt-Name>
 in_class  <Klassen-Name>
    as [<Liste der tatsächlichen Werte>]
       with_attr [<Liste der Attributwerte>].
```

<Objekt-Name> legt einen eindeutigen Identifikator für dieses Objekt (innerhalb der angegeben Klasse)
fest. <Klassen-Name> gibt die zugehörige Klasse an. Aus der Liste der tatsächlichen Werte wird vor
Abspeicherung der Daten der Container ermittelt, falls bei der Klassendefinition Linie oder Fläche
vereinbart wurde. <Liste der Attributwerte> gibt eine Liste aller Attributwerte an, wobei die Reihenfolge
durch die Reihenfolge ihrer Definition gegeben ist. Jeder Wert muss den in der Klassendefinition
vereinbarten Typ besitzen. Zur Zeit sind in PROGEO an dieser Stelle nur elementare Datentypen
zugelassen.
Nachfolgend eine Übersicht über die durchzuführenden Tests (T) und Aktionen (A):

-    (T1)   ist <Objekt-Name> ein eindeutiger Name?,
-    (T2)   existiert <Klassen-Name>?,
-    (T3)   repräsentiert <Liste der tatsächlichen Werte> den vereinbarten geometrischen Grundtyp?,
-    (T4)   stimmt <Liste der Attributwerte> mit den geerbten und vereinbarten Attributen überein und
  entspricht der Wert der Attribute dem vereinbarten Typ?

Fallen diese Tests positiv aus, so finden folgende Aktionen statt:

-    (A1) Ermitteln des Containers, der dieses Objekt vollständig umschliesst (sofern das Objekt den geometrischen Grundtyp *linie* oder *fläche* besitzt),
-    (A2) Update des Objekts unter Berücksichtigng aller Trigger.

Ausschnitt des Prolog-Programms:

```
insert_object  Objekt-Name  in_class  Klassen-Name
  as Werte_Liste with_attr Attr_Liste :-
        atom(Objekt-Name),                                    /* T1 */
        not(retrieveGF(Lage(Klassen-Name, Objekt-Name,_,_))),
        class(Klassen-Name, GeoType, Attribute),              /* T2 */
        correct_geoType(GeoType, Werte_Liste),                /* T3 */
        all_inheritence(Klasse, Inher_Liste),                 /* T4 */
        append(Inher_Liste, Attribute, All_Attribtes),
        fitting_definition(Werte_Liste, All_Attributes),
        ((GeoType=linie; GeoType=fläche),                     /* A1 */
        build_rectangle(Werte_Liste, Rectangle_Liste)
        ),
        update_object(Objekt-Name, Klassen-Name, GeoType,     /* A2 */
        Werte_Liste, Rectangle_Liste, Attr_Liste).
```

Nach der Prüfung bezüglich Syntax und Semantik (T1-T4) starten die Aktionen mit einem Versuch des Updates. Ob dieses Update erfolgreich ist, entscheidet die Auswertung aller relevanten Trigger. Sobald ein entsprechendes Prolog-Prädikat nicht bewiesen werden kann, ist kein neuer konsistenter Zustand erreichbar.
Die nicht weiter spezifizierten Prädikate, die sich auf "update" beziehen, bereiten die Daten eventuell noch auf und enden mit dem Aufruf des Prädikats "insertion(Clause)", wobei Clause das einzufügende Fakt enthält, z.B point(...). Der Aufruf dieses Pädikats bewirkt das Testen aller Trigger, wie in Abschnitt 3.1 anhand des Prolog-Programms vorgestellt. An dieser Stelle übergibt die Auswertung der Benutzereingabe die Kontrolle an das Prolog-Programm, das mit einem endgültigen Update endet oder das Einfügen des Objektes zurückweist.

3.5 Prolog für Schema- und Objekt-Retrieval

Nachdem wir in den vorrangegangenen Abschnitten Definition und Update von Schemata und Schema-Extensionen mit Prolog beschrieben haben, wollen wir nun auf das Prolog-gestützte Schema- und Objekt-*Retrieval* eingehen. Dabei können durch Angabe von Prolog-Regeln auch *implizite* Informationen über Schema und Objekte *inferiert* und dem Benutzer zugänglich gemacht werden.
Durch Ausnutzung dieses Inferenzmechanismus' reicht es, Objekte nur *einmal* physisch zu speichern, da Schema-Informationen über Struktur-Beziehungen - in Prolog-Regeln festgehalten - zum Retrieval von Objekten und auch Schema-Beziehungen selbst verwendet werden können.

Grundsätzlich unterscheiden wir:

     I. <u>Retrieval-Operationen auf Schemaebene</u>, wie z.B.
          finde alle Klassen K zu einem Schema S,
          finde alle Klassen, die eine Partitionierung einer Klasse K bilden,
          finde alle Klassen, die eine gegebene Klasse K aggregieren,
          finde zu einer Klasse alle in der Beziehung R stehenden Klassen.

     II. <u>Geometrische Retrieval-Operationen auf Objektebene</u> mit der Trennung in
          a) <u>topologische</u> Abfragen, wie z.B
          welche Flächen grenzen an eine Fläche F?
          welchen Schnittpunkt hat eine Linie L mit einer Strecke S? und
          b) <u>metrische</u> Abfragen, wie z.B.
          wie lang ist eine Linie?
          wie gross ist die Distanz zweier Punkte?

III. <u>"Semantische" Retrieval-Operationen auf Objektebene</u>, wie z.B.
   welche Objekte hat eine Klasse K?
   welche gemeinsamen Objekte haben zwei Klassen?

<u>Beispiele zu Retrieval-Operationen</u>

<u>Abk.</u> "-" bedeutet "nicht instantiiert", "+" bedeutet "instantiiert".

1) **alle_Klassen**(Schema, Klasse):-
                schema(Schema),
                contains(Schema, Klasse),
                print(Klasse).
   Dieses Prädikat beantwortet folgende Frageformen:
   - zu allen Schemata alle Klassen (Schema -, Klasse -),
   - ist die Klasse Klasse von Schema (Schema +, Klasse +),
   - gibt es ein Schema, in dem die Klasse Klasse ist (Schema -, Klasse +),
   - alle Klassen zu einem bestimmten Schema (Schema +, Klasse -).

2) **partitionierung**(Klasse, Part_Klassen):-
                part(Klasse, Part_Klassen),
                print(Part_Klassen).
   Dieses Prädikat beantwortet folgende Frageformen:
   - alle partitionierten Klassen und die Klassen, die partitionieren
     (Klasse -, Part_Klassen -),
   - alle Partitionierungen einer gegebenen Klasse (Klasse +, Part_Klassen -),
   - bilden Part_Klassen eine Partitionierung von Klasse (Klasse +, Part_Klassen +).

3) **aggregation**(Klasse, Aggr_Klassen):-
                aggr(Klasse, Aggr_Klassen),
                print(Klasse, Aggr_Klassen).
   Dieses Prädikat beantwortet alle Frageformen bezüglich Aggregations-Beziehungen, wie sie zur
   Partitionierung unter 2) aufgeführt sind.

4) **beziehung**(Kl_1, Kl_2, R):-
   rel(Kl_1, R, Kl_2),   /* Klasse Kl_1 steht in Beziehung R zu Kl_2   */
   print(Kl_2),
   beziehung(Kl_2, X, R)   /* suche indirekte Beziehungen   */

Dieses Prädikat beantwortet Fragen nach Beziehungen von Klassen.

5) **find**(L(K,O)) :-
                (L=punkt,retrieveGF(point(K,O,_,_)));
                ...
                (L=fläche, retrieveGF(polygon(K,O,_,_,..,_))).
   Dieses Prädikat beantwortet Fragen nach allen Objekten O einer Klasse K mit geometrischem Grundtyp
   L.
   Durch Ausnutzung von Schema-Information über evtl. Spezialisierungen von K sollte die
   Antwortmenge nicht nur die (physisch) unter K, sondern auch die unter Spezialisierungen von K
   gespeicherten Objekte enthalten. Bezogen auf ein Beispiel aus dem vorgestellten Geo-Schema: wollten
   wir alle Grünflächen erfragen, so müssten auch alle Wälder und Wiesen (als Spezialisierungen von
   Grünflachen) gefunden werden.
   Diese Berücksichtigung von Spezialisierungen erreicht man etwa durch folgende Prolog-Regel:

   find(L(K,O)) :-
                ((L=punkt, retrieveGF(point(K,O,_,_)));
                ...
                (L=fläche, retrieveGF(polygon(K,O,_,_,..,_)))),
                gen(K2, K),   /* ist K Generalisierung von K2   */
                find(L(K2,O2)).   /* suche Objekte der Klasse K2   */

3.6 Bewertung von PROGEO

Wir haben uns im Rahmen von PROGEO bemüht, einige der im Projekt KOFIS ([APP2]) entwickelten Prolog-Werkzeuge zu adaptieren und im Hinblick auf Geo-Applikationen um neue Werkzeuge zu erweitern.
Eine abschliessende Bewertung, ob sich in einem EERM modellierte und in einem Grid-File gespeicherte Geo-Objekte mit angemessener Funktionalität und ausreichender Effizienz durch Prolog-Werkzeuge verwalten und manipulieren lassen, war aufgrund der kurzen Projektdauer und der beschränkten Personalresourcen nicht möglich.

PROGEO hat aber gezeigt, dass

- sich geowissenschaftliche EERM-<u>Schemata und ihre Objekte in Prolog</u> abbilden lassen,

- modell- und schema-inhärente <u>Konsistenzanforderungen leicht als Trigger</u> formuliert werden können,

- die <u>Trigger unmittelbar in Prolog</u> umsetzbar und durch Unifikation und Backtracking als mit der Sprache <u>gelieferter Kontrollstrategie</u> geprüft werden können,

- die Abfragen nach Objekten und Schema-Informationen durch die <u>Inferenzfähigkeit</u> von Prolog und bei nur <u>einmal physisch gespeicherte</u>n Daten bezüglich verschiedener semantischer Begriffe beantwortet werden können,

- das <u>Grid-File</u> eine geeignete Datenstruktur zur externen Speicherung von Objekten ist und sich Schemata gut in der hauptspeicher-residenten Prolog-Datenbasis verwalten lassen.

Danksagung

Wir danken H.-D. Ehrich, U.W. Lipeck, K. Neumann und I. Ramm (EERM-Modellierungsansatz), K. Hinrichs (Grid-File-Implementierung) und M. Ester (Konsistenzsicherung durch Prolog) für Vorarbeiten bzw. konstruktive Hinweise zu einer früheren Fassung dieser Arbeit.

Literaturverzeichnis

[APES]   H.-J. Appelrath, M. Ester: "Integrity in a knowledge based office information system: modelling with extended SDM and implementation with Prolog", in: Tagungsband "Büroautomation '85" (acm-Fachtagung, Erlangen, Oktober 1985), Teubner Verlag, Stuttgart, Oktober 1985.

[APP1]   H.-J. Appelrath: "GEO - Konzept einer applikationsneutralen geographischen DB und seine Implementierung als INGRES-Frontend", in: [BLPI], S. 476 f.

[APP2]   H.-J. Appelrath, M. Ester, H. Jasper, A. Ultsch: "KOFIS: ein Expertensystem zur integrierten Dokumenten- und Wissensverwaltung", in: Tagungsband "Expertensysteme '87" (acm-GI-Fachtagung, Nürnberg April 1987), Teubner Verlag Stuttgart, April 1987.

[BLPI]   A. Blaser, P. Pistor (eds.): Tagungsband "Datenbank-Systeme für Büro, Technik und Wissenschaft" (GI-Fachtagung, Karlsruhe, März 1985), Informatik-Fachbericht Nr. 94, Springer-Verlag, Heidelberg, März 1985.

[HARE]   T. Härder, A. Reuter: "Architektur von Datenbanksystemen für Non-Standard-Anwendungen", in: [BLPI], S. 253 f.

[HINR]   K. Hinrichs: "The grid file system: implementation and case studies of applications", Dissertationsschrift, ETH Zürich, 1985.

[LINE]   U. W. Lipeck, K. Neumann: "Modelling und Manipulating Objects In Geoscientific Databases", in: Proceedings "5th Int. Conf. on the Entity Relationship Approach", Dijon, 1986.

[MEIE]   A. Meier: "Methoden der grafischen und geometrischen Datenverarbeitung", Teubner Verlag, Stuttgart, 1986.

[MULL]   C. Muller: "Modula-Prolog, User Manual", Bericht Nr. 63 des Instituts für Informatik der ETH Zürich, Juli 1985.

[NIEV]   J. Nievergelt, H. Hinterberger, K.C. Sevcik: "The GridFile: An Adaptable, Symmetric Multikey File Structure", ACM TODS, Vol. 9, No. 1, 1984.

[RAMM]   I. Ramm, K. Neumann, U.W. Lipeck, H.-D. Ehrich: "Eine Benutzerschnittstelle für geowissenschaftliche Datenbanken", Bericht Nr. 85-08 des Instituts für Informatik der TU Braunschweig, 1985.

[SCHE]   H.-J. Schek: "Datenbanksysteme für die Verwaltung geometrischer Objekte", in: Tagungsband "16. GI-Jahrestagung" (Berlin, Oktober 1986), Informatik-Fachbericht Nr. 126, Springer-Verlag, Heidelberg, Oktober 1986.

[SIWI]   H.W. Six, P. Widmayer: "Hintergrundspeicherstrukturen für ausgedehnte Objekte", in: Tagungsband "16. GI-Jahrestagung" (Berlin, Oktober 1986), Informatik-Fachbericht Nr. 126, Springer-Verlag, Heidelberg, Oktober 1986.

Konzepte zur Suche geometrisch ähnlicher Bauteile

S.Heep[1], H.-P. Kriegel[1], R.Schneider[2], B. Seeger[1]

[1]Praktische Informatik,Universität Bremen,2800 Bremen
[2]Fakultät f. Mathematik, Universität Würzburg, 8700 Würzburg

Zusammenfassung

Der verstärkte Einsatz von CAD- Systemen erfordert heute auch im ingenieur- wissenschaftlichen Bereich den Einsatz von DB- Systemen. Eine wesentliche Form der Anfrage ist die Suche nach ähnlichen Teilen - im Maschinenbau auch als Wiederholteilsuche bezeichnet-, um den Aufwand für die Konstruktion und die Produktionsplanung wesentlich zu verringern. In allen bereits verfügbaren Systemen werden Objekte durch einmalig festzulegende Attribute beschrieben. In diesem Artikel wird nun ein System zur geometrischen Wiederholteilsuche vorgeschlagen, welches auf ein DB-System zugreift, in dem die Objekte durch die von einem CAD- System bereitgestellte Geometrieinformation beschrieben sind. Vorteil dieser Vorgehensweise sind die Erhaltung der vollständigen Information über die Objekte, die automatische Generierung der zu speichernden Informationen, sowie eine in bisherigen Systemen nicht erreichbare Flexibilität und Effizienz bei DB- Anfragen.

Abstract

Todays CAD applications become less and less manageable if no database system is used. One of the most important queries in these applications is the retrieval of parts with geometric similarity. The information obtained from such similar parts will drastically reduce the overhead for production planning and construction.

In available retrieval and classification systems parts are described using attributes comparable to those in traditional database systems. In this paper, we suggest a system for searching parts with geometric similarity which access to a database system storing the geometric data provided by the CAD system. By maintaining, storing and manipulating the complete geometric information of objects, our approach exhibits a flexibility and efficiency for similarity and other queries which is not known in available systems.

1 Einführung

Im folgenden betrachten wir eine Menge von Teilen, die mittels eines CAD- Systems erzeugt wurden, wobei diese dem Teilespektrum eines Unternehmens entsprechen soll. Bei einer Anforderungsdefinition eines neuen Teiles erweist sich das Auffinden eines ähnlichen Teils aus dem Teilespektrum z.B. aus folgenden Gründen als nützlich.

1. Im Bereich der Konstruktion kann bei Auffinden eines ähnlichen bzw. identischen Teils auf eine Neukonstruktion teilweise oder sogar ganz verzichtet werden.

2. Im Bereich der Fertigung erfordern ähnliche Teile auch ähnliche Produktionsprozesse, wodurch eine noch größere Kostenreduktion möglich ist als im Konstruktionsbereich.

Die Ähnlichteilsuche trägt dazu bei, bereits vorhandenes Know- how gezielt zugänglich zu machen und weiter zu verwenden. Zudem führt die Wiederverwendung von Teilen zu einer Reduzierung der Teilevielfalt und damit verbunden zu einer Verringerung des Verwaltungsaufwands

Voraussetzung für die Durchführung einer Ähnlichteilsuche ist die Speicherung der Teile in einer Datenbank. Dabei kann die Beschreibung auf zwei verschiedene Weisen gegeben sein·

- "explizit" , d.h. das Teil ıst exakt dokumentiert (z.B. an hand der Konstruktionszeichnung).
- "implizit" , d.h. das Teil wırd durch Attribute (Kennwerte) beschrieben.

Die Ähnlichteilsuche ermittelt nun aus dem Teilespektrum des Betriebs das zu diesem Referenzteil ähnlichste, ım Optimalfall sogar identische Teil. Falls kein Ähnlichkeitsmaß definiert ist oder ein solches in der Anwendung nicht sinnvoll erscheint, kann das Ergebnis einer Ähnlichteilsuche eine Menge ähnlicher Teile umfassen.

In allen kommerziellen Systemen, wie z B. beim Klassifizierungssystem von Opitz [Opi 71] oder bei den Sachmerkmalleisten (siehe DIN 4000) oder beı multivariaten Ähnlichteilsuchsystemen (vgl. z.B. [TFH 84]) wird ein Objekt (Werkstück, Bauteil,) durch Kennwerte (= Sachmerkmale, Merkmale, Attribute), also implizit beschrieben. Vorteil dieser Systeme ist u.a. die einfache Einbettung in relationale Datenbanksysteme. Einerseits verursacht aber die dabei entstehende Informationsreduktion oft unbrauchbare Ergebnisse, und andererseits zieht die Auswahl und die Ermittlung der Kennwerte meist einen kostenintensiven Aufwand nach sich. In diesem Artikel wird nun ein grundlegend neues Konzept zur Suche nach geometrisch ähnlichen (Bau-) Teilen vorgestellt, das auf einer expliziten Darstellung der Teile basiert. Das Konzept wurde exemplarisch für den Maschinenbau in Zusammenarbeit mit einem Unternehmen der KFZ Zubehörindustrie entworfen. Im Gegensatz zu allen gängigen, kommerziellen Systemen werden keıre zu definierenden objektbeschreibenden Kennwerte, sondern die vollständige Geometriebeschreibung der Bauteile, wie sie in CAD- Systemen vorhanden ist, benutzt. Informationsverluste, die bei einer impliziten Darstellung zwangsläufig auftreten, werden also vermieden. Zudem können alle für die Ähnlichteilsuche im DB-System zu speichernden Informationen vollautomatisch aus den Daten des CAD- Systems abgeleitet werden. Bei diesem Ansatz war es jedoch erforderlich, sich zunächst auf eine Teilklasse von (Bau-) Teilen zu beschränken. Für die vorgegebene Anwendung erwies sich eine Beschränkung auf rotationssymmetrische Teile als sinnvoll. Wie wır noch zeigen werden, können solche Teile eindeutig durch einen 2- dimensionalen (Polygon-) Konturzug und eine Rotationsachse beschrieben werden. Für die Ähnlichteilsuche bei explizit beschriebenen (Rotations-) Teılen wurde zudem eine vollkommen neuartige Anfragemöglichkeit

(Angabe von Toleranzkonturzügen) entworfen, die ein hohes Maß an Flexibilität bei der Ähnlichteilbe schreibung gewährleistet.

Wir stellen in dieser Arbeit eine Lösung zur Durchführung der Ähnlichteilsuche unter Verwendung eines relationalen DBS vor. Hierbei wird das DBS dazu benutzt, um aus dem Teilespektrum eine Kandidatenmenge herauszufiltern. Zum besseren Verständnis der erforderlichen komplexen geometrischen Operationenwerden in den folgenden Abschnitten einige Grundlagen bereitgestellt.

Bezeichnungen:

In diesem Abschnitt sei ein Konturzug (= K) ein einfacher, geschlossener Polygonzug.

Eine Translation T im R^2 wird durch einen Translationsvektor $t = (x,y)^T \in R^2$ angegeben :

$T : R^2 \longrightarrow R^2$, wobei $T[(a,b)^T] = t + (a,b)^T = (a + x, b + y)^T$ Da in diesem Kapitel Translationen nur in x- Richtung betrachtet werden, sei eine Translation $T : R^2 \longrightarrow R^2$, kurz durch Angabe der x- Koordinate des Translationsvektors angegeben, d.h. $T := x \Longrightarrow t = (x,0)^T$.

$\max_x$ (P) $:=$ (maximaler x- Wert des Polygons P)

$\max_y$ (P) $:=$ (maximaler y- Wert des Polygons P)

$\min_x$ (P) $::=$ (minimaler x- Wert des Polygons P)

$\min_y$ (P) $::=$ (minimaler y- Wert des Polygons P)

$(P)^o$ $::=$ Inneres des Polygons P

pro_1 : Projektion auf die erste Komponente. $R^2 \longrightarrow R^1$, $pro_1((a,b)^T) = a$.

2 Normierte Darstellung eines rotationssymmetrischen Werkstücks im zweidimensionalen Raum

Ein rotationssymmetrisches Werkstück ohne Bohrungen wird im 2- dimensionalen Raum durch Angabe eines einfachen, geschlossenen Konturzugs und einer Rotationsachse beschrieben; siehe Bild (1).

Bemerkung:

Alt et al. haben in ihrem Artikel [AMWW 86] folgendes gezeigt: Steht ein Berechnungsmodell mit exakter reeller Arithmetik zur Verfügung und gibt es keine Ungenauigkeiten in den Eingabedaten, so gilt folgendes Theorem.

Theorem 1 *Für jedes $d \geq 3$ kann man die Kongruenz von zwei n- elementigen Mengen im R^d in $O(n^{d-2} \log n)$ Zeit bestimmen.*

In der Praxis steht natürlich ein solches Berechnungsmodell nicht zur Verfügung, außerdem können Ungenauigkeiten in den Eingabedaten nicht ausgeschlossen werden. Deshalb soll mit einer Toleranz δ gearbeitet werden. d.h. ein Punkt p ist zu einem Punkt q identisch, falls p in der δ - Umgebung von q liegt. In dem Artikel von Alt wird nun vom approximativen Kongruenzproblem mit der Toleranz δ gesprochen. Dann gilt folgendes Theorem·

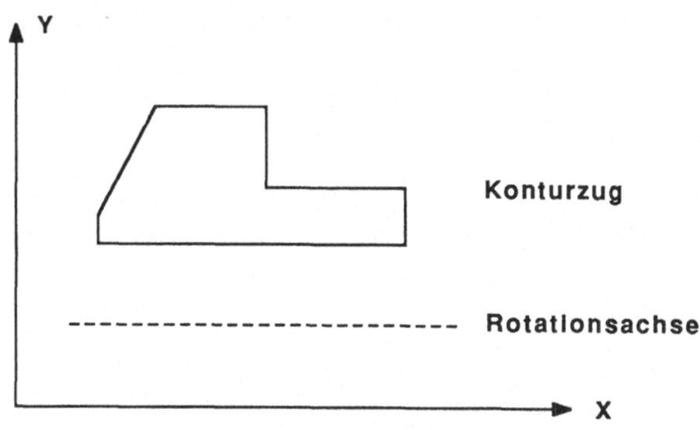

Bild 1

Theorem 2 *Gegeben sind zwei Mengen mit n Elementen,A und B Teilmengen des R^2. Das Problem "Bestimme eine bijektive Abbildung l : B $\longrightarrow$ A, falls eine solche Abbildung existiert, die angibt welcher Punkt von B in welcher Nachbarschaft eines Punktes von A liegt und gib eine isometrische Abb. c : $R^2 \longrightarrow R^2$ an, mit $c(x) \in U_\delta(l(x))$ für alle $x \in B$" ist in einer Zeit von $O(n^8)$ zu lösen.*

Das Theorem zeigt auf, daß schon das Kongruenzproblem (=Identitätsteilsuche) nicht mehr in einer vernünftigen Zeit zu lösen ist. Als Konsequenz ergibt sich, daß eine Ähnlichteilsuche nur durchführbar ist, wenn eine normierte Darstellung der Konturzüge angegeben werden kann.

2.1 Normierung bzgl. der y- Achse:

Indem man die Rotationsachse auf die x-Achse legt, ist die Lage des Konturzugs in y- Richtung bestimmt. Man braucht nun zur eindeutigen Darstellung des Werkstücks nur noch den Konturzug abzuspeichern und nicht mehr die Rotationsachse.

2.2 Normierung bzgl. Spiegelung an den Hauptachsen:

Eine Normierung bezüglich der Spiegelung an der x- Achse erhält man dadurch, daß der Konturzug in der Halbebene $y \geq 0$ liegen soll.

Eine Normierung bzgl. der Spiegelung an der y- Achse wird wie folgt festgelegt: Man speichert genau die Variante ab, in welcher der Maximalwert des Konturzugs bzgl. der y- Achse relativ zur Kontur am weitesten links liegt.

Formal kann dies folgendermaßen beschrieben werden·

1. Bestimme den Punkt P = (p_1, p_2) des Konturzugs mit maximaler y-Koordinate, falls dies mehrere sind, denjenigen mit minimaler x- Koordinate.

2. Bestimme den Punkt $Q = (q_1, q_2)$ des Konturzugs mit minimaler x- Koordinate, falls dies mehrere sind, denjenigen mit minimaler y- Koordinate.

3. Berechne $p_1 - q_1 =: a \geq 0$, da q_1 (= min. x-Koord.) $\leq p_1$. Da ein Abstand bzgl. der x- Koordinate zwischen zwei Punkten des Konturzugs berechnet wird,bleibt der Wert von a unter einer translatorischen Abbildung invariant.

4. Bestimme nun das Spiegelbild ($=K_s$) des Konturzugs (= K) an der y- Achse. Damit kann man P_s, Q_s und a_s berechnen. Dabei können folgende drei Fälle auftreten:

   1 Fall: $a_s < a$, dann speichere K_s ab.

   2.Fall: $a < a_s$, dann speichere K ab.

   3.Fall: $a = a_s$, dann speichere K und K_s ab und vermerke, daß $K \equiv K_s$.

Im dritten Fall nimmt man in Kauf, daß ein und dasselbe Werkstück durch zwei Konturzüge repräsentiert wird. Dieser Mehraufwand steht aber in keinem Verhältnis zu den Kosten, die man hätte, wenn sowohl mit K als auch mit K_s ein Ähnlichkeitstest durchgeführt werden müßte. Diese Vorgehensweise wurde gewählt, weil eine stichprobenhafte Untersuchung gezeigt hat, daß der Fall $a = a_s$ bei Bauteilen, die in diesem Unternehmen der KFZ-Zubehörindustrie produziert werden, nur sehr selten auftritt.

2.3 Normierung bzgl. der x- Achse:

Damit eine Konturähnlichteilsuche (siehe Definition 1) durchgeführt werden kann, müssen die Konturzüge translatorisch in x- Richtung verschoben werden. Deshalb wäre eine Normierung bzgl. der x- Achse nicht notwendig. Trotzdem normiert man K bzw. K_s, je nachdem ob K oder sein Spiegelbild bzgl. der y- Achse (= K_s) abgespeichert wurde, indem man den eindeutig bestimmten Punkt Q bzw. Q_s so verschiebt, daß er auf die y- Achse zu liegen kommt Man muß hierzu auf K bzw. K_s die Translation T = $-q_1$ bzw. $T = -q_{s1}$ anwenden. Nun kann man den Spezialfall der Ähnlichteilsuche, nämlich die Identitätsteilsuche, mit geringem Aufwand handhaben. Denn bei dieser normierten Abspeicherung liegen identische Konturzüge deckungsgleich aufeinander. So muß bei einem Test auf Gleichheit nur überprüft werden, ob alle Kanten des einen Konturzugs paarweise identisch sind mit den Kanten des anderen Konturzugs.

2.4 Automatische Normierung

- (zu 2.1)

  Bestimme die Steigung (= m) der Rotationsachse (= r).

  1.Fall : m = 0 , d h r verläuft parallel zur x- Achse. Bestimme Schnittpunkt S= (s_1, s_2) von r mit der y- Achse. Mit der Translation T, wobei der Translationsvektor t= $(0, -s_2)$ ist, wird r auf die x- Achse verschoben. Die Translation T wird auch auf K angewandt

  2.Fall : $m \neq 0$.

  Bestimme Schnittpunkt S = (s_1, s_2) von r mit der x- Achse. Die Rotation R mit dem Rotationspunkt S und dem Rotationswinkel -arctan (m) bildet r auf die x- Achse ab. Die Rotation R wird auch auf K angwandt

- (zu 2.2 1.Teil)

  Nimm beliebigen Eckpunkt E $= (e_1, e_2)$ von K mit $e_2 <> 0$.

  1.Fall : $e_2 < 0$, dann spiegele K an der x- Achse.

  2.Fall : $e_2 > 0$, K befindet sich in der Halbebene $y \geq 0$.

- (zu 2.2 2.Teil)

  1.Fall : $a_s < a$, dann spiegele K an der y- Achse.

  2.Fall : $a < a_s$, keine Spiegelung notwendig.

  3.Fall : $a = a_s$, dann spiegele K an der y- Achse und speichere K und K_s ab.

- (zu 2.3)

  1.Fall : $a_s < a$, auf K_s wird die Translation $T = -q_{s1}$ angewandt

  2.Fall : $a < a_s$, auf K wird die Translation $T' = -q_1$ angewandt.

  3.Fall : $a = a_s$, auf K wird die Translation $T = -q_1$ und auf K_s wird die Translation $T = -q_{s1}$ angewandt.

Um Konsistenzprobleme zu vermeiden, wird man diese Normierung nicht vom Konstrukteur bzw. Anwender fordern, sondern man generiert sie mit Hilfe eines Normierungsprogramms automatisch, das Rotationen, Translationen und Reflexionen durchführt.

3 Definition von Konturähnlichkeit

Durch die normierte Darstellung der Kontur ist ein rotationssymmetrisches Werkstück eindeutig bestimmt. Dem Konstrukteur bzw. Anwender wird nun die Ähnlichkeitsdefinition selbst überlassen, indem er Toleranzen bzw. Abweichungen durch einen inneren und einen äußeren Toleranzpolygonzug angibt. In der Praxis wird aufgrund fertigungstechnischer Möglichkeiten die Angabe eines inneren Toleranzkonturzugs nur selten sinnvoll sein. Somit fällt meist der innere Toleranzkonturzug (= I) mit dem Konturzug (= K) zusammen. Als Ergebnis einer Toleranzangabe hat man zwei Konturzüge gegeben, wobei der innere (= I) vollständig im äußeren (= A) liegt. Dabei können einzelne Kanten von I und A ganz oder nur teilweise zusammenfallen (Bild 2).

Definition 1 (Konturähnlichkeit) *Für ein neu konstruiertes Werkstück, dargestellt durch einen normierten Konturzug (= K), werden die Toleranzen durch einen inneren Toleranzkonturzug (= I) und einen äußeren (= A) angegeben. Ein abgespeichertes Werkstück, beschrieben durch einen normierten Konturzug K_n, ist zu dem neu* *konstruierten Werkstück (= K) genau dann* konturähnlich, wenn K_n translatorisch in x- Richtung verschoben werden kann, so daß K_n vollständig in A liegt und I vollständig in K_n.

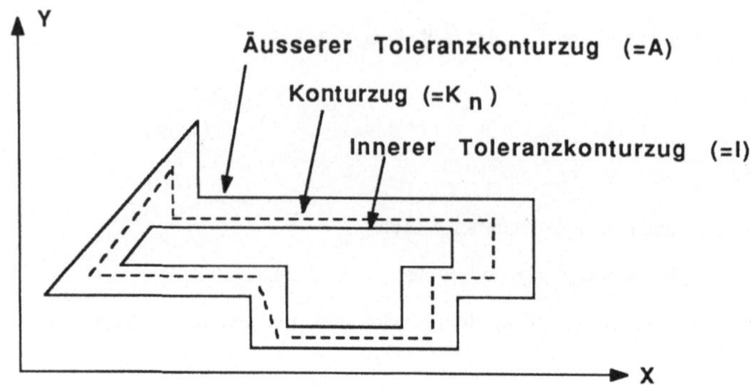

Bild 2

4 Translationsuntersuchung

Damit ein Ähnlichkeitstest (siehe Algorithmus) durchgeführt werden kann, muß eine Translation, die die abgespeicherten Konturzüge bzgl des Toleranzbereichs des Referenzteils verschiebt, angegeben werden. Da kurze Antwortzeiten bei einer Suche nach ähnlichen Teilen gefordert sind, kann nur eine beschränkte Anzahl von Translationen getestet werden. Außerdem soll ein Ähnlichkeitstest nur mit solchen Translationen gestartet werden, die auch ein positives Ergebnis, d.h. die beiden Werkstücke sind ähnlich, liefern können.

In diesem Abschnitt werden Kriterien und Methoden entwickelt, die die Anzahl der notwendigen Tests verringern.

4.1 Verwendung der Extrempunkte bzgl. der x- Achse

$T \in [-\max_x(K_n) + \max_x(I), -\max_x(K_n) + \max_x(A)] =. M_1$ und

$T \in [-\min_x(K_n) + \min_x(A), -\min_x(K_n) + min_x(I)] =. M_2$

$\Longrightarrow T \in M_1 \cap M_2 =: M$

Erlauterung:

Für eine Translation, die ein positives Ergebnis liefern kann, hat man folgende notwendige Bedingungen : Seien $E(K_n) = (x_1, y_1)$, $E(I) = (x_2, y_2)$ und $E(A) = (x_3, y_3)$ die Extrempunkte von A, I und K_n mit maximalem x- Wert.

Die 1 Bedingung lautet wie folgt: Auf K_n muß eine Translation $T \in R^2$ angewandt werden, so daß gilt· $x_2 \leq pro_1(T[E(K_n)]) \leq x_3$. Damit ist das Intervall M_1 festgelegt. Die zweite notwendige Bedingung ($T \in M_2$) erhält man analog über die Extrempunkte von A, I und K_n mit minimalem x- Wert

4.2 Eindeutige Translation über identische Kanten

<u>Annahme:</u> Es existiert genau eine Kante k = [(x,y),(x',y')] mit $k \in I$ und $k \in A$ Falls K_n ähnlich ist, muß es mindestens eine Kante $k' \in K_n$ geben, die mit einer Translation T (in x- Richtung) auf k abbgebildet werden kann.

Dann gibt es eine Menge Q = $\{k'_1, .., k'_q\}$ mit $k'_i \in K_n$ und $k'_i = [(a_i, b_i), (a'_i, b'_i)], i = 1, .., q$, wobei entweder die Eigenschaft α_i oder die Eigenschaft β_i erfüllt ist, denn nur dann kann durch eine x- Translation k'_i auf k abgebildet werden.

α_i · y'=b'_i und y=b_i und $|x' - a'_i| = |x - a_i|$

β_i · y'=b_i und y=b'_i und $|x' - a_i| = |x - a'_i|$

  1.Fall: q=0, d h. Q=$\emptyset$, dann ist K_n unähnlich, denn K_n besitzt keine Kante k', die durch eine Translation in x- Richtung auf k abgebildet werden kann

  2.Fall: q=1, d h es existiert genau eine Kante k'_1 Dann ist eine eindeutige Translation T_1 festgelegt·

$$T_1 = -a_1 + x(= -a'_1 + x'), \text{ falls } \alpha_1 \text{ zutrifft oder } T_1 = -a'_1 + x(= -a_1 + x'), \text{ falls } \beta_1 \text{ zutrifft.}$$

  3.Fall: $q \geq 2$ Dann muß eine Menge D = $\{T_1, . , T_q\}$ von Translationen getestet werden, wobei

$$T_i = -a_i + x \text{ , falls } \alpha_i \text{ zutrifft oder } T_i = -a'_i + x \text{ , falls } \beta_i \text{ zutrifft.}$$

<u>Ergänzung</u>

Es existiert eine Menge R = $k_1, ., k_r$ mit $k_i \in I$ und $k_i \in A$, i=1, r. Dann gibt es Mengen:

$D^{(k)} = \{T_1^{(k)}, .., T_{q(k)}^{(k)}\}$,k=1,. ,r und folgende Translationen sind zu überprüfen·

$T \in \cap_{i=1}^{k} D^{(k)} =: \overline{D} = \{\overline{T}_1, ., \overline{T}_n\}, n \in \{0, 1, .., \min_{k=1, ,r} q(k)\}.$

4.3 Eindeutige Translation über identische Punkte

Sei im Folgenden $p_k = (x_k, y_k)$ ein gemeinsamer Punkt (nicht notwendig Eckpunkt) von I und A. Mit Testgerade y=y_k, also eine Parallele zur x-Achse durch den Punkt p_k, bestimmt man die Menge L = $\{x_1, x_2, .. x_n\}$ der x-Koordinaten aller Schnittpunkte von y mit K_n. Falls y parallel zu den Kanten $\{k'_1, .. k'_p\}$ ist, mit $k'_i \in K_n$ und $k'_i = [(x_i, y_i); (x'_i, y'_i)]$, i=1,..,p, nimmt man in die Menge L die Intervalle $[x_i, x'_i]$ auf.

Bestimme Q = $[\overline{x}_1, \overline{x}'_1], ..., [\overline{x}_n, \overline{x}'_n]$, wobei $\overline{x}_i = -x_i + x_k, \overline{x}'_i = -x'_i + x_k$, i=1,..,n.

Ein Ähnlichkeitstest muß nur mit den Translationen $T \in Q$ durchgeführt werden.

<u>Ergänzung:</u>

Es existiert eine Menge P = $p_1, ., p_l$ mit $p_i \in I$ und $p_i \in A$, i=1,..,l. Dann gibt es Mengen $Q_k = \{[\overline{x}_1, \overline{x}'_1], . , [\overline{x}_{n(k)}, \overline{x}'_{n(k)}]\}$ wobei meist $\overline{x}_i = \overline{x}'_i$,i=1, .n(k), und es gilt

$T \in \overline{Q} = \cap_{k=1}^{l} Q_k$ mit $k \in \{0, 1, . , \min_{k=1, ,l} n(k)\}$

4.4 Verwendung von Teststrahlen

<u>Linker Teststrahl.</u>

O B d A sei $\min_x(K_n) > max_x$ (A). Falls dies nicht der Fall ist, wende man eine Translation $T > \max_x(A) - \min_x(K_n)$ an , d h K_n liegt rechts von A und I

Sei $y \in [min_x(I), max_x(I)]$ fest Betrachte den Teststrahl s(y)=y und den Startpunkt S=(x,y), $x < \min_x(A)$, auf dem Teststrahl. Bestimme nun die Schnittpunkte

- $S_1 = (x_1, y)$ mit $x_1 = min$ {x | S=(x,y) ist ein Schnittpunkt von s(y) mit A}
- $S_2 = (x_2, y)$ mit $x_2 = min$ {x | S=(x,y) ist ein Schnittpunkt von s(y) mit I}
- $S_3 = (x_3, y)$ mit $x_3 = min$ {x | S=(x,y) ist ein Schnittpunkt von s(y) mit K_n}

Entsprechend 4.1 muß nun gelten: $T \in [-x_3 + x_1, -x_3 + x_2] =\cdot M_{s(y)}$. In analoger Weise kann man rechte Teststrahlen verwenden.

Wendet man die Kriterien 4.1 bis 4.4 zugleich an, ergibt sich für die Menge der möglichen Translationen:

$$T \in M \cap \overline{D} \cap \overline{Q} \cap M_{s(y)} =\cdot U$$

Falls A und I in Kanten übereinstimmen, besteht die Menge U aus einer endlichen Anzahl (=Z) von möglichen Translationen $Z \leq N$, wobei N die Anzahl der Kanten des Konturzugs K_n ist. Falls U = ∅, kann K_n nicht ähnlich sein und es muß überhaupt kein Ähnlichkeitstest durchgeführt werden. Im ungünstigsten Fall ist U ein Intervall. U kann auch aus einer Menge von Teilintervallen bestehen (vgl. M ∩ Q).

5 Algorithmische Lösung der Konturähnlichteilsuche

Gegeben:

- neukonstruiertes Bauteil, beschrieben durch den normierten Konturzug (=K).
- Angabe der möglichen Abweichungen von der Originalkontur (=K) durch Festlegung der Toleranzkonturen A und I.
- abgespeicherte normierte Konturen K_n ,n=1,..,N

Falls K_n zu K gemäß Definition 1 ähnlich ist, existiert eine x- Translation, so daß K_n vollständig in A liegt und I vollständig in K_n. Zur algorithmischen Losung dieses Problems muß also ein expliziter Test auf Ähnlickeit durchgeführt werden (vgl Abschnitt 5.1) und ein Intervall von Translationen muß so durchsucht werden, daß nur eine endliche Anzahl von Translationen getestet werden muß (vgl. Abschnitt 5.2).

Algorithmus 1 (Ist K_n zu K ähnlich ?) :

1.Schritt: Translationsuntersuchung (vgl. Abschnitt 4)

    1.Fall: $U = \emptyset \implies K_n$ ist zu K unähnlich (STOP)

    2.Fall: $U = \{T_1, .., T_m\}, m \geq 1$. GOTO 2

    3.Fall: $U = \{I_1, .., I_l\}$ mit $I_k = [T_k, T_k']$, k=1,..,l.

    GOTO 3

2.Schritt: Starte mit T_i, $i \in \{1, .., m\}$, einen expliziten Test auf Konturähnlichkeit (vgl. Abschnitt 5.1).

    1.Fall: Unter einer Translation T_i fällt der Test positiv aus $\implies K_n$ ist zu K ähnlich. (STOP)

    2.Fall: Kein T_i liefert ein positives Ergebnis $\implies K_n$ ist zu K unähnlich. (STOP)

3.Schritt: Durchsuche die Intervalle I_k, k=1,. ,l, mit dem Translationsalgorithmus (vgl. Abschnitt 5 2).

5.1 Expliziter Test auf Konturähnlichkeit

Im folgenden sei nun angencmmen, daß eine Translation bestimmt ist. Man hat nun zu überprüfen,ob der Konturzug K_n im Toleranzbereich liegt und den inneren Konturzug umschließt.

Gegeben:

- Gezeichneter Polygonzug $:= P_g$
- Innerer Toleranzpolygonzug von $P_g := I$
- Äußerer Toleranzpolygonzug von $P_g := A$
- Translatierter Polygonzug $:= P_t$

Definition 2 *Ein Polygonzug P_1 liegt vollständig im Polygonzug $P_2 \iff$ kein Element von P_1 liegt außerhalb des Polygons P_2, d h Kanten von P_1 dürfen Kanten von P_2 berühren.*

Definition 3 *Zwei Kanten $k=[e_1,e_2]$ und $h = [e_3,e_4]$ <u>schneiden sich echt</u> : $\iff$ sie schneiden sich in einem Punkt, und dieser Schnittpunkt stimmt mit keinem Eckpunkt einer Kante überein.*

Definition 4 *Int(P) ist das Innere von P einschließlich dem Rand von P. Analog ist Ext(P) das Äußere von P, wobei wiederum der Rand von P dazugehören soll.*

Theorem 3 *Gegeben seien zwei Polygonzüge P_1 und P_2:*

Polygonzug P_1 mit den Kanten $k_{1,i}$, $i=1,2,..,p$, und den Eckpunkten $e_{1,l}$, $l=1,2,..,2{*}p$, mit $k_{1,i} := [e_{1,2*i-1}; e_{1,2*i}]$, $i=1,2,...,p$

Polygonzug P_2 mit den Kanten $k_{2,j}$, $j=1,2,..,q$, und den Eckpunkten $e_{2,m}, m = 1,2,...,2*q$, mit $k_{2,j} := [e_{2,2*j-1}, e_{2,2*j}], j = 1,2,...,q$

P_1 liegt vollständig in $P_2 \iff$

> *1. Für alle $l = 1,.,2*p\ e_{1,l} \in Int(P_2)$ und*
> *2. Für alle $m = 1,\ ,2*q\ e_{2,m} \in Ext(P_1)$ und*
> *3. Für alle $i = 1,..,p$ und für alle $j= 1,..,q$ gilt: $k_{1,i} \cap k_{2,j}$ ergibt keinen echten Schnitt und*
> *4. Für alle $k_{1,i}$ mit $e_{1,2*i-1} \in P_2$ und $e_{1,2*i} \in P_2$ überprüfe , ob $k_{1,i} \in Int(P_2)$.*

Beweis:

Da alle Eckpunkte von P_1 im Inneren von P_2 liegen und kein echter Schnitt auftritt, folgt daraus : Eine Kante von P_1 kann das Polygon von P_2 nur über einen Berührpunkt verlassen und zurückkommen. Zwei prinzipiell unterschiedliche Fälle (Bild 3) sind nur möglich. Fall 1 liefert einen Widerspruch zu (2) . Fall 2 liefert einen Widerspruch zu 4. $\implies P_1$ liegt vollständig in P_2 . q e.d

Da in der betrieblichen Anwendung reale Bauteile untersucht werden und bei einer Implementierung Rechenungenauigkeiten dazukommen, wird der in Bild (3) (rechte Seite) beschriebene Ausnahmefall kaum vorkommen, d h. 4 muß beim Ähnlichkeitstest nicht überpruft werden.

Algorithmus 2 ("Test auf Ähnlichkeit") :

Aufgrund späterer Datenspeicherung und algorithmischer Notwendigkeiten, wird ein Polygonzug mit n Kanten und 2*n Eckpunkten angegeben. Gegeben.

- Polygonzug P_t mit den Kanten $k_{t,i}$,i=1,2,.. p, und den Eckpunkten $e_{t,j}, j = 1,2,...,2*p$.

- Polygonzug A mit den Kanten $k_{A,s}, s = 1, 2, ..., q$, und den Eckpunkten $e_{A,l}, l = 1, 2, ..., 2*q$.
- Polygonzug I mit den Kanten $k_{I,m}, m = 1, 2, ..., r$, und den Eckpunkten $e_{I,n}, n = 1, 2, ..., 2*r$

Nach der verwendeten Definition von Ähnlichkeit müssen folgende zwei Bedingungen erfüllt sein :

1.Bedingung: P_t liegt vollständig in A.
2.Bedingung: I liegt vollständig in P_t

Um die Bedingungen 1 und 2 zu überprüfen, wendet man Theorem 3 an $\Longrightarrow$ Algorithmus 2:

1.Test: Für alle $j = 1, 2, ..., 2*p : e_{t,j} \in Int(A)$
2.Test: Für alle $l = 1, 2, ..., 2*q : e_{A,l} \in Ext(P_t)$
3.Test: Für alle $m = 1, 2, ..., 2*r \cdot e_{I,m} \in Int(P_t)$
4.Test: Für alle $j = 1, 2, ..., 2*p : e_{t,j} \in Ext(I)$
5.Test: Für alle i=1,..,p und alle s=1,..,q: $k_{t,i} \cap k_{A,s}$ ist kein echter Schnitt (3).
6.Test: Für alle i=1,..,p und alle m=1,..,r: $k_{t,i} \cap k_{A,s}$ ist kein echter Schnitt.

Falls ein Test negativ ausfällt, stoppt der Algorithmus mit dem Ergebnis "P_t ist zu P_g unähnlich".

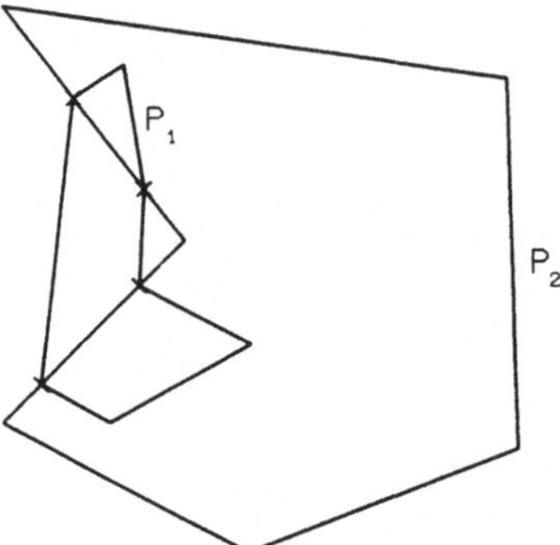
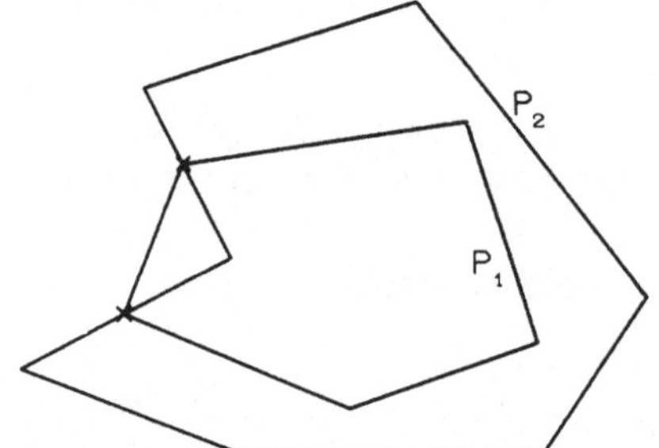

Bild 3

Bei der Suche nach ähnlichen Teilen werden weit mehr negative Tests auf Ähnlichkeit durchgeführt als positive. Der vorgestellte Algorithmus 2muß zum Erkennen von Unähnlichkeit in der Regel nicht vollständig abgearbeitet werden. Lediglich beim gewünschten Ergebnis, nämlich bei Ähnlichkeit, werden alle Tests des Algorithmus 2durchlaufen. Somit paßt sich der Algorithmus dieser Eigenheit der Ähnlichteilsuche im Maschinenbau an.

Damit der Algorithmus 2durchgeführt werden kann, muß der Algorithmus 'Punkt im Polygon-Test' (siehe z.B. [Mei 85]) und ein Algorithmus 'Test, ob sich zwei von n Kanten echt schneiden' angegeben werden.

Gegeben Polygonzüge P_1 mit p Kanten und P_2 mit q Kanten. Man muß nun überprüfen, ob in der Menge von n Kanten (n=p+q) ein Schnitt existiert.

1.Lösung: Man überprüft jede Kante von P_1 mit jeder Kante von P_2 auf einen Schnitt. Man erhält eine Zeitkomplexität von O(p*q), also quadratische Laufzeit in der Anzahl der Kanten eines Polygonzugs.

2.Lösung: Verwendet man Methoden der Computational Geometry, kann man diese Laufzeit auf $O(nlogn)$ drücken.

Der Algorithmus "LINE - SEGMENT INTERSECTION TEST " (siehe [PS 85] p. 278) löst das Problem "Finde bei n Kanten einen Schnitt, falls einer existiert" in $O(nlogn)$. Für den Algorithmus "Test, ob sich zwei von n Kanten <u>echt</u> schneiden" kann die procedure "LINE- SEGMENT INTERSECTION TEST" in natürlicher Weise modifiziert werden.

5.2   Translationsalgorithmus

Ziel des Translationsalgorithmus ist nun, statt einem Translationsintervall (=U) eine endliche Zahl von Translationen zu testen, wobei eine Translation, die ein positives Ergebnis liefert, nicht übergangen wird.

Für die anschließenden Überlegungen sei U $= [u_1, u_2]$ ein Intervall. O.B.d.A sei $min_x(K_n) > max_x$ (A) $\implies u_1, u_2 \leq 0$ und $u_1 < u_2$. Falls U eine Menge von Teilintervallen umfaßt, werden diese einzeln abgearbeitet, wobei die Intervalle nach der Größe ihrer linken Endpunkte, mit dem kleinsten beginnend, geordnet sind. Gegeben:

- K_n mit p Kanten und 2*p Eckpunkten
- A mit q Kanten und 2*q Eckpunkten
- I mit l Kanten und 2*l Eckpunkten
- U $= [u_1, u_2]$

Algorithmus 3 :

Start: k=0, wende auf K_n die Translation $T_0 = u_1$ an $\implies K_n^{(1)}$

1.Schritt: Setze k:=k+1, k=0,1 2,..

  1.1 Bestimme alle $Z_i = (x_i^{(z)}, y_i^{(z)})$ mit Z_i ist Eckpunkt von $K_n^{(k)}$ und Z_i liegt außerhalb von A, $i = 1,..,z \leq 2*p$. Für jedes Z_i bestimme $S_i^{(z)} = (s_i^{(z)}, y_i^{(z)})$, wobei

    $s_i^{(z)} = \min \{s \,|\, S = (s, y_i^{(z)})$ ist ein Schnittpunkt der Gerade y$=y_i^{(z)}$ mit A und $s > x_i^{(z)} \}$. Jedes Z_i muß nach rechts verschoben werden, so daß es innerhalb von A liegt.

    Falls ein $s_i^{(z)}$ nicht existiert, (STOP) K_n ist zu K unähnlich

    sonst berechne: $x_1 = \max_{i=1,\,,z} \{s_i^{(z)} - x_i^{(z)}\}$

  1.2 Bestimme alle $R_i = (x_i^{(r)}, y_i^{(r)})$ mit R_i ist Eckpunkt von A und R_i liegt innerhalb von $K_n^{(k)}$, $i= 1,..,r \leq 2*q$. Für jedes R_i bestimme $S_i^{(r)} = (s_i^{(r)}, y_i^{(r)})$, wobei

    $s_i^{(r)} = \min \{ s \,|\, S=(s, y_i^{(r)})$ ist ein Schnittpunkt der Gerade $y = y_i^{(r)}$ mit $K_n^{(k)}$ und $s < x_i^{(r)} \}$.

    $K_n^{(k)}$ muß nach rechts verschoben werden, so daß die R_i außerhalb von $K_n^{(k)}$ liegen, da sie Eckpunkte von A sind.

    Berechne $x_2 = \max_{i=1,\,,r} \{x_i^{(r)} - s_i^{(r)}\}$

  1.3 Bestimme alle $F_i = (x_i^{(f)}, y_i^{(f)})$ mit F_i ist Eckpunkt von I und F_i liegt außerhalb von $K_n^{(k)}$, $i = 1,..,f \leq 2*l$. Für jedes F_i bestimme $S_i^{(f)} = (s_i^{(f)}, y_i^{(f)})$, wobei

    $s_i^{(f)} = \min \{ s \,|\, S=(s, y_i^{(f)})$ ist ein Schnittpunkt der Gerade $y = y_i^{(f)}$ mit $K_n^{(k)}$ und $s < x_i^{(f)} \}$.

$K_n^{(k)}$ muß nach rechts verschoben werden, so daß die F_i innerhalb von $K_n^{(k)}$ liegen, da sie Eckpunkte von I sind. Falls ein $s_i^{(f)}$ nicht existiert, (STOP) K_n ist zu K unähnlich,

sonst berechne $x_3 = \max\limits_{i=1,\,,z} \{x_i^{(f)} - s_i^{(f)}\}$

1.4 Bestimme alle $V_i = (x_i^{(v)}, y_i^{(v)})$ mit V_i ist Eckpunkt von $K_n^{(k)}$ und V_i liegt innerhalb von I, $i = 1,..,v \leq 2*p$. Für jedes V_i bestimme $S_i^{(v)} = (s_i^{(v)}, y_i^{(v)})$, wobei

$s_i^{(v)}$=min $\{s \mid S = (s, y_i^{(v)})$ ist ein Schnittpunkt der Gerade $y = y_i^{(v)}$ mit I und $s > x_i^{(v)}\}$. Jedes V_i muß nach rechts verschoben werden, so daß es ausserhalb von I liegt.

Berechne $x_4 = \max\limits_{i=1,\,,v} \{s_i^{(v)} - x_i^{(v)}\}$

2.Schritt:

2.1 Kein x_i, $i=1,2,3,4$, existiert, d.h., die Eckpunkte von A, I und $K_n^{(k)}$ liegen richtig. GOTO 3

2.2 Es existiert ein x_i, $i \in \{1,2,3,4\}$, dann wende auf $K_n^{(k)}$ die Translation $T_{k+1} = \max \{x_1, x_2, x_3, x_4\}$ an $\Longrightarrow K_n^{(k+1)}$ GOTO 1

3.Schritt: Schneidet K_n A oder I echt? Führe dazu Test 5 und 6 von Algorithmus 2aus.

3.1 Es existiert kein echter Schnitt $\Longrightarrow$ (STOP) K_n ist zu K ähnlich

3.2 Die Kante $k' \in K_n^{(k)}$ liefert einen echten Schnitt mit A.

3.2.1 k' schneidet A echt in den Punkten $S_1 = (s_1, s_1')$ und $S_2 = (s_2, s_2')$

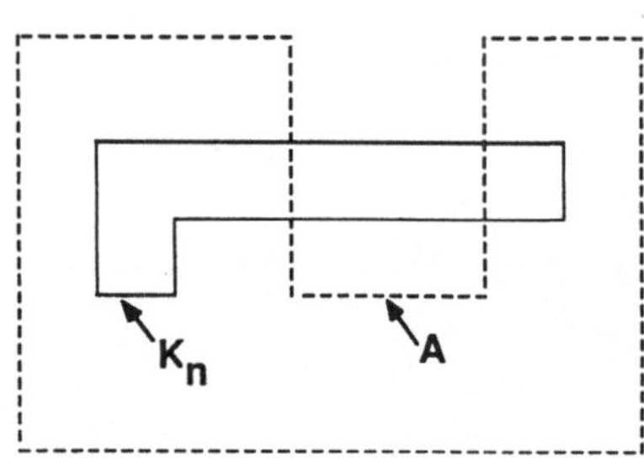

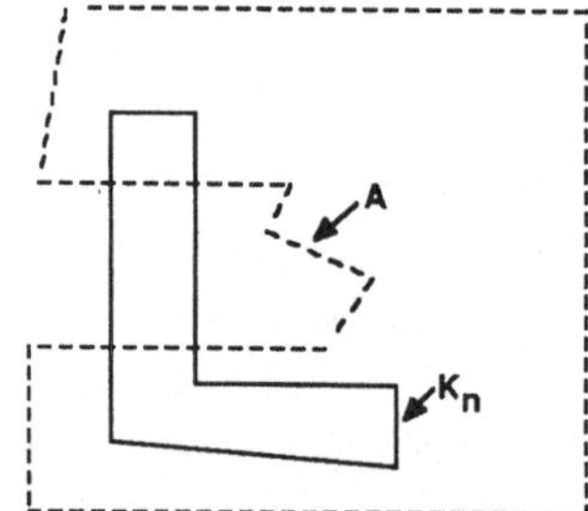

Bild 4

a) $s_1' = s_2'$ (siehe linke Seite Bild 4)

$\Longrightarrow T_{k+1} = \max\{s_1, s_2\text{-}e'\}$, wobei e' die x- Koordinate des linken Eckpunkts E' von k' ist
$\Longrightarrow K_n^{(k+1)}$ GOTO 1

b) $s_1' \neq s_2'$, o.B.d.A sei $s_1' < s_2'$ (siehe rechte Seite Bild 4)

Bestimme alle Punkte $G_i = (x_i^{(g)}, y_i^{(g)})$ mit G_i Eckpunkt von A und $s_1' < y_i^{(g)} < s_2'$. Für alle G_i bestimme $S_i^{(g)} = (s_i^{(g)}, y_i^{(g)})$, wobei

$$s_i^{(g)} = \min \{ s \mid S = (s, y_i^{(g)}) \text{ ist ein Schnittpunkt der Gerade } y = y_i^{(g)} \text{ mit der Geraden } k' \}$$
$$\Longrightarrow T_{k+1} = \max \{ x_i^{(g)} - s_i^{(g)} \} \Longrightarrow K_n^{(k+1)} \text{ GOTO 1}$$

3.2.2 k' schneidet A nur in einem Punkt $S_1 = (s_1, s_1')$ echt.

Wenn die Kante k' A im Punkt S_1 echt schneidet, dann liegt ein Kantenstück von k' außerhalb von A. In 3.2.2 a) und b) wird nun der Berührpunkt bestimmt, an dem dieses Kantenstück auf den Polygonzug A trifft. Dieser Punkt existiert, da nach 2.1 keine Eckpunkte von K_n außerhalb von A liegen, also auch nicht der Anfangs- und Endpunkt von k'.

a) k' nicht parallel zu der Geraden y=s$_1'$.

Bestimme den ersten Berührpunkt $B_1 = (b_1, b_1')$ von k' mit A, wobei $b_1' < s_1'$. Analog bestimme man $B_2 = (b_2, b_2')$ mit $b_2' > s_1'$.

1.Fall: o.B.d.A existiert B_1 nicht $\Longrightarrow$ setze $S_2 = B_2$ GOTO 3 2.1

2.Fall: B_1 und B_2 existieren. Sei $Q_1 = (q_1, q_1')$ ein Punkt von k' mit $b_1' < q_1' < s_1'$ Falls Q_1 innerhalb von A, setze $S_2 = B_2$, sonst setze $S_2 = B_1$. GOTO 3.2.1 .

b) k' parallel zu der Geraden $y = s_1'$.

Bestimme den ersten Berührpunkt $C_1 = (c_1, c_1')$ von k' mit A, wobei $c_1 > s_1$. Analog bestimme man $C_2 = (c_2, c_2')$ mit $c_2 < s_1$.

1.Fall: o.B.d.A. existiert C_1 nicht $\Longrightarrow$ setze $S_2 = C_2$ GOTO 3 2.1

2.Fall: B_1 und B_2 existieren. Sei $H_1 = (h_1, h_1')$ ein Punkt von k' mit $s_1 < h_1 < c_1$. Falls H_1 innerhalb von A, setze $S_2 = C_2$, sonst setze $S_2 = C_1$. GOTO 3.2.1

3.3 Die Kante k' liefert einen echten Schnitt mit I. (analoges Vorgehen wie in 3.2.)

Der Ausnahmefall (vgl. rechte Seite von Bild 3) wird auch hier nicht erkannt, aber wie schon erwähnt ist er für die praktische Anwendung uninteressant. Mit erheblichen Mehraufwand über Bestimmung aller Berührpunkte wäre auch dieser Fall theoretisch abzuhandeln.

<u>Endliche Anzahl von Translationen</u> Start: $T_0 = u_1$

Im Iterationsschritt k wird K_n mit folgender Translation T getestet·

$$T = T_0 + \sum_{i=1}^{k} T_i .$$

Da alle $T_i > O$, i=1,2,..., existiert ein k, falls der Algorithmus nicht vorher abbricht, so daß $T = u_2$. Eine Translation größer als u_2 kann kein positives Ergebnis liefern (siehe Kapitel 4). Da bei jedem Iterationsschritt für einen Eckpunkt von $K_n^{(k)}$ mindestens eine Kante von A oder I abgearbeitet wird, ist die Zahl der notwendigen Translationen endlich, abhängig von der Zahl der Kanten von A und I.

6   Einbindung der Ähnlichteilsuche in einer Relationalen Datenbank

Die Konturähnlichteilsuche basiert ausschließlich auf der Geometrie der Bauteile.Technologische,funktionale oder fertigungstechnische Eigenschaften werden nicht berücksichtigt. In einer Relationalen Datenbank können aber neben den Konturzugdaten auch werkstückbeschreibende Kennwerte wie Bezeichnung, Bearbeitungsart,

Bearbeitungsgenauigkeit, Bohrungen, Werkstoff usw. abgelegt werden. Damit ist neben der Konturähnlichteilsuche auch eine Suche durch Spezifikation bestimmter Attribute gegeben.

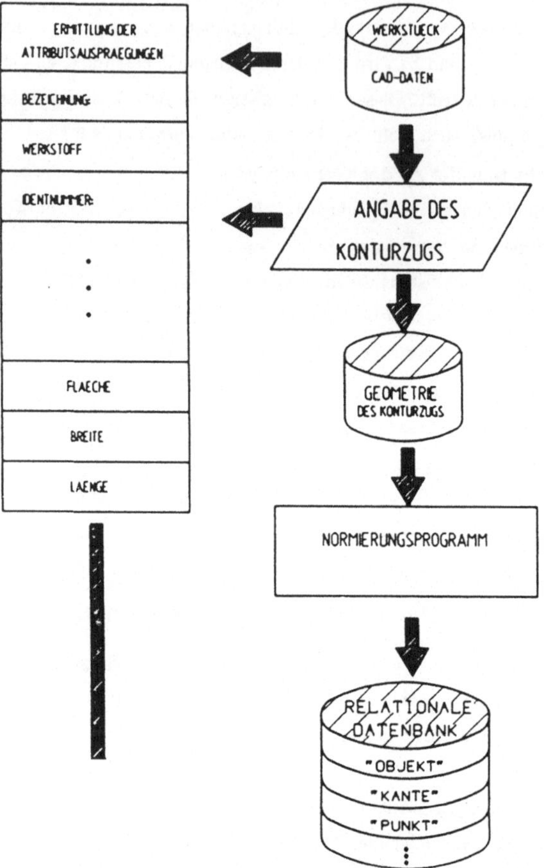

Bild 5 : Archivierung rotationssymmetrischer Werkstücke in einer Relationalen Datenbank

6.1 Angabe der Relationen

"Objekt" (oid, idnr, Bezeichnung, Werkstoff,..., Fläche, Länge, Breite)

- oid : Objektidentifier ;
- idnr : Identnummer (liefert einen Verweis zur vollständigen CAD- Zeichnung)
- Fläche : Fläche des Objekts mit Objektidentifier oid (in cm^2)
- Länge := | $\max_x$(oid)-$\min_x$(oid)| (in cm)
- Breite := | $\max_y$(oid)-$\min_y$(oid)| (in cm)

Die Attribute Fläche, Länge und Breite werden in die Relation "Objekt" aufgenommen, um eine Vorauswahl von Konturzügen treffen zu können, die beim Ähnlichkeitstest überhaupt ein positives Ergebnis liefern können

"Kante" (oid, kid, pid_1, pid_2)

- kid : Kantenidentifier
- pid_1 : Identifier des Anfangspunkts der Kante
- pid_2 : Identifier des Endpunkts der Kante

"Punkt" (pid, x, y)

- x : x- Koordinate des Punktes
- y : y- Koordinate des Punktes

6.2 K.o. Kriterien für die Ähnlichteilsuche

Damit ein abgespeicherter Konturzug K_n, n=1,..,N, überhaupt den inneren Toleranzkonturzug umschließen und im äußeren liegen kann, muß die Fläche von K_n größer sein als die Fläche von I und kleiner wie die von A.

$\Longrightarrow$ (1) K O. Kriterium· Fläche (K_n) $\geq$Fläche (I) und Fläche (K_n) $\leq$Fläche (A).

Es ist klar, daß die Bounding- Box von I in der von K_n liegen muß, denn sonst könnte K_n I nicht umschließen.

$\Longrightarrow$ (2) K.O. Kriterium: Länge (K_n) $\geq$Länge (I) und

(3) K.O. Kriterium: Breite (K_n) $\geq$Breite (I)

Ebenso muß die Bounding- Box von K_n in der von A liegen, damit K_n in A liegen kann.

$\Longrightarrow$ (4) K.O. Kriterium· Länge (K_n) $\leq$Länge (A)und

(5) K O. Kriterium· Breite (K_n) $\leq$Breite (A)

6.3 Anfrage in der SQL von ORACLE

Gegeben:

- Relationale Datenbank "ORACLE"
- Anfrageprache "SQL"
- Konstruierte Nabe aus Stahl mit den Toleranzkonturen A und I

Unter Ausnutzung der K.o. Kriterien und der Attribute Werkstoff und Bezeichnung werden durch die nachfolgende SQL- Anfrage alle Objekte mit ihren Geometriedaten spezifiziert, die auf Ähnlichkeit getestet werden müssen.

```
SELECT     Objekt.oid, Kante.kid, P1.x, P1.y, P2.x, P2.y
FROM       Objekt, Kante, Punkt P1, Punkt P2
WHERE      Objekt.oid = Kante.oid. AND (Kante.pid1=P1 AND Kante.pid2=P2) AND
           (Objekt.Fläche ≥ Fläche (I) AND Objekt Fläche ≤ Fläche (A) AND
           Objekt.Breite ≥ Breite (I) AND Objekt Länge ≥ Länge (I) AND
           Objekt.Breite ≤ Breite (A) AND Objekt.Länge ≤ Breite (A) AND
           Werkstoff = Stahl AND Bezeichnung = Nabe )
ORDER BY   Objekt.oid
```

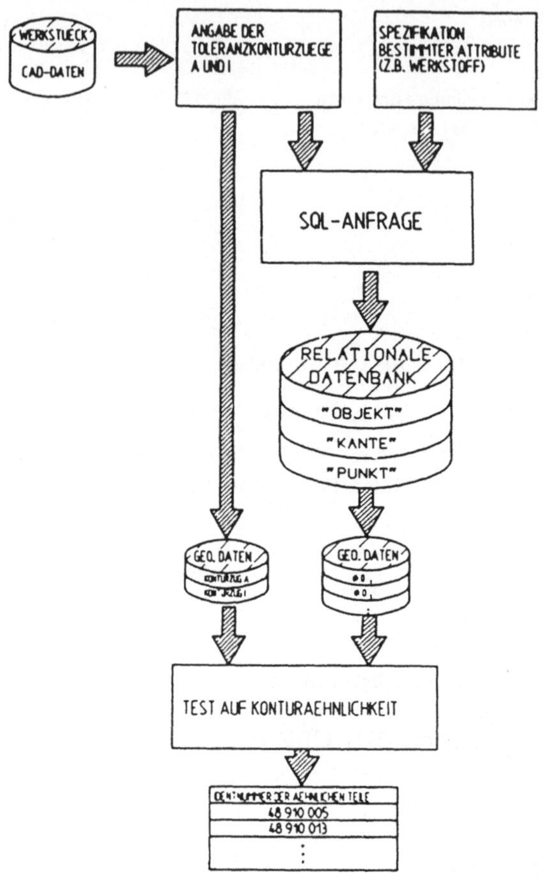

Bild 6 . Schematischer Ablauf einer Konturähnlichteilsuche

7 Ausblick

Der wesentliche Beitrag dieser Arbeit besteht in dem Vorschlag, explizite CAD- Daten zu speichern und für Suchanfragen zu nutzen. Diese Suchanfragen, die nur zum Teil von kommerziellen (relationalen) DBS unterstützt werden können, beinhalten komplexe geometrische Operationen, wie z.B. den Test auf Ähnlichkeit aus Kap 5 Deshalb ist in unserem Vorschlag eine zusätzliche algorithmische Behandlung erforderlich. Derzeit wird untersucht, wie diese Operationen vollstandig in ein erweiterbares DBS integriert und effizient durchgeführt werden können. Dabei erscheint bisher ein Ansatz ähnlich dem im Rahmen des PROBE- Projekts vorgeschlagenen [MO 86] als geeignet. Ein erster Schritt zur effizienten Ausführung der Anfrage aus Kapitel 6.2 (K.o Kriterien) wäre die Integration von spatial access methods in ein DBS, wie sie z B. in [SK 88] vorgeschlagen wurden. Unser Verfahren ist sicherlich in der Praxis einsetzbar und wegen der vorgeschlagenen Benutzung expliziter CAD- Daten von Bedeutung. Denn dadurch können Informationsverluste vermieden, die zu speichernden Informationen unter Wahrung der Konsistenz automatisch generiert und eine große Flexibilität bei der Wiederhol teilsuche erreicht werden.

Literatur

[AMWW 86]   Alt, H., Mehlhorn, K., Wegner, H., Welzl, E.: 'Congruence, Similarity and Symmetries of Geometric Objects', Proc. of 3rd Ann. Symposium on Computational Geometry, Waterloo, June (1987), pp. 308

[MO 86]   Manola, F., Orenstein, J.: 'Toward a general object spatial data model for an object oriented DBMS', Proc. 12th Int. Conf. on Very Large Databases (1986)

[Mei 85]   Meier, A.:'Methoden der graphischen und geometrischen Datenverarbeitung', Teubmer 1986

[Opı 71]   Opitz, H.:'Werkstückbeschreibende Klassifizierungssystem', Essen: W. Girardet (1971)

[PS 85]   Preparata, F.P., Shamos, M I.. 'Computational Geometry', Springerverlag (1985)

[SK 88]   Seeger, B., Kriegel,H.P : 'Spatial access methods based on dynamic hashing', in Proc. GI-Fachgespräch Non-Standard Datenbanken fuer Anwendungen der graphischen Datenverarbeitung

[TFH 84]   Tönshoff, H.K , Freist, C., Hesselmann, U.: 'Verfahren zur Werkstückanalyse großer Datenmengen', Zeitung für wirtschaftlıche Fertigung und Automatisierung (ZWF CIM) 79 (1984) 12